Giuseppe Bevilacqua – Eine Hölderlin-Frage

Germanistische Texte und Studien
Band 83

Giuseppe Bevilacqua
Eine Hölderlin-Frage

Georg Olms Verlag
Hildesheim · Zürich · New York
2010

Giuseppe Bevilacqua

Eine Hölderlin-Frage

Wahnsinn und Poesie
beim späten Hölderlin

Aus dem Italienischen übersetzt von
Marianne Schneider

Georg Olms Verlag
Hildesheim · Zürich · New York
2010

Die italienische Originalausgabe erschien 2007 unter dem Titel
„Una Questione Hölderliniana. Follia e poesia nel tardo Hölderlin"
(Leo S. Olschki Editore, Firenze).

Die Deutsche Nationalbibliothek verzeichnet diese Publikation
in der Deutschen Nationalbibliographie; detaillierte bibliographische
Daten sind im Internet über http://dnb.d-nb.de abrufbar.

Gedruckt auf säurefreiem und alterungsbeständigem Papier
Umschlagentwurf: Anna Braungart, Tübingen,
nach einer Collage von Helga Ruppert-Tribian
Herstellung: KM-Druck, 64823 Groß-Umstadt
Alle Rechte vorbehalten
Printed in Germany
© Georg Olms Verlag AG, Hildesheim 2010
www.olms.de
ISBN 978-3-487-14333-0
ISSN 0175-9388

Ich besichtigte mit einer Gruppe ein Kloster und eine barocke Kirche, alle waren hingerissen von der Architektur, den Ornamenten, den Malereien, und nachdem wir wieder im Freien waren und im Begriff, einen Kreuzgang zu betreten, ergoß sich bereits derselbe Schwall von Bewunderung und Begeisterung über einen Brunnen, der dessen Mitte zierte, als einer aus der Gruppe hervorstieß: „Aber, meine Herrschaften, der ist doch wirklich häßlich!" Und da schauten alle aufs Neue hin und sahen, als wäre ein Schleier gefallen, den Brunnen in seiner unverfälschten Häßlichkeit.

BENEDETTO CROCE,
Storia dell'età barocca in Italia.
Bari 1957, S. 503.

Inhalt

Zweiter Teil: Der Vorschlag einer Lösung

ERSTER TEIL

DIE FRAGE

Wenn aus der Ferne...

1   Wenn aus der Ferne, da wir geschieden sind,
2   Ich dir noch kennbar bin, die Vergangenheit
3   O du Theilhaber meiner Leiden!
4   Einiges Gute bezeichnen dir kann,

5   So sage, wie erwartet die Freundin dich?
6   In jenen Gärten, da nach entsetzlicher
7   Und dunkler Zeit wir uns gefunden?
8   Hier an den heiligen Strömen der Urwelt.

9   Das muß ich sagen, einiges Gutes war
10   In deinen Bliken, als in den Fernen du
11   Dich einmal fröhlich umgesehen
12   Immer verschlossener Mensch, mit finstrem

13   Aussehn. Wie flossen Stunden dahin, wie still
14   War meine Seele über der Wahrheit, daß
15   Ich so getrennt gewesen wäre?
16   Ja! ich gestand es, ich war die deine.

17   Wahrhaftig! wie du alles Bekannte mir
18   In mein Gedächtnis bringen und schreiben willst,
19   Mit Briefen, so ergeht es mir auch
20   Daß ich Vergangenes alles sage.

21   Wars Frühling? war es Sommer? die Nachtigall
22   Mit süßem Liede lebte mit Vögeln, die
23   Nicht ferne waren im Gebüsche
24   Und mit Gerüchen umgaben Bäum' uns.

25   Die klaren Gänge, niedres Gesträuch und Sand
26   Auf dem wir traten, machten erfreulicher
27   Und lieblicher die Hyacinthe
28   Oder die Tulpe, Viole, Nelke.

29 Um Wand und Mauern grünte der Epheu, grünt'
30   Ein seelig Dunkel hoher Alleen. Offt
31   Des Abends, Morgens waren dort wir
32   Redeten manches und sahn froh uns an.

33 In meinen Armen lebte der Jüngling auf,
34   Der, noch verlassen, aus den Gefilden kam,
35   Die er mir wies, mit einer Schwermuth,
36   Aber die Nahmen der seltnen Orte

37 Und alles Schöne hatt' er behalten, das
38   An seeligen Gestaden, auch mir sehr werth
39   Im heimatlichen Lande blühet
40   Oder verborgen, aus hoher Aussicht,

41 Allwo das Meer auch einer beschauen kann,
42   Doch keiner seyn will. Nehme vorlieb, und denk
43   An die, die noch vergnügt ist, darum,
44   Weil der entzükende Tag uns anschien,

45 Der mit Geständniß oder der Hände Druk
46   Anhub, der uns vereinet. Ach! wehe mir!
47   Es waren schöne Tage. Aber
48   Traurige Dämmerung folgte nachher.

49 Du seiest so allein in der schönen Welt
50   Behauptest du mir immer, Geliebter! das
51   Weist du aber nicht,

So oft ich diese Verse las – und es geschah sehr oft –, konnte ich ein Unbehagen und eine Ungläubigkeit nicht unterdrücken. Dieses Gefühl, das ich auf den folgenden Seiten zu erklären und zu analysieren versuche, entstand aus dem intuitiven Vergleich mit dem, was sich in „innigster Empfindung" über lange Jahre herauskristallisiert hatte als eine subliminale Wahrnehmung der Dichtung und der Persönlichkeit Friedrich Hölderlins in allen ihren Komponenten. Meinem Vergleich zufolge empfinde ich diese Verse auch heute noch als einen Fremdkörper im Werk des Dichters. Und ich frage mich, warum.

Ich würde sagen, aus zwei nur scheinbar unterschiedlichen, aber in Wirklichkeit zusammenhängenden Gründen: wegen der Trivialität des Inhalts und der Widersprüchlichkeiten des Stils.

1. Ein Ruf aus dem Jenseits

Die ersten beiden Strophen bilden eine einzige konditionale Satzperiode. Die erste enthält die Protasis, die zweite die Apodosis. Das sprechende Subjekt fragt einen fernen Gesprächspartner, der ihm vertraut ist, da es ihn mit du anspricht, ob er sich an es erinnere, es ihm noch *kennbar* sei, trotz der Ferne, die sie wegen ihrer Trennung voneinander scheidet; dasselbe Subjekt fragt auch, ob die Vergangenheit, in der jenes *du*, der Angeredete, seine Schmerzen teilte, für ihn etwas Gutes bedeuten könne. Die Apodosis ist eine entschiedene Aufforderung zu sagen oder vielleicht aufgrund der *Ferne* sich vorzustellen, ‚wie ihn die Freundin erwartet‘. Jetzt wissen wir, daß das sprechende Subjekt, die Freundin, ein weibliches ist. Die Freundin fragt weiter, ob das Warten in jenen Gärten erfolgen soll, wo die beiden sich nach einem als entsetzlich und dunkel bezeichneten Zeitraum befunden hatten. Auf all diese zweifelnden Sätze folgt schließlich im letzten Vers der zweiten Strophe ein beteuernder Satz, der einen entschieden bezeichneten Ort angibt: die Ufer der Flüsse jener Welt, die heilig ist und *Ur* ist, das heißt in der etymologischen Bedeutung des Präfixes, das im alten Germanisch auch für *aus* steht, ein Ort, der sich am Ursprung aller Zeiten, außerhalb unserer Welt befindet, also ein Jenseits, der Hades der Antike.

Halten wir hier zunächst mit unserer Paraphrase inne. Sehen wir uns die unmittelbarste Gegebenheit an, die eine interpretierende Lektüre unserer Betrachtung vorschreibt. Das Subjekt der Ode erscheint ohne jeden Zweifel identisch mit der Diotima – schon als Heldin des Briefromans *Hyperion* aufgetreten –, in der wir die Gestalt erkennen, die Hölderlin in zahlreichen dichterischen Werken angerufen hat: Es ist die Geliebte mit dem Beinamen ‚die Fremde aus Mantinea‘, die in Platons *Symposion* dem Sokrates erklärt, was der Eros ist (204-a/212-b). Wir werden also das sprechende Subjekt der Ode als solches weiterhin als Diotima oder abgekürzt als D angeben. Aus Gründen, die im folgenden klarer hervortreten werden, müssen wir aber berücksichtigen, daß hinter diesem Subjekt offensichtlich eine wirkliche Gestalt verborgen ist, das heißt die Frau, die Hölderlin geliebt und nach der er sich verzehrend gesehnt hat: die Frankfurterin Susette Gontard, über die und von der zahlreiche Zeugnisse und Informationen existieren. In dem angesprochenen und später erinnerten *Freund* können wir sowohl den Hyperion des Romans erkennen, wenn man die Hypothese annehmen würde, die Ode sei ein *Paralipomenon* des Romans, als auch das Subjekt, das sich in den vorher genannten zahlreichen Gedichten an Diotima ausspricht und letztlich auch durch Übertragung den Dichter selbst. Um uns aus der Schlinge zu ziehen, werden wir ihn abgekürzt als H bezeichnen. Es versteht sich von selbst, daß wir die beiden Ebenen, die dichterische und die biographische, einer legitimen Erhellung des Textes halber in einer Wechselbeziehung zueinander verwenden werden, was aber nicht heißt, daß sie deterministisch als einander deckend hingestellt werden.

Schon in den ersten Versen stößt der Leser auf eine bestürzende Frage. D fragt H, ob er sich an sie erinnere, ob ihn sein Gedächtnis so weit unterstütze, daß er sie in seiner Erinnerung erkennen kann. Im Entwurf eines Briefes an Susette, der nicht zu Ende geschrieben, nicht abgeschickt wurde und nicht im Original, sondern nur in der Abschrift von Gustav Schlesier auf uns gekommen ist, fragt Hölderlin: „Erinnerst Du Dich unserer ungestörten Stunden, wo wir und wir nur um einander waren?“ (StA 6, 1, 337). Aber hier wird gefragt, ob sich die Geliebte an einige bestimmte, ungestörte Augenblicke ihres intimen Beisammenseins erinnert und nicht an die Person als solche.

Ist außerdem ein solcher Ausdruck, in einer Unterhaltung oder einem Brief mit Gesprächscharakter durchaus akzeptabel, auch in einer Ode mit feierlicher Intonation verwendbar? Der Beginn der Ode klingt wie eine unwahrscheinliche Übertreibung eines leichtfertigen Briefanfangs und stellt einen eigenartigen Niveauverlust dar, da D hier H fragt, ob sie ihm *noch kennbar* sei, das heißt, ob ihr Gesicht, ihr Aussehen noch in seinem Gedächtnis gegenwärtig seien. Aber vielleicht noch bestürzender ist die Frage, die dann folgt: D fragt H, ob die Vergangenheit, die von ihrem geteilten Leid gekennzeichnet ist, für ihn noch etwas Gutes bedeuten kann. Es stimmt zwar, daß diese Fragen aus der Ferne, nach einer Trennung kommen, die man als lang dauernd annehmen darf. Aber diese Worte haben in ihrer konventionellen Banalität etwas zutiefst Unwahrscheinliches und sogar Lächerliches an sich, wenn man sie neben das stellt, was wir sowohl in der Lebenswirklichkeit als auch in der dichterischen Übertragung über die Beziehung zwischen den beiden Menschen wissen. Die Frau, die im Leben und in einem beachtlichen Teil des Werks als einzige, schicksalhafte und nicht ersetzte Liebe steht, die in den vielen Versen an Diotima verklärte Frau, die Frau, deren früher Tod – nach einer akzeptierten Meinung – die Existenz des Dichters so erschütterte, daß er zu seinem psychischen Zusammenbruch beitrug, diese Frau fragt den Geliebten, ob die gemeinsame Vergangenheit mit ihrem vielen Leid für ihn noch ein Gut darstelle, nein, wenigstens etwas Gutes, *einiges Gute*?

Die zweite Strophe macht den Leser nicht weniger ratlos und unsicher. (Und ich mache im Augenblick noch keine Kommentare über das pleonastische *So sage*.) Im Manuskript steht kein Fragezeichen am Ende von Vers 5, wie Sattler bemerkt; aber Beißner glaubte nach meinem Dafürhalten mit Recht, es als inbegriffen betrachten zu dürfen, weswegen das *wie* am Anfang fragend wäre. Auf diese eigenartige Unterlassung werden wir später noch zu sprechen kommen. D fordert H auf, zu ahnen, beinahe möchte man sagen zu erraten, wie sie ihn erwartet. Vielleicht: wie ungeduldig? wie sehnsüchtig? Oder – wie man dem folgenden entsprechend annehmen muß – in welchem Zustand – tot oder lebend? Und infolgedessen an welchem Ort, im Diesseits oder im Jenseits? (Die semantische Unbestimmtheit dieses *wie* ist eher eine stümperhafte Ungenauigkeit als eine dichterisch gerechtfertigte Mehrdeutigkeit.)

Die Alternative – *wo* dich die Freundin erwartet? – wird in den drei folgenden Zeilen dargelegt und gelöst; es ist zwischen einem ziemlich genau bestimmten irdischen Ort und einer Art von Elysium. Der Ort auf der Welt sind die Gärten, die nach einer düsteren Zeit der Schauplatz einer Begegnung waren: *jene* Gärten, die, so darf man annehmen, dem Gedächtnis des Gesprächspartners wohl bekannt waren. Die Verse 6/7 verweisen auf ein bestimmtes Ereignis und einen bestimmten Ort. Man fragt sich welche. Eher als aus einem Intertext, der ein Gedicht an Diotima oder der Roman *Hyperion* sein könnten, kommt meiner Ansicht nach die Antwort aus der biographischen Sphäre. Diese genau begrenzten Gärten werden wohl nicht der allgemeine harmonische Kosmos sein, in dem der Verfasser der Gedichte an Diotima aus der Frankfurter Zeit gerne weilt, nachdem er mit seiner *holden Muse* zusammen war, die er in *Diotima* heraufbeschwört (Leuchtest du wie vormals nieder). Außerdem war das Leben des Dichters vor der schicksalhaften Begegnung (Januar 1796) zwar auch von zahlreichen Qualen gekennzeichnet, aber es kann gewiß nicht als eine *entsetzliche und dunkle Zeit* definiert werden. Der Hyperion im Roman begegnet nach den Leiden seiner kriegerischen Unternehmungen der Geliebten nicht mehr: Die Nachricht von ihrem Tod erreicht ihn vor seiner Rückkehr nach Kalaurea; zudem besteht die Landschaft dieser Insel aus Wäldern und Bergen und nicht aus ordentlichen, umhegten ,Gärten'. Doch die biographischen Dokumente sind eindeutig: Es besteht kein Zweifel, daß in der entsetzlichen und dunklen Zeit vor allem die herzzerreißenden Tage nach der Verweisung aus dem Haus Gontard zu sehen sind. Kein vorhergehender Augenblick im Leben des Dichters vor dem Tod der Geliebten ließe sich auf so drastische Weise bezeichnen. Und was den Ort der darauf folgenden Begegnungen betrifft, so ist es allgemein bekannt, daß sie mehr oder weniger heimlich in abgelegenen Gärten stattfanden.

Die Antwort auf die Alternative steht im letzten Vers der zweiten Strophe, da sie nicht mit einem Fragezeichen, sondern mit einem Punkt schließt. Das befremdende Element in Vers 8 ist, daß es sich um einen überraschenden Anakoluth handelt. Diese rhetorische Figur kommt bei Hölderlin gewiß nicht häufig vor und läßt den Leser hier einen Augenblick stutzen. Ich verstehe Anakoluth im wörtlichen und im etymologischen Sinn als ,inkongruenten Diskurs'; im Vers 8 würde man sich eine Negation der vorhergehenden Frage erwarten oder einen Ort als Alternative zu den Gärten, der auch in Form einer Frage genannt würde: Dagegen wird die Frage, ob D in ‚jenen Gärten‘ H erwartet, nicht verneint, sondern durch einen entschieden affirmativen Satz einfach aufgehoben. Vincenzo Errante, einer der großen Übersetzer Hölderlins ins Italienische, hielt es für angebracht, hier ein klärendes *no (nein)* einzufügen, das heißt das Wort, das im kürzeren Originaltext zwischen den Zeilen steht. Errante übersetzt so:

> „…oh dimmi, dove attenderti / l'amica tua potrà?… Dentro i giardini, / in cui, trascorso un tenebroso e orrendo / correr di tempo, allora ci trovammo? / No. Presso i fiumi, qui, del primigenio / ultraterreno mondo."[1]

2. Ein Mensch mit finstrem Aussehn

Von Vers 9 an wendet D die Aufmerksamkeit von der Zukunft als einer ersehnten Erwartung ab, um sich der Vergangenheit zuzuwenden, wobei sie den Geliebten in seinem außergewöhnlichen Wesen heraufbeschwört. Diese dritte Strophe beginnt wie die zweite mit einem ebenso pleonastischen und banalen *Das muß ich sagen*. Es folgt eine Charakterisierung Hs in dem Augenblick, in dem er seinen Blick fernen Horizonten zuwendet, sich erfreut und in seinen Augen *einiges Gutes* erscheint, obschon er ein Mensch von finstrem Aussehn und immer in sich verschlossen ist. Da ich erst später vom Stil, der Sprache, der Metrik und jedem anderen formalen Aspekt sprechen will, beschränke ich mich jetzt nur darauf, die lästige Wiederholung von *einiges Gute* festzustellen, das mit geringem Abstand das Syntagma von Vers 4 wieder aufnimmt, aber mit einem völlig anderen Inhalt und Bezug. Außergewöhnlich ist auch der Unterschied in der grammatikalischen Form: *Einiges Gute/einiges Gutes*. In beiden Fällen ist man jedenfalls bestürzt über die einschränkende Konnotation, die dem Ausdruck eigen ist, wenn er – wie es scheint – im Sinne von *boni aliquid* zu verstehen ist: irgend etwas Gutes, nicht gerade viel. Noch eine widersprüchliche Wiederholung lenkt die Aufmerksamkeit auf

sich. Die *Ferne* von Vers 1 ist offensichtlich etwas ganz anderes als die
Fernen von Vers 10. Die eine ist mit der *heiligen Urwelt* gleichzu-
setzen, die anderen sind der Horizont eines irdischen Ortes, der
vielleicht Schauplatz entfernter Begegnungen (*einmal*) war. Dieser
substantielle Unterschied zwingt den Leser zu einer störenden An-
passung. Aber in dieser dritten, in die vierte ausufernden Strophe ist
das, was am wenigsten wahrscheinlich und am störendsten ist, die
psychologische und physiognomische Beschreibung der Person
Friedrich Hölderlins, die das Wesen des Dichters reduziert und ihn
zu einem düsteren und mürrischen Misanthrop macht. Noch stören-
der ist die erste Fassung: *mit finstrem Auge* (STA 2, 2, 898).

Diese Verse, also 9 bis 13, haben mich mehr als alle anderen von
der ersten Lektüre an befremdet. Ich empfand sofort einen unüberwindlichen Widerwillen gegen die Vorstellung, daß Hölderlin in einem beliebigen Augenblick seines Lebens ein derartiges Selbstporträt
hätte zeichnen können, auch wenn er es einer anderen Person in den
Mund legte. Durch diese Verse entsteht das Bild eines Mannes, der
seine *Verschlossenheit* von dem ableitet, was in ihm dunkel ist; besser
gesagt dunkel im Sinne von düster. Die Gebrüder Grimm geben beim
Lemma (1862 redigiert) *finster* als erstes Äquivalent das lateinische
tenebrosus an, dann *mürrisch*, weswegen Wahrig als Synonyme *ver-
drießlich, übellaunig, brummig, unfreundlich, einsilbig* angibt. Wie
soll man darin den Dichter erkennen, dessen liebenswürdiges, helles
Wesen einstimmig bezeugt wird? Selbstverständlich ist *finster* hier ein
Urteil über den Charakter und nicht psychopathologisch gemeint.
Denn würde sich die Andeutung auf die oft sogar zornige Ungesellig-
keit des ‚Wahnsinnigen im Turm‘ beziehen, so müßte man schließen,
daß Hölderlin mit diesen Versen nicht einfach ein Selbstporträt geschrieben hätte, sondern eine Autopathographie, das heißt die Ob-
jektivierung eines Symptoms seiner Schizophrenie; diese Hypothese
wäre jedoch nur denkbar, wenn er die Krankheit zeitweise überwunden hätte oder dauerhaft geheilt worden wäre, was aber nicht im Geringsten bezeugt und absolut unwahrscheinlich ist, da es von den
Menschen, die täglich mit ihm umgingen, bemerkt und festgehalten
worden wäre. In dem behaupteten dauerhaften Gemütszustand der
‚Verschlossenheit‘ tut sich eine Öffnung auf, als sich H *fröhlich* um-
blickt und auf nicht genau definierte *Fernen* schaut, die lieblich und

erfreulich gewesen sein dürften: In Hs Augen erscheint dann *einiges Gutes*. Ein Ausdruck aus Vers 4 kehrt – mit einer grammatikalisch nicht recht erklärbaren Variation: *Einiges Gute / Einiges Gutes* – hier schon wieder. Diese Wiederkehr scheint keine gerechtfertigte oder gewollte Anapher, sondern eher eine zufällige Wiederholung zu sein, kurz, schon wieder eine dichterisch stümperhafte Notlösung.

Die in dieser Strophe dargestellte Situation läßt sich kaum in eine Geschichte einfügen. Einerseits ist es eine Episode, andererseits ist es nicht klar, ob sie das zuvor Gesagte auf irgendeine Weise weiterführt. Ist dieser Augenblick freudiger Entspannung angesichts der Natur mit dem glücklichen Umstand verknüpft, der in der 2. Strophe heraufbeschworen wird: als sich die Liebenden nach trauriger Zeit wiederfanden? Im Text läßt nichts diese Vermutung zu und nichts schließt sie aus. Doch scheint die Verknüpfung sicher zu sein, wenn man weiterliest und sich die Variante von Vers 13 vor Augen hält, *Wie flossen damals die Stunden dahin, wie still*. Dieses *damals* wurde dann wohl aus metrischen Gründen geopfert, denn es sollte die erste Stelle im Vers dem Wort *Aussehn* abtreten, das aus der 3. Strophe überhängt. Dieses *damals* weist darauf hin, daß die Strophen 3 und 4 eine Heraufbeschwörung der in Vers 6 und 7 erwähnten Begegnung oder der Begegnungen sind, die auf eine entsetzliche Zeit (die erzwungene Trennung?) folgten. Aber dann fällt es schwer, sich dem Eindruck zu entziehen, daß hier ein biographischer Bezug auftaucht, das heißt eine Anspielung auf die geheimen Unterredungen der ersten Homburger Zeit. Dieser Eindruck wird gleich darauf in Strophe 5 bestätigt, wo von einem Briefwechsel der beiden Liebenden die Rede ist. Aber im Moment müssen wir uns noch bei Strophe 4 aufhalten, da wir uns mit der schwierigen Interpretation der Verse 13/15 zu befassen haben.

3. Resignation

Wieder zwei von einem zweideutigen *wie* eingeleitete Fragen: Es ist jedoch nicht klar, ob sie wirklich fragend oder rhetorisch gemeint sind. Die Szene und die Zeit sind wahrscheinlich dieselben wie in der

vorangehenden Strophe, das heißt die, in der der Geliebte bisweilen
aus seinem Dunkel heraustrat und sich *fröhlich* umblickte. An jenem
Ort und zu jener Zeit konnten die Stunden *dahin fließen*, wie wenn
zwei Liebende alles vergessend ihre Nähe und ihre Intimität genießen. Das erste *Wie* scheint exklamativ zu sein, könnte aber streng
genommen auch modal gemeint sein. Dieselbe Zweideutigkeit kehrt
im folgenden *wie* wieder. D fragt sich, wie (auf welche Weise? oder
wieso?) ihre Seele heiter und *still* war, angesichts der Tatsache, *so getrennt* zu sein oder es binnen kurzem zu sein. Diese *Wahrheit* oder
dieses unvermeidliche und sichere Ereignis wird durch eine merkwürdige Verbform ausgedrückt. Wie ist wohl dieses *so getrennt gewesen wäre* zu verstehen? Giorgio Vigolo[2] übersetzt: „… come tranquilla / poté stare la mia anima sulla verità / che così da te ero stata
divisa?" Enzo Mandruzzato[3] übersetzt: „… come fu la mia anima
tranquilla / quando fu vero che ci separammo?" Beide Übersetzun-
gen spiegeln mit ihrem unsicheren – sagen wir es ruhig – so wenig
italienischen Satzbau die Zweideutigkeit des Originals wider. Außerdem übersetzt Mandruzzato das *so* überhaupt nicht und entzieht sich
damit einer schwierigen Wahl. Errantes Text ist weniger widersprüch-
lich, aber nur dank der großen Freiheit, die er sich dem Original gegenüber herausnimmt, auch weil er den Fragesatz durch einen Ausruf
ersetzt: „… Volarono / l'ore così… Come silente stava / l'anima mia
sovra il concreto senso / che sarebbe da te presto disgiunta!"[4] Die
Zweideutigkeit des Originals wird auch dadurch bewiesen, daß in
dieser Version das Verb als Futur verstanden wird, während es die
beiden vorher zitierten als Vergangenheit auffassen.

Aber kehren wir zurück zu dem unglaublichen *so* in Vers 15. Werner Kraft[5] ist einer der wenigen Interpreten, die sich eingehend zu der
Ode geäußert haben. Er schreibt:

> „Das ‚so‘ ist ungeschickt, aber so hätte sie in einem Brief schreiben kön-
> nen: daß es ihr unmöglich sei, sich ‚so‘, nämlich in dem Wissen um die
> Wahrheit ihrer Verbindung mit dem Geliebten, als *getrennt* von ihm zu
> empfinden, selbst wenn die Welt darauf bestand."

Halten wir zunächst fest, daß Kraft, der insgesamt eine sehr positive
ästhetische Wertung gibt, dieses Adverb ungeschickt, linkisch, un-
passend findet; nach meiner Ansicht wäre es in einem privaten Brief
ebenso ungeschickt gewesen. Kurz, wir hätten hier mit jemandem

(Hölderlin!) zu tun, der sich ungeschickt ausdrückt, nicht imstande ist, klar zu sagen, was er meint. Es handelt sich nicht um ‚Schizophasie‘, es ist Unfähigkeit sich auszudrücken. Kraft erklärt: Die Seele der Frau ist ruhig, weil sie weiß, daß ihre Liebe so echt ist, daß sie in ihr verbunden sind, auch wenn die Gesellschaft ihre Trennung will. Diese Interpretation erscheint mir strittig, aber nicht auszuschließen. *So* kann man aber auch im Sinn eines verstärkenden Adverbs verstehen: so sehr, in solchem Maße. Mit anderen Worten in einer weit gefaßten Paraphrase: Wie konnte ich ruhig leben, obwohl es unser Schicksal war, so unwiderruflich getrennt zu sein? Die Antwort wäre dann im vorhergehenden Satz zu suchen: Ich konnte es in den Augenblicken glücklicher Begegnungen sein, die in der vorhergehenden Strophe heraufbeschworen werden. In den flüchtigen und glücklichen Stunden, in denen wir gedächtnislos zusammen waren, vergaß ich die leider wahre Tatsache, daß die wirklichen Lebensumstände so sind, daß sie uns unabänderlich voneinander trennten. In diesem Fall ist es jedoch merkwürdig, daß sie nicht sagt: „daß / *wir* so getrennt gewesen *wären*." An der Metrik hätte sich nichts geändert.

4. Geständnis und Erinnerung

Aber Vers 4 der vierten Strophe tritt vor allem wegen eines bedeutenderen Grundes hervor, der mich deutlich zu dem Gefühl des Unbehagens und der Ungläubigkeit zurückführt, von dem ich eingangs sprach. Es ist gewiß nicht notwendig, hier die Frage anzugehen, ob die Liebesbeziehung zwischen Susette Gontard und Friedrich Hölderlin eine in jedem Sinn vollständige war. Die Meinungen gehen auseinander, die Indizien sind unsicher, die Schlußfolgerungen für unsere Absicht gleichgültig. Bestürzend und keineswegs gleichgültig ist es jedoch, daß der Schreiber dieses Verses Diotima ein so direktes und im Grunde genommen triviales Geständnis – das heißt eine an sich tadelnswerte Tat zuzugeben – in den Mund gelegt hat, wenn man bedenkt, daß der Ausdruck heute wie damals auch im Sinn eines körperlichen Besitzes verstanden werden kann. Friedrich und Susette

hätten allerdings Gelegenheit dazu gehabt, insbesondere in den Tagen, die sie in Bad Driburg verbrachten; die Moral der Zeit und der
Gesellschaftsschicht war ziemlich locker; in Frankfurt sprach man
allgemein von einem richtigen Ehebruch. Alles richtig. Aber es erscheint merkwürdig, wenn nicht unwahrscheinlich, daß Hölderlin in
einem dichterischen Text – der gewiß kein Zeichen des Wahnsinns an
sich hat! – dieses verbreitete Gerücht unterstützen und sogar indirekt
bestätigen konnte, wenn er wirklich dieses kostbare Geheimnis in
sich trug; oder daß er zu der Vermutung hätte Anlaß geben können,
falls diese unberechtigt gewesen wäre. Es stimmt zwar, daß ein ähnlicher Ausdruck auch im Konzept eines Briefes an Susette und an
einer Stelle des *Hyperion* vorkommt, aber eben in einem ganz privaten Schreiben und im Mund einer Romanfigur und nicht in einem
Gedicht mit unverhohlen biographischen Hinweisen.

Der Briefwechsel, der uns auf wechselvollem Weg erhalten blieb
und der allerdings wegen seiner Heimlichkeit einen weitaus höheren
Grad an Vertraulichkeit zuließ als eine alkäische Ode, ist ein außergewöhnliches Dokument gegenseitiger, geistiger Hingabe und sogar
von herzzerreißender, unbändiger Sehnsucht in den Briefen Susettes;
aber nichts deutet hin auf einen handfesten Ehebruch. Im Gegenteil
läßt nach meinem Gefühl der hohe Grad an Sublimation, der sich im
Briefwechsel zeigt, die Hypothese einer im Grunde keuschen Beziehung als der Wirklichkeit entsprechender erscheinen. Im übrigen
hatte schon Christoph Theodor Schwab etwas geschrieben, woran
Beißner uns erinnert (StA 7, 1, 105): „... es haben sich Bruchstücke
von Briefen seiner Diotima erhalten, die, voller Zartheit und Tiefe,
jeden Gedanken an eine unreine Flamme verbannen." Es ist keineswegs auszuschließen, daß der Hauptbetroffene in dieser Sache, das
heißt Susettes Gatte, die heikle Situation deshalb so lange geduldet
hat, weil er sie nicht als rufschädigend empfand: eben als eine gegen-
seitige Begeisterung empfindsamer Seelen.

Die fünfte Strophe kündigt einen Briefwechsel an, der den Zweck
hat, sich gegenseitig an *alles Bekannte* und *Vergangenes alles* zu erinnern. Wie das vorstellbar sein soll, wenn man bedenkt, daß die Hand-
lung – da jetzt das Verb im Präsens steht – in die Zeit der ersten beiden Strophen zurückkehrt, und also die Geliebte ihren Ruf vom Ufer
des Hades aus ergehen läßt, ist durchaus nicht klar. Oder man muß

denken, die Andeutung bezieht sich auf eine Zeit der Trennung im Leben, und in diesem Fall kehrt man in die Sphäre des Biographischen zurück, oder auf den Briefwechsel aus der ersten Homburger Zeit. Mit den heimlich geplanten und heimlich durchgeführten kurzen Begegnungen lief ein Austausch von Briefen parallel, die wahrscheinlich zum großen Teil nicht erhalten geblieben sind. Aber all das ist nicht sonderlich wichtig, wenn man die fünfte Strophe kommentieren will. Man braucht sich nur zu entscheiden, ob sie, wie es mir scheint, auf jenen besonderen Briefwechsel Bezug nimmt, mit allem, was darin an sehnsüchtiger Heraufbeschwörung der Liebesgeschichte sein konnte, das die beiden Protagonisten der Ode vor der erzwungenen Trennung aneinander gefesselt hatte. Meiner Hypothese widerspricht eine eindeutige Tatsache: Die auf uns gekommenen Briefe – 17 von Susette und 4 fragmentarische Entwürfe von Hölderlin – handeln fast gar nicht von der glücklichen Zeit im Hause Gontard. Nur an zwei Stellen (StA 7, 1, 73 und 90) von je zwei Zeilen erinnert sich Susette mit Sehnsucht an diese glücklichen Tage. Alles andere bezieht sich auf die gegenwärtige Lage: die Qualen und Dilemmata der Trennung, die Liebes- und Treueschwüre, die Organisation der Treffen und des Briefaustauschs, die Chronik des Tages, die vagen Zukunftsaussichten. Aus der fünften Strophe geht jedoch hervor, daß der Briefwechsel, auf den man sich bezieht, der *ganzen* wohl bekannten Vergangenheit gewidmet sein sollte. Hier sieht es so aus, als würde der Verfasser dieser Verse zwar von der Existenz der Briefe wissen, aber deren wirklichen Inhalt entweder nicht kennen oder nicht erinnern. Später werde ich erklären, aus welchem Grund ich diesen Widerspruch für erklärlich halte.

5. Wie die Liebschaft entstand

Von der sechsten Strophe an herrsch die Erinnerung vor. D läßt das Szenarium der beginnenden Liebe erstehen. Diese Erinnerung wird durch eine Frage eingeleitet, die ebenso überflüssig wie banal ist: *Wars Frühling? war es Sommer?* In der Folge reiht sie Gemeinplätze des

Idylls und einer Landschaft Hölderlinscher Prägung aneinander. Die
Strophen 6/8 zeigen eine ungeschickte Karikatur davon. Die Nachtigall lebt (?) mit anderen zwitschernden Vögeln im nicht fernen
Gebüsch und duftende Bäume wölben sich über den zwei Liebenden.
Die Beiden ergehen sich morgens und abends auf Sand, wie es scheint,
und zwischen niedrigem Gesträuch auf hellen Gartenwegen, die
durch Hyazinthen, aber auch Tulpen, Violen und Nelken *erfreulicher
und lieblicher* sind. Ungewohnt ist diese stereotype und emphatische
Aufzählung von Gartenblumen. Ich brauche wohl nicht eigens daran
zu erinnern, daß Hölderlins Dichtung der Natur und den Pflanzen
besondere Aufmerksamkeit schenkt, jedoch eher als Landschaft gese-
hen und mit besonderer Rücksicht auf die Bäume, in erster Linie die
Eiche. Seine Lieblingsblume ist die Rose. Die Nelke erscheint in einer
Jugendode aus dem Jahr 1789: *Einst und jetzt* und in dem späten
Fragment 67 (nach Beißner), wo sie mit der Hyazinthe verbunden ist.
Viole und Tulpe erscheinen nirgends. Die zarten Blumen, die in den
Versen 27/28 der Ode aufgezählt werden, weisen auf einen gepflegten
Garten hin; und man denkt sofort an den Garten des *Weißen Hir-
schen*, der Frankfurter Residenz der Familie Gontard.

Bei Hölderlin ist der Hinweis auf eine Pflanze zumeist mit einer
symbolischen Konnotation verbunden: die stolze Kraft mit der Eiche,
die Treue mit dem Efeu, die manchmal miteinander vorkommen: *Wie
der Epheu, treu und sanft umwunden / Zu der Eiche stolzen Höh'n
hinauf …* (StA 1, 1, 141). Das Motiv der Eiche ist wichtig, denn es
kommt in einigen der bedeutendsten, dichterisch gelungensten Kompositionen Hölderlins vor: abgesehen von der oben zitierten frühen,
aber beachtlichen *Hymne an die Freiheit* auch in *Heidelberg, Stut-
gard, Brod und Wein, Der Rhein* und *Patmos*, die außer *Brod und
Wein* alle den Zeitgenossen bekannt waren – das werden wir uns merken müssen –, weil sie 1808 veröffentlicht worden waren. In allen
grünt der Efeu und schlägt Wurzeln in altem Gemäuer, in Wänden
oder Felsen, so daß der Anfang der achten Strophe einen häufigen
Topos des Schaffens, das WadF vorausging, wieder aufnimmt; und er
bezeichnet auch hier schattige Winkel, in denen man sich vor allem am
Abend zu Liebesgesprächen absondern kann. Die Verse 29/30 lassen
sich jedenfalls eher auf Frankfurt oder auf Pfingstweid (StA 7, 2, 74)
beziehen oder auch auf Kassel und Bad Driburg als auf die waldreiche

Insel im *Hyperion*. Die *hohen Alleen* befinden sich in der Stadt oder in privaten Parks. Beißner (StA 7, 2, 74) spricht von einem Aufenthalt im Sommer 1796 auf dem Landsitz Du Fay in Pfingstweid, wo sich auf den täglichen lieblichen Spaziergängen *der Dichter und Diotima erkannten*, das heißt ihre Wahlverwandtschaft entdeckten, welche die wahre Grundlage ihrer liebenden Zuneigung war. Es stimmt jedoch auch, daß andere Dokumente für ein früheres ‚Erkennen‘ sprechen, zumindest von Seiten Hölderlins. Schon am 11. Februar 1796 spricht er in einem Brief an den Bruder von einer Verjüngung und dem Gefühl, geistig leichter geworden zu sein, was aller Wahrscheinlichkeit nach mit der kürzlich erfolgten Begegnung zusammenhängt, die ihn wie ein Blitz getroffen haben mag (StA 6, 1, 201).

6. Die Rückkehr von den Orten, wo man das Meer sieht. In der Dichtung ...

Der Übergang von der achten zur neunten Strophe ist erneut durch einen ziemlich schroffen Wechsel in der Heraufbeschwörung der Liebe und ihrer Geschichte gekennzeichnet. Nun handelt es sich nicht mehr um ein einfaches ‚einander Erkennen‘, sondern um ‚Umarmungen‘; um eine schon erklärte Liebe. Die Erzählung scheint sich einer späteren Zeit zuzuwenden und mit einem besonderen Augenblick in Zusammenhang zu stehen. Höchst merkwürdig ist auch der Übergang zur dritten Person: Wir bleiben doch immer noch im Bereich eines Briefes, der in den ersten fünf Strophen in der zweiten Person geschrieben ist. Merkwürdigerweise wird der Geliebte als *Jüngling* bezeichnet. Das kann uns daran erinnern, daß Susette fast zwei Jahre älter war als Hölderlin, seit zehn Jahren verheiratet und Mutter von vier Kindern. *In meinen Armen lebte der Jüngling auf...* Dieser Vers (33) scheint sich auf eine bestimmte Episode zu beziehen, da er verbunden ist mit einer Rückkehr von ebenso bestimmten Orten, wo der junge Mann bis dahin immer *verlassen* gewesen war, was Giorgio Vigolo mit *derelitto* hervorragend übersetzt. Die folgenden Verse, von 34 bis 42, scheinen chiffriert zu sein und einige sind sehr schwierig zu interpretieren. Der junge Mann ist aus gewissen Landen zurückgekehrt, von denen er zwar traurig erzählt (denn *wies* kann nicht gestisch gemeint sein), aber doch die Namen jener seltenen Orte und deren Schönheit nicht vergißt, die für D auch in ihrer Heimat existiert, an *seligen Gestaden ... oder verborgen* dort, wo man von der Höhe auch das Meer sehen kann, wo aber keiner bleiben will.

Ich schlage vor, den Text so zu lesen, wie es mir am plausibelsten erscheint, aber es muß trotzdem verschiedenen, nicht aus dem Text entfernbaren Zweideutigkeiten Rechnung getragen werden, vor allem der schwierigen syntaktischen Zuweisung von *verborgen* in Vers 40. Die Gegenden, aus denen der Jüngling zurückgekehrt ist, sind ferne Lande, fremde Lande? Das kann man vermuten, wenn man *seltene Orte* nicht im Sinn von kostbare Orte versteht, sondern eher als ungewohnte, nicht vertraute[6], vielleicht weit entfernte, an deren Namen man sich erinnern können muß: Und handelt es sich dann um ausländische Namen? Die Schönheit jener Gegenden, die sich dem jungen Mann eingeprägt hat, lächelt von weiten seligen *Gestaden* (Gestade meint Meeresküsten, See- oder Flussufer) wie Ds Heimat, die ihr besonders lieb ist. Soll man verstehen, daß die *Gestade*, die der Geliebten teuer sind, dieselben sind wie die, von denen der Jüngling bei seiner Rückkehr berichtete? Oder sind sie vergleichbar, doch andere? Oder wie man von Ds Perspektive aus sagen müsste: Was der junge Mann an den seltenen Orten Schönes bewundern konnte, das konnte ich an den Orten, die meine Heimat sind, ebenfalls bewundern. Also ein Vergleich, keine Identifizierung.

Eine substantielle Zweideutigkeit finden wir auch in den Versen 40/42. Ist es *alles Schöne*, was *verborgen* ist, oder ist der Betrachter dieser Schönheit *verborgen*, wenn er sich auf einen höheren Ort begeben hat? (Auch hier muß man sagen, daß die Zweideutigkeit eher auf einer Unfähigkeit, sich klar auszudrücken, beruht, als auf einem stichhaltigen inneren Grund des dichterischen Textes oder auf einer Abweichung von der Logik, die schwachsinnigen Ursprungs wäre.) Im ersten Fall würde es heißen, daß man die Schönheit nicht mehr unmittelbar genießen kann, wenn man sie von einem zu hohen Ort sucht, von dem aus sogar das Meer sichtbar wird. Im zweiten Fall dagegen würde es heißen, man kann die Schönheit genießen, nicht nur wenn man an den *seligen Gestaden* weilt, sondern auch wenn man an einem hohen Ort verborgen ist. Aber wer wäre dann das Subjekt dieser Betrachtung von der Höhe aus? Immer noch der Jüngling oder das sprechende Subjekt? Die zweite Hypothese wählt Vincenzo Errante[7], der einen großen Teil von Hölderlins Werk ins Italienische übertragen hat, und übersetzt paraphrasierend so:

> „... e tutta la bellezza, che fiorisce / nella terra natia lungo le spiagge / anche a me care; oppure si nasconde / su negli eterei spazii, onde si scorgono / gli oceani immensi, e dove ahimè nessuno / abitare vorrebbe: oltre la vita.“

Rückübersetzt lautet es so:

> „... und all die Schönheit, die erblüht / im heimatlichen Lande an den Gestaden, / die auch mir lieb sind; oder sich verbirgt / oben in den himmlischen Räumen, wo man hinabsieht / auf die unendlichen Ozeane, und wo, o weh, niemand / wohnen möchte: jenseits des Lebens.“

Nach Errante spielt hier D auf eine Betrachtung aus dem Jenseits an, was den rätselhaften Satz *doch keiner seyn will* erklären würde; da keiner ‚jenseits des Lebens‘ sein will. Nach meiner Meinung ist diese Interpretation nicht stichhaltig. Sie würde in die entweder naive oder belanglose Vorstellung ausarten, das Jenseits sei ein Ort, von dem aus man auf die Meere des Planeten hinabschauen kann; und sie möchte uns diese höchste Banalität servieren, daß keiner Lust hat, tot zu sein. Wirklich zu viel, auch für einen so tadelnswerten Text.

Mein eigener Eindruck ist folgender: In den Versen 40/42 macht der Verfasser eine chiffrierte Anspielung auf einen bestimmten Umstand oder ein bestimmtes Ereignis. Dann müsste man sich fragen: Wo erscheint das Meer, insbesondere das von oben gesehene Meer, wenn man alle möglichen Hölderlinschen Bezugspunkte, egal ob dichterischer oder biographischer Art, betrachtet? Diejenigen, die WadF für ein zum *Hyperion* gehörendes Fragment halten, könnten auf die Gegenwart des Meeres im Roman hinweisen. Aber im ganzen Roman kommt keine Situation vor, die sich direkt mit der Stelle aus der Ode verknüpfen ließe, das heißt mit einer trostreichen Rückkehr Hyperions in die Arme Diotimas. Viel wahrscheinlicher ist vielleicht eine Verknüpfung unter dem biographischen Gesichtspunkt, insbesondere mit dem Aufenthalt des Dichters in Bordeaux; und folglich unter dem dichterischen Gesichtspunkt mit *Andenken*.

Hölderlins kurzer Aufenthalt in Bordeaux ist bekanntlich kaum
dokumentiert. Trotzdem neigt man zu dem Gedanken, das Meer habe
aus der großen Nähe eine starke Anziehungskraft auf den Dichter
und seine Neugierde ausgeübt und er habe es sehen wollen, vielleicht
von den hohen Dünen aus oder von den Erhebungen, die nur wenige
Kilometer westlich von der Stadt entfernt liegen. Das würde heißen,
Hölderlin deutet eine Erinnerung an seinen Aufenthalt in Frankreich
an. Gerade zurückgekehrt, *noch verlassen*, hätte H sie auf jene *Gefilde* hingewiesen, das Wort ist hier in dem bei den Klassikern bezeugten Sinn als ausgedehnte Gegenden, weit entfernte oder sogar ideale
(*himmlische Gefilde* schrieb der Freund Schenkendorf), *seltene Orte*
eben, deren nicht vertraute Namen in einer fremden Sprache H jedoch wieder sagen konnte und von deren Schönheit er eine lebhafte
Erinnerung bewahrt hatte: von der Schönheit der *seligen Gestade*
(der Garonne?) und schließlich auch von der verborgenen Schönheit,
die man von hoch gelegenen Orten zwischen der Stadt und dem von
den Seefahrern gefürchteten Ozean erspähen kann. Wie aber kann D
sagen, daß diese Orte auch für sie *sehr wert* sind, da *heimatlich*? Unter dem Gesichtspunkt des Romans – auf den ich hinweise, aber den
ich nicht teile – wäre die Antwort einfach: Hyperion und Diotima
sind beide Griechen. Meiner Ansicht nach muß die Erklärung einen
anderen Weg versuchen. Diotima/Susette war aus Hamburg, einer
Stadt, die mit Bordeaux nicht wenige Ähnlichkeiten aufweist, da beide Hafenstädte an den Ufern eines großen Flusses, nicht direkt am
Meer, aber in dessen Nähe gelegen sind. Außerdem kommt mir noch
ein Umstand in den Sinn. Nicht nur die Familie Gontard, auch Susettes Familie war zum großen Teil französischen Ursprungs. Ludwig Zeerleder erinnert uns daran, daß in Frankfurter Bankierkreisen
bei den Bethmanns, Gontards und anderen in der damaligen Zeit die
französische Abstammung noch ziemlich in aller Erinnerung war. Ist
es zu gewagt, wenn man vermutet, daß die Diotima dieser Ode in der
leidenschaftlichen Erinnerung ihres Geliebten an jene *Gefilde* ein
Echo und einen Ruf ihres eigenen Ursprungs vernimmt und darin ein
weiteres Element dafür erblickt, daß sie für einander bestimmt sind?

7. … und in der Wirklichkeit. Die Hypothese von Bertaux

Wenn wir annehmen, dieses Szenarium sei biographischen Ursprungs, ergibt sich eine Komplikation, die mir jedoch lösbar erscheint. Es setzt nämlich die Vorstellung voraus, daß der Dichter nach seiner Rückkehr aus Bordeaux seine Geliebte noch einmal getroffen hat. Dieser Umstand wird allgemein verneint, aber ohne stichhaltige Beweise. Die Skepsis, auf die Pierre Bertaux' schon 1936 aufgestellte Hypothese stieß, wurde wohl zum Teil von der verständlichen Ablehnung seiner neueren, absolut unhaltbaren These verursacht, nach der Hölderlin nicht an einer schweren Form von Geistesgestörtheit gelitten hätte und sein ‚Wahnsinn' nichts anderes gewesen wäre als eine List, um der Anklage wegen Jakobinertums zu entgehen. In Wirklichkeit sind die beiden umstrittenen Thesen von Bertaux sehr unterschiedlicher Natur und wenn man die eine anficht, heißt es nicht unbedingt, daß man auch die andere ablehnt.

Der französische Germanist behauptete, Hölderlin habe Frankreich verlassen und sich nach Frankfurt aufgemacht, nachdem er die Nachricht von Susettes Krankheit erhalten hatte; es handelt sich dabei nicht um die Röteln, die ihr – wie es scheint – den Gnadenstoß gaben, sondern um die Schwindsucht, die sie schon vorher hatte, wie Sinclairs berühmter Brief an Hölderlin vom 30. Juni 1802 (StA 7, 1, 170) und der Brief von Henry von Lilienstein vom 6. Juli 1802 (StA, 7, 2, 216) bezeugen. Es erscheint mir auch nicht fehl am Platz zu denken, daß er von der Krankheit aus einem Brief von Susette selbst erfuhr. Warum sollte Hölderlin nach Frankreich abgereist sein, ohne der geliebten Frau oder einem gemeinsamen Freund seine Adresse bei Konsul Meyer zu hinterlassen? Warum sollte eine eifrige Briefschreiberin, wie sie Susette bis dahin gewesen war, es sich plötzlich versagt haben, dem fernen Geliebten ihre Nachrichten und Liebesbezeugungen zukommen zu lassen? Schließlich hatte sie in ihrem letzten Brief (dem letzten von insgesamt 17 erhaltenen) in der Aussicht auf eine lange Trennung vorgeschlagen, die beiden Liebenden sollten einander wenigstens jedes halbe Jahr einen Brief zukommen lassen, um einander von eventuellen glücklichen Augenblicken zu erzählen, aber auch um sich das Gemüt zu erleichtern, wenn „die Brust zuweilen so voll und gepreßt" war (StA 7, 1, 102). Susettes Briefe, so heißt es, fielen in die Hände der Verwandten Hölderlins in dem von ihm nach Nürtingen gesandten „Bücherkasten"; darunter befindet sich keiner, der nach Bordeaux geschickt worden wäre. Wer kann aber mit Sicherheit behaupten, Hölderlin habe auf dem Boden des berühmten Bücherkastens *alle* Briefe verborgen, die er besaß? Mir erscheint es eher wahrscheinlich, er habe sein Gepäck leichter gemacht, indem er mit anderen für die Reise nicht notwendigen Dingen die Korrespondenz aus den Homburger Tagen, das heißt einer länger vergangenen Zeit seiner Liebesbeziehung nach Hause geschickt, während er die Briefe aus der letzten Zeit bei sich behielt. Die entschiedene Behauptung Waiblingers, die dann von Schwab übernommen wurde, der Dichter habe im Turm insgeheim Briefe von Susette Gontard bei sich gehabt, über die er eifersüchtig wachte, wurde nicht geglaubt. Es stimmt zwar, daß sie nicht gefunden wurden, aber das heißt nicht unbedingt, sie hätten nicht existiert, und der mit dem Wahnsinnigen so vertraute Waiblinger habe sie nicht gesehen. Unter anderem gibt Schwab im Manuskript seines *Lebensabriß* an einer Stelle (zitiert schon bei Hellingrath, Bd. VI, hg. von I. von Pigenot und F. Seebaß, S. 499) auch die Zeit an, in der die bis dahin geheim gehaltenen Briefe ans Licht kamen:

> „… nachdem die Nacht des Wahnsinns schon 20 Jahre seinen Geist verdunkelt hatte, fand man zuerst unter seinen Papieren Briefe von seiner Diotima, die er mit außerordentlicher Sorgfalt aufbewahrt hatte."

Man beachte: Zwanzig Jahre nach dem Auftreten des Wahnsinns heißt ausgerechnet um 1823/24, die Zeit des engen, außergewöhnlichen Verkehrs mit Waiblinger. Wie sollte man nicht denken, daß diese Briefe dank des Einflusses, den der junge, sich anbiedernde Student auf den geisteskranken Dichter machte, ans Licht kamen? Waiblinger hatte sicherlich versucht, die Sprache auf die Liebesgeschichte zu bringen, von der in der Gesellschaft der damaligen Zeit so viel geredet worden war und immer noch geredet wurde. Noch eine kleine Einzelheit: Diese Briefe waren nach der von Schwab aufgenommenen Erzählung *zuunterst* versteckt, genau wie die, welche die Mutter in dem berühmten Bücherkasten entdeckt hatte. Viel-

leicht hatte Hölderlin die kostbaren Dokumente wiederholt auf
diese Weise versteckt.

Bis jetzt wurde durch keine stichhaltige Angabe widerlegt, daß
Hölderlin auf irgendeine Weise von Susettes Krankheit erfahren und
deshalb Bordeaux verlassen hatte. Man wirft ein: Aber dann wäre er
sicher sofort nach Deutschland gereist, anstatt sich in Paris aufzuhalten, wo er sogar ein Museum besuchte. Es handelt sich um einen aus
mehreren Gründen anfechtbaren Einwurf. Sehen wir ihn uns im einzelnen an. Schon auf der Hinreise hatte Hölderlin die Absicht gehabt,
über Paris nach Bordeaux zu reisen, erst der Eingriff der Straßburger
Behörden hatte die Ausführung dieses Vorsatzes unmöglich gemacht.
Die Strecke Straßburg – Bordeaux über Paris ist fast genauso lang wie
die Strecke über Lyon. Außerdem ist letztere viel schwieriger oder
sogar gefährlicher als die andere; das hatte Hölderlin auf der Hinreise
selbst erlebt. Es steht jedenfalls fest, daß die Reise Bordeaux – Straßburg, wenn der Dichter, wie man annimmt, Mitte Mai abreiste und
am 7. Juni schon in der Hauptstadt des Elsaß war, bei weitem kürzer
war als die Reise Straßburg – Bordeaux, die vom 10. Januar bis zum
28. Februar dauerte. Der Aufenthalt in Paris muß sehr kurz gewesen
sein, da bei einer Berechnung der Entfernungen und der für die Strek-
ken beanspruchten Zeit herauskommt, daß der Dichter pro Tag nicht
weniger als fünfzig Kilometer zurücklegte. Daß er dann, als er in Paris war, trotz der Eile als „Gräcoman", wie ihn Schiller nannte, einer
Sammlung antiker Kunst (*die Antiquen*) einen raschen Besuch abge-
stattet hatte, ist vollkommen verständlich.

Aber vielleicht muß auch die überstürzte Eile, mit der Hölderlin
der Legende nach aus Bordeaux aufgebrochen war, nachdem er aus
Frankfurt Nachricht erhalten hatte, in der richtigen Dimension gesehen werden. *Was für* Nachrichten hatte er eventuell bekommen? *Wie*
besorgniserregend? Aus den Daten, über die wir verfügen, läßt sich
der Ablauf von Susettes Krankheit rekonstruieren. Sie litt schon seit
langem an einer wahrscheinlich schleichenden Lungentuberkulose;
die Krankheit verschlimmerte sich im Winter 1801/02 durch einen
anhaltenden Husten und häufigen Blutauswurf am Morgen, wie die
oben zitierten Briefe bezeugen. Es handelte sich also um eine besorgniserregende Lage, die jedoch nicht an einen baldigen Tod denken
ließ. Tödlich wurde die Krankheit erst nach dem 10. Juni, als die

chronische Schwindsucht in einen akuten Zustand umschlug, vielleicht auch durch die Röteln, die aber an sich keine bösartige Krankheit sind. In fast allen Studien wird Susettes Tod unmittelbar den Röteln zugeschrieben. Wie im Fall der Geisteskrankheit des Dichters begegnet man auch hier einer mangelnden Beschäftigung mit den medizinischen Aspekten in der Biographie der Autoren, auch wenn sie – wie es hier der Fall ist – leicht zu überprüfen sind. Nehmen wir einfach das Stichwort „Röteln" in der Enciclopedia Italiana: „so nennt man eine akute, ansteckende Infektionskrankheit gutartiger Natur (...) Die Gutartigkeit der Krankheit schließt jegliche Gefahr oder Komplikation aus." Das alles heißt, daß Hölderlin, wenn er vor seiner Abreise von Bordeaux über die Lage wahrheitsgetreu informiert war, allen Grund hatte, besorgt zu sein, aber nicht verzweifelt, insbesondere, wenn die Quelle Susette selbst war, die gewiß das Gemüt des fernen Geliebten nicht allzusehr belasten wollte. Wir dürfen also annehmen, daß dieser beschloß, sogleich nach Deutschland abzureisen, doch ohne sich einen kurzen Aufenthalt in dem ersehnten Paris zu versagen.

Wenn man die Hypothese akzeptiert, daß Hölderlin schon in Frankreich von Susettes Krankheit erfuhr, drängt sich eine Frage auf: Wie könnte man sich vorstellen, daß Hölderlin, der schon gegen den 7. Juni deutschen Boden betrat, sich wochenlang in aller Ruhe in Nürtingen aufhielt? Daß er erst Anfang Juli ins Haus der Mutter kam, wird glaubwürdig behauptet, nicht nur von Schwab. Und Anfang Juli datiert man auch den Tobsuchtsanfall, den er – und es besteht kein Grund, daran zu zweifeln – gehabt hat, als er an diesem Datum nach Hause kam. Da er dort eine unerwartete Situation vorgefunden hatte, die ihn so sehr beunruhigte, ist man gezwungen zu denken, daß er nach einer langen Abwesenheit dorthin gekommen war; diese Reaktion wäre wohl kaum zu erklären, wenn er in den vorhergehenden Wochen ohne Probleme, von denen man wüßte, sich zu Hause aufgehalten hätte. Daß Hölderlin, von Susettes Tod erschüttert, von Frankfurt nach Stuttgart ging, erscheint auch aus anderen Gründen glaubwürdig. Er hatte gewiß das Bedürfnis, seinen Schmerz zu äußern, und es läßt sich leicht denken, daß er auch deshalb lieber bei seinen treuen Freunden und Vertrauten weilte als bei seiner kühlen, strengen Mutter, die außerdem von seiner Beziehung zu Susette Gontard vielleicht gar nichts wußte oder nur Tadel und Vorwürfe dafür übrig gehabt hätte. Außerdem muß man sich klar machen, daß man von Frankfurt aus eher nach Stuttgart kommt als nach Nürtingen, das südöstlich liegt.

Kehren wir jetzt zu unserer Ode zurück, aber bleiben wir beim Horizont des Biographischen. Wenn es plausibel ist, mit Bertaux übereinzustimmen, daß Hölderlin ab dem 11. oder 12. Juni und gegen Ende des Monats in Frankfurt weilte, dann ist auch die Vermutung wahrscheinlich, daß es ihm in jenen Tagen erlaubt war – selbstverständlich unter dem Siegel der äußersten Diskretion –, die Kranke zu besuchen, nachdem diese auf dem Totenbett vielleicht darum gebeten hatte; und der behandelnde Arzt, ein Freund Hölderlins, wird wohl dazu geraten haben. Aber in welchem Zustand befand sich Susette an den ersten Tagen der Krankheit, mit der sie ab dem 12. des Monats im Bett lag? Dazu ist ein genaues Zeugnis ihrer Nichte Maria Belli-Gontard von Bedeutung:

> „Im Juni (1802) gaben meine Eltern ein großes Dîner, Frau Gontard-Borkenstein, meine Tante, war anwesend; nie erschien sie mir so reizend, wie an jenem Tage (…) Die anwesenden Herren umgaben sie unaufhörlich (…) Wenige Tage darauf hatte ich mich heftig erkältet, Ehrmann fürchtete eine ernsthafte Krankheit. Tante Susette kam mich zu besuchen, da es schon besser ging; wie lieb und schön war sie wieder (…); beim Weggehen gab sie mir die Hand und versprach bald wieder zu kommen. /Am folgenden Tage brachen bei ihren Kindern die Röteln aus, sie pflegte sie, ward angesteckt und starb, ein Opfer ihrer mütterlichen Pflicht." (StA 7, 2, 214f.)

Nach all dem darf man annehmen, daß sie in den ersten Tagen der Krankheit noch in der Lage war, den eigens aus der Ferne eingetroffenen Freund zu empfangen und seinen Erzählungen über den Aufenthalt an *jenen seltenen Orten* zu lauschen, wenn man außerdem in Betracht ziehen will, daß der Tod an Lungenschwindsucht bis zum Letzten die Fähigkeit des Sterbenden, sich mit dem bei ihm Weilenden bewußt zu unterhalten, nicht beeinträchtigt. Dieses mögliche Bild stünde also nicht im Widerspruch mit dem Inhalt der Verse 33/42.

8. Anklänge an *Andenken*

Dieser Teil der Ode wird abgeschlossen mit dem seltsamen *Allwo das Meer auch einer beschauen kann, / Doch keiner seyn will.* Da wir aus den oben erklärten Gründen die Interpretation von Errante ablehnen, bleibt der Satz rätselhaft, wie man ihn auch zu verstehen versucht. Aus syntaktischer Kohärenz – wenn *allwo* für beide Sätze gilt – müßte der Ort, wo keiner sein will, zugleich der höchste sein, der die Sicht aufs Meer bietet. Aber wenn man einen Anakoluth annimmt, wie er zum Beispiel von Werner Kraft[8] akzeptiert wird, scheint der Ort das Meer selbst zu sein. In diesem Fall könnte man an das Zitat eines klassischen Topos denken: der, wie etwa bei Horaz und verschiedenen anderen Autoren, im Meer den gefahrvollen Ort sieht, an den sich die Menschen gewiß nicht grundlos wagen. Es muß sofort gesagt werden, daß diese zweite Erklärung sich in dem Zusammenhang wie eine unnötige, unpassende Hinzufügung ausmacht. Doch sie ließe sich auch rechtfertigen, wenn sie verstanden würde als eine zusammengefaßte Wiederaufnahme eines in *Andenken* entwickelten Gedankens.

In der vorletzten Strophe von *Andenken* stellt der Dichter, mit einer für seine späte Hymnik typischen Wende, plötzlich Bellarmin, den Empfänger der Briefe Hyperions, in die Strophe. Dann bemerkt er, daß viele Scheu empfinden, zur Quelle zu gehen, und nennt im folgenden das Meer als Quelle des Reichtums: *Mancher trägt Scheue an die Quelle zu gehen; / Es beginnet nemlich der Reichtum / Im Meere* (StA 2, 1, 189). Also läßt sich verstehen, daß die Scheu eine Seefahrt betrifft, die jedoch notwendig ist, um sich das Wohlleben zu erwerben, das die reiche Stadt an den Ufern der Garonne genießt. Die kausale Beziehung zwischen den beiden Sätzen wird durch *nemlich* gewährleistet.

Von diesem ersten und ziemlich deutlichen Eindruck, der Verfasser von WadF habe *Andenken* sehr genau vor Augen gehabt, sieht man sich veranlaßt auf weitere Stellen zurückzukommen. Die *Schwermut* (WadF, Vers 35) erinnert an die *sterblichen Gedanken* (*Andenken*, Vers 31 f.). *Alles Schöne* und *an seeligen Gestaden* (WadF, Vers 37 f.) erinnern an die lieblichen Orte an den Ufern der beiden Flüsse, die in den ersten beiden Strophen der Hymne ausführlich beschrieben werden. Die Tatsache, sich der *Nahmen der seltnen Orte* (WadF, Vers 36) zu entsinnen, findet eine Entsprechung in dem Zitat von Bordeaux und seiner Flüsse. Die *hohe Aussicht* (WadF, Vers 40), von der aus man das Meer sehen kann, stimmt überein mit der *luftigen Spiz*, von deren Höhen *An Traubenbergen* (*Andenken*, Vers 51) man die breite Meeresmündung der Dordogne und der Garonne betrachten kann. Die kurzgefaßte Andeutung der Ode an den furchtbaren Ozean schließlich, läßt sich, außer mit der schon zitierten Stelle der Hymne, mit der gesamten – im übrigen symbolisch verklärten – Problematik um die Gefahren, die Verzichte und die Zwecke der Seefahrt verknüpfen, die in den letzten Strophen der Hymne entwickelt wird.

Kurz gesagt, die oben gezeigten Entsprechungen lassen denken, daß das, was H in den Versen 34/43 D erzählt, eine aufgefrischte Erinnerung, ein neues *Andenken* der Zeit in Bordeaux ist. Aber sofort ist auch ein wesentlicher Unterschied festzustellen. In der Ode fehlt diesem Erinnerungsmaterial die erlesene, mythisierende Aura, welche die zwanzig Jahre früher verfaßte Hymne auszeichnet und die zu einer komplexen und umstrittenen Exegese Anlaß gegeben hat. Hier wird dasselbe Material einzig und allein auf persönlich gesehene und anekdotische Umstände projiziert.

9. Vorliebnehmen, wie sie vorliebnimmt

Nachdem die pathetische Erinnerung an eine vergangene Begegnung abgeschlossen ist, vollbringt der Verfasser aufs Neue einen plötzlichen Umschwung. In demselben Vers, der mit dem Widerwillen beginnt, mit dem sich die Menschen den Wogen des Meeres anvertrauen, ändert sich die Rede abrupt. D spricht abermals aus dem Jenseits ihren Geliebten an. Die Verben sind wieder im Präsens und in der zweiten Person Singular. Es ist ein Aufruf, sich zu ergeben, das Schicksal anzunehmen, da die Frau, von der ihn zuerst das Geschick und dann der Tod getrennt haben, sich noch immer (trotz der langen inzwischen verstrichenen Zeit) mit Freuden an den Tag erinnert, an dem sie einander ihre Liebe gestanden: *Nehme vorlieb, und denk /*

An die, die noch vergnügt ist, darum / Weil der entzückende Tag uns
anschien, // Der mit Geständniß oder der Hände Druck / Anhub, der
uns vereinet. Diese Verse ebenso wie alle, die bis zum Abbruch des überlieferten Textes folgen, vermitteln mir im höchsten Grad das Gefühl der
Trivialität, das ich schon für den Anfang empfand. Dieses Gefühl ist
hier sogar noch stärker, als das, mit dem ich auf die unglückliche Stelle im Übergang von der dritten zur vierten Strophe reagierte: ...*Im-*
mer verschlossener Mensch, mit finstrem / Aussehn. Schon das *Nehme*
vorlieb gleich zu Beginn stört mich. Aus drei Gründen. Zuallererst,
weil es sich um eine Verbform der Umgangssprache handelt, die in
einer alkäischen Ode gewiß fehl am Platze ist. Der Ausdruck kommt
zwar in Hölderlins Vokabular vor, aber in den entsprechenden Zu-
sammenhängen. Er verwendet sie in den Briefen, insbesondere in den
vertraulichsten und spontansten. Zum Beispiel in der Form *fürlieb*
nehmen in dem Brief vom 15. Januar 1796 an den Freund Neuffer,
dem er in groben Zügen über seine neuen Lebensumstände im Hause
Gontard berichtet, wo er gerade seinen Dienst angetreten hat. *Neh-*
men Sie vorlieb erscheint auch mehrmals in den späten stereotypen
Briefen an die Mutter. Abgesehen von WadF erscheint sie jedoch nie
in einem Gedicht. Der Grund meiner zweiten Ratlosigkeit ist seman-
tischer Art. D fordert H dazu auf, sich mit dem Tod der von ihm
verzweifelt geliebten Frau abzufinden. Die Form, in der das geschieht,
scheint mir in groteskem Mißverhältnis zum Gegenstand zu stehen.
Vorlieb nehmen bedeutet im heutigen Sprachgebrauch, aber auch bei
den Klassikern, angefangen bei Goethe ein eher unproblematisches
Sichabfinden, ein Sichzufriedengeben mit etwas, das nicht genau dem
entspricht, was man erhoffte, aber doch immer noch akzeptabel ist
(Grimm, 4, S. 768: *sich freundlich genügen lassen.* Duden-Universal-
wörterbuch, S. 1694: *Sich mangels einer besseren Möglichkeit mit dem*
begnügen, zufriedengeben, was gerade zur Verfügung steht). Im übrigen verwendet Hölderlin selbst den Ausdruck mit dieser Bedeutung
in dem schon zitierten Brief an Neuffer:

> „Du verstehst mich gewiß, wenn ich Dir sage, daß unser Herz auf
> einen gewißen Grad immer arm bleiben muß. Ich werde mich auch
> wohl noch mehr daran gewöhnen, mit Wenigem fürlieb zu neh-
> men ...“(StA 6, 1, 199).

Läßt sich diese ruhig einschränkende Bedeutung, dieser alles in allem versöhnliche Ton mit der tragischen Situation vergleichen, die den Hintergrund von Diotimas Schreiben aus dem Totenreich bildet? Der dritte Grund meiner Bestürzung ist grammatikalischer Art. In seinem lyrischen Werk – soviel ich mich erinnere auch in den anderen Werken – verwendet Hölderlin immer nur die korrekte Form des Verbs, selbst bei den Komposita. Warum kommt hier statt *Nimm* die falsche schwache Form *Nehme* vor? Aus metrischen Gründen? Aber es wäre doch kein Problem gewesen, das Metrum durch irgendeinen pleonastischen Einsilbler zu retten.

Die schwerwiegende Schlampigkeit dieses banalen *Nehme vorlieb* wurde sehr wohl wahrgenommen. Es hätte auch nicht anders sein können. Zum Beispiel von Ulrich Häussermann in einem bekannten, den späten Gedichten gewidmeten Essay. Der Kritiker glaubte jedoch, da es sich um Hölderlin handelte, sie nicht nur rechtfertigen, sondern sogar als einen edlen und für die ganze Turmzeit kennzeichnenden Zug lesen zu können:

> „Die matt erscheinende, wörtlich genommen aber zutiefst fromme Formel ‚nehme vorlieb‘ ließe sich symbolisch über die letzten sechsunddreißig Jahre Hölderlins setzen."[9]

Häussermanns gesamter Essay beruht auf einer angenommenen religiösen, zur Transzendenz strebenden Inspiration des wahnsinnigen Hölderlin, welche die fromme Ergebenheit jenes *nehme vorlieb* erklären würde und allgemeiner auch noch die verbreitete *Klaglosigkeit* der spätesten Gedichte. Es handelt sich um ein unhaltbares Mißverständnis. Die Abwesenheit jeglicher Klage, die totale Sedierung (dieser Terminus wird auch in der Psychiatrie verwendet) waren nicht die Frucht einer frommen Einwilligung, vielleicht in Erwartung einer Belohnung im Paradies, sondern der pathologische Ausgang eines psychischen Desasters, das alle ‚Sorgen‘, alle Spannungen, alle angstvollen Fragen einer gepeinigten Existenz aufhebt und so sich zu einem Horizont tiefer Befriedung öffnet, die im übrigen nicht frei ist von unheimlichen und beinahe verhängnisvollen Reflexen.

Auf den Ausdruck *nehme vorlieb*, mit dem wir uns so lange befaßt haben, folgen drei Sätze in einem keuchenden Rhythmus und wiederum mit einer ziemlich umgangssprachlichen Lexik, die der tragischen Situation so wenig entspricht: *...und denk / An die, die noch vergnügt ist, darum, / Weil der entzükende Tag uns anschien ...* (Vers 42ff.). D fordert H auf, darin Trost zu finden, daß sie sich noch mit Freuden an den Beginn ihrer Liebe erinnert (das heißt ihn nicht vergessen hat). Die beiden Partizipialadjektive *vergnügt* und *entzükkend*, die dazu dienen, diesen trostreichen Gedanken auszudrücken, scheinen mir auf störende Weise nicht adäquat. Semantisch verknüpft mit *sich be-gnügen*, das wir in *vorlieb nehmen* wahrgenommen haben, ist das Partizip *ver-gnügt*. Der Terminus zeigt gewöhnlich eine leichte Freude an, die selbst mit einer kleinen Gratifikation vollauf befriedigt ist. In diesem Sinn verwendet sie der hehre Schiller, und Hölderlin selbst zum Beispiel in der Hymne *An den Äther* aus dem Jahr 1797: *Aber des Äthers Lieblinge, sie, die glücklichen Vögel / Wohnen und spielen vergnügt in der ewigen Halle des Vaters...* (StA 1, 1, 205) Und Emilie meint doch gewiß eine freudige Schwerelosigkeit wie die der Vögel am Himmel, wenn sie sich wehmütig der unschuldigen Abende mit dem verstorbenen Bruder, Gesangs und Spieles entsinnt: *Vergnügt mit allem war ich ehmals da, / Und leicht war alles mir...* (StA 1, 1, 282). An anderer Stelle, in der Elegie *Der Wanderer* liegt ein kleines Dorf *vergnügt* in den Wiesen. Schließlich als vierte und letzte Stelle, das Wort konnte in den spätesten Gedichten nicht fehlen: *Wie selig ists zu sehn, wenn Stunden wieder tagen, / Wo sich vergnügt der Mensch umsieht in den Gefilden...* (StA 2, 1, 283). Es fällt mir ziemlich schwer, Diotima/Susette *noch vergnügt an den Strömen der heilgen Urwelt* stehen zu sehen.

Aber ebenso peinlich wie das gewöhnliche Wort *entsetzlich* in Vers 6 erscheint mir auch der *entzückende Tag* in Vers 44. Das Verb und auch das Sustantiv *Entzücken* kommt in Hölderlins Dichtung ziemlich häufig vor. Das Partizip Präsens zweimal, jedesmal in Beziehung zu einer mythischen Figur: der *Götterjüngling* Helius/Apollon mit den jungen Locken in *Dem Sonnengott* und die von Homer heraufbeschworene lächelnde Natur in der Hymne *Dem Geist der Kühnheit*, beide Male im Sinn von hinreißender göttlicher Anmut. Im Alltagsgebrauch hat *entzückend* beinahe seinen Sinn verloren, da es häufig von Leuten verwendet wird, denen eine geziert übertriebene Ausdrucksweise gefällt. Ich bin nicht in der Lage zu sagen, ob es auch Anfang des neunzehnten Jahrhunderts schon so war. Es bleibt jedoch die Tatsache, daß seine Hauptbedeutung die Gefälligkeit ist. Nach ‚Grimm' ist es hauptsächlich für Landschaften oder Kleidungsstücke verwendbar. Eine gewiß positive Eigenschaft, aber ich weiß nicht, wie geeignet, um den Tag und die hier heraufbeschworene Stunde zu definieren, wenn man sich die Aura von beinahe religiöser Feierlichkeit, schicksalhafter Offenbarung und Vorbestimmung vor Augen hält, mit denen der Dichter jenes Erlebnis und jenen Augenblick in den Gedichten verklärte, die auf verschiedene Weise namentlich oder intentionell mit Diotima zu tun haben. Zitate als Nachweis anzuführen, wäre überflüssig.

Das Unbehagen verstärkt sich noch bei der Lektüre der beiden folgenden Verse, 45 und 46, am Anfang der vorletzten Strophe. Der *entzückende* Tag, der ihre Verbindung besiegelte, soll von einer Liebeserklärung und einem Händedruck eingeleitet worden sein. Schon an dem zuletzt genannten Ausdruck stößt sich ein sensibler Leser. Ein komplizenhafter, besonderer Händedruck läßt an ein geheimes Liebeszeichen denken; das verleitet zu dem Gedanken, daß es sich in der biographischen Wirklichkeit, auf die hier sicher angespielt wird, um eine ehebrecherische Verbindung zwischen einer gesetzten Gattin und Mutter und einem Untergeordneten handelte. Liegt nicht etwas Triviales darin, das zwischen den Zeilen lesen zu müssen? Zu diesem Eindruck des Trivialen führt noch mehr die Variante Marbach 53: *Der mit Geständnis oder den Küssen auch / Anhub, die wir gaben / uns gaben.* Ich könnte mir höchstens vorstellen, freilich mit Mühe, daß dieser Satz aus der Feder des jungen Hölderlin hätte kommen können. Daß diese ‚Küsse' dann gestrichen wurden, ändert nichts an der Tatsache. Abgesehen von den berühmten Küssen, welche die trunkenen Schwäne in *Hälfte des Lebens* tauschen, erscheinen nur in zwei Gedichten des angehenden Dichters Hölderlin keusch ersehnte Küsse.

Die letzten Verse der Ode sind gewiß nicht dazu angetan, den peinlichen Eindruck der vorangehenden vergessen zu lassen. Die Klage am Ende, beginnend mit dem seufzenden *Ach! wehe mir!*, hat etwas Gewöhnliches, das auf gewöhnliche Weise ausgedrückt wird. Ja, es waren schöne Tage, aber dann … Das Bild des Geliebten, der wiederholt jammert, daß er nun allein auf der Welt ist, hat etwas Schnulzenhaftes. Es klingt wie das Gejammer eines armen Teufels. Abgesehen davon, daß der Dichter nicht wenige, interessante und gute Freunde hatte, sind wir hier Lichtjahre weit entfernt von der schmerzvollen, doch nicht armseligen Isolierung, die in gewisser Hinsicht, von ihm selbst gewollt und vom Schicksal gefordert, zweifellos im ganzen Dasein des unvergleichlichen Dichters spürbar war. Die Genialität macht einsam; aber ein Genie beklagt sich darüber nicht mit derlei allgemeinen Ausdrücken. Was den letzten, unvollendet gebliebenen Satz betrifft, ist es zu gewagt, Vermutungen anzustellen, wie er vollendet hätte werden sollen oder vielleicht in der Folge vollendet wurde, was aber nicht auf uns gekommen ist. Wir verfügen über ein einziges Indiz: jenes *aber*. Man kann denken, daß D der melancholischen Feststellung der Einsamkeit ihres unglücklichen Geliebten etwas entgegenzusetzen hatte. In dem Sinn, daß sie ihn der Zuneigung und der Nähe seiner Freunde versicherte, die an seinen Schmerzen Anteil genommen hatten; oder – was wahrscheinlicher ist –, daß sie für die Zukunft ihre ewige Vereinigung an den Ufern der heiligen *Urwelt* in Aussicht stellen wollte.

10. Versmaß und Struktur

Eingangs habe ich auf den unpassenden Stil hingewiesen; ich habe versucht, vor allem einige Aspekte des Satzbaus und der Lexik aufzuzeigen. Doch wie sieht es mit dem Versmaß und der Struktur aus? Hölderlin hatte Gedichte im asklepiadischen und im alkäischen Versmaß geschrieben. Die Wahl zwischen beiden, ziemlich unterschiedlichen Metren hing jedes Mal zusammen mit dem, was er sagen wollte, mit dem Tenor des Inhalts und mit der Art des Ausdrucks. Die alkäische Strophe unterstützt mit ihrem jambischen Rhythmus mehr als die asklepiadische einen fließenden, erzählenden Duktus, der für Erinnerungen, Gefühlsergüsse, Klagen oder begeisterte, weit ausholende Schilderungen geeignet ist. Wenn man diese grundlegenden Daten in Betracht zieht, besteht zweifellos bei WadF eine Übereinstimmung zwischen der metrischen Figur und dem ideellen Projekt. *Wie* aber wird diese Übereinstimmung verwirklicht? Schon Wolfgang Binder[10] hatte in seinem bewundernswerten Essay *Hölderlins Odenstrophe* gezeigt, wie vollkommen der innere Zusammenhalt in Hölderlins Odenwerk erreicht ist. Darauf folgende Teilstudien haben dieser grundlegenden Feststellung weitere Beweise hinzugefügt. Die Strukturierung der vollkommenen kurzen Oden aus der Frankfurter Zeit und darauf der großen Oden der ersten Homburger Zeit gehört zu den herausragendsten Leistungen der Dichtung Hölderlins, denn die Höhe und Folgerichtigkeit der Inspiration finden in der formalen Anlage eine spontan nötige Entsprechung, beinahe als hätte der Dichter selbst während des Schreibens die alkäische oder asklepiadeische Strophe erfunden. Mit wenigen Ausnahmen, denen im übrigen dichterische Lizenzen entsprechen, hat der Leser nie den Eindruck, daß der Gedankengang mit Gewalt dem prosodischen oder metrischen Schema unterworfen wird. Die Strophe erscheint als die Zelle, die Maßeinheit eines Ausdruckskanons, der sich nach den grundlegenden und wiederkehrenden Forderungen des Gemüts geformt hat: freilich der Poetik gemäß, die Hölderlin zum Vertreter einer großen Lektion in Klassizität macht, die groß ist, auch weil sie bis zu ihrer Krise und zu ihrem Bruch auf derselben Höhe bleibt. Ein besonderer Aspekt dieser Klassizität ist auch die Strukturierung des Strophenzusammenhangs. Wo die Stropheneinheit aufgebrochen und direkt mit der folgenden – oder den folgenden – verknüpft wird, geschieht es wegen eines nicht aufschiebbaren Überschwappens der kommunikativen Bewegung, also nur aus einem glaubwürdigen Grund. So zum Beispiel in den ersten drei inspirierten, lobenden Strophen von *Das Ahnenbild*. Aber die Grundtendenz bleibt trotzdem, das Syntagma oder den Satz mit dem Vers und die Periode mit der Strophe zusammenfallen zu lassen. Die Kunst zeigt sich in den zahllosen Variationen dieses Postulats.

Wie sieht es nach dieser notwendigen Prämisse bei der Ode WadF aus, insbesondere was das seltenste und kühnste Mittel, das heißt das *enjambement* zwischen den Strophen betrifft, das – nach Binder (S. 64) – bei Hölderlin etwas Außergewöhnliches darstellt? Die Antwort finden wir im Übergang von der dritten zur vierten Strophe. Keinerlei innerer Anspruch erfordert diesen Sprung. Er ist nur ein Notbehelf, da Vers 12 in der ursprünglichen Fassung *immer verschlossener Mensch mit finstrem Auge* hypermetrisch war, auch wenn *Auge* um eine Silbe abgekürzt worden wäre. Man möge mir verzeihen, wenn ich noch einmal die Bestürzung äußere, die ich beim Lesen dieser Variante empfinde, die den Eindruck der endgültigen Fassung noch verschlimmert, denn sie wird durch den Ersatz des physiognomischen *Auge* durch *Aussehn* kaum gemindert. Man muß wirklich von Bestürzung sprechen angesichts einer Stelle in einem hölderlinschen Gedicht, an der einem vielen Indizien entsprechend autobiographischen Subjekt ein finsteres, düsteres Auge oder ein ebensolcher Blick zugeschrieben wird. Das unverhoffte *enjambement* zwischen der dritten und vierten Strophe ist nicht der einzige ungeschickte Notbehelf, Aussage und Metrum recht und schlecht aufeinander abzustimmen. Zweimal (bei Vers 28 und Vers 40) beginnt der Verfasser den Zehnsilber mit *oder*, einer Konjunktion, die in beiden Fällen weder logisch noch poetisch begründet ist, sondern nur den Zweck hat, daß er beim ersten Versfuß, einem Daktylus, ein Wort mit der Betonung auf der ersten Silbe brauchte. Ähnlich hat das emphatische und pleonastische *Ja!* in Vers 16 offenbar den Zweck, die lange Silbe des ersten Versfußes zu liefern. Die entgegengesetzte Funktion – eine kurze Silbe im Auftakt – erfüllt das ebenso überflüssige *So* des jambischen Vers 5, das außerdem noch mit einer unangenehmen Alliteration zu einer Anrede im gängigsten Stil des Gesprochenen beiträgt, was im übrigen auch für die folgenden *Das muß ich sagen* und *Wahrhaftig!* gilt. Ich überspringe einiges, was man an der Prosodie bemängeln könnte. Lassen wir diese verzeihlichen Aspekte beiseite, um uns die strukturellen Unstimmigkeiten des Ganzen aus der Nähe anzusehen.

Wir wissen, wie herausragend in Hölderlins Dichtung die Kunst der Übergänge ist, bezogen auf die Dynamik des Themas, gleich ob dieses sich linear fortschreitend entwickelt oder im Gegengesang mit Inversionen oder Brüchen. All das gilt in besonderem Maß für die wunderbar *durchkomponierten* Oden, wenn wir uns einen Terminus aus der Musik borgen wollen. Das ist ein Element der Konstruktion, das auch Binder in seinem oben zitierten Essay hervorheben wollte, indem er sich einer Metapher aus der Tonkunst bedient: „Es entsteht etwas, das man mit einem musikalischen Bild einen langgezogenen Melodiebogen über einem Ostinato-Rhythmus bezeichnen könnte." (S. 64) Untersuchen wir jetzt, wie in unserem Text der architektonische Bau des Themas ausgeführt wird, der für die Ode große Bedeutung hat, da diese Gattung aus einer offenen Anzahl von strophischen

Einheiten besteht und somit einen klaren strukturellen Plan erfordert, womöglich gegliedert in deutlich erkennbare Exposition, Durchführung und Reprise. Es handelt sich ja um eine Ωδή, also einen Gesang, ursprünglich ein Zusammenwirken von Musik und Dichtung. Der oben genannte Bau der Ode ist in der Durchführung von WadF nicht gewährleistet. Die Ode nimmt ihren Ausgang mit einer Art Protasis in der Form eines Rufes aus dem Jenseits, welche die Beziehung zwischen zwei Subjekten, der Verfasserin und dem Empfänger, bestimmt. Und bis hierher können wir – abgesehen von den schon geäußerten großen Vorbehalten den Einzelheiten des Inhalts gegenüber – die beiden ersten Strophen als einen zweifellos den Regeln entsprechenden Auftakt betrachten. Als formal tadellos kann auch der folgende abrupte Übergang zur Erinnerung an die Geschichte der Liebe betrachtet werden, welche die beiden Liebenden zu Lebzeiten verband. Aber es ist die Dynamik, mit der diese dann in ihren verschiedenen Stationen dargestellt wird, die einen stutzig macht. Zuerst wird an die schmerzvolle Trennung erinnert, nachdem D sich dem Geliebten hingegeben hatte. Dann geht es weiter zurück und es wird der liebliche Hintergrund der ersten glücklichen, noch scheuen Phase der Liebe gezeigt, als sie einander mit freudiger Vorahnung ansahen und miteinander sprachen. Dann wechselt die Szene abermals plötzlich: Wir sehen den *Jüngling*, der verlassen von fernen Gefilden zurückkehrt, in den Armen der geliebten, wiedergefundenen Freundin Zuflucht und Erleichterung suchen. Dann erinnert sie ‚vergnügt‘ den entscheidenden Augenblick der Erklärung und des ersten Liebesaustauschs (auch der ersten Küsse), um resigniert zu schließen: *Es waren schöne Tage, aber /Traurige Dämmerung folgte nachher... .* Dieses Hin und Her in der Zeit und in den Situationen, die zusammenhanglose Inszenierung des Liebesromans, geschieht ohne plausible Übergänge. Alles erscheint improvisiert und ohne jegliche erzählerische Logik. Der Leser muß auf unvorhergesehene Stufen achten. Kurz, man hat den Eindruck eines kompositorischen Dilettantismus, die in keiner anderen ähnlichen Komposition Hölderlins eine Entsprechung hat. Alle seine anderen Oden sind meisterhaft strukturiert. Diese hier hat keine Form.

Ich schließe den einleitenden Teil meiner Analyse mit einer Betrachtung, welche kurz zusammengefaßt die Schlußbetrachtung

vorausnimmt und ebenso die Antwort auf einen voraussehbaren
Einspruch. Es ist mir vollkommen klar, daß ein mitunter drastisches
Urteil über das betrachtete Werk insbesondere jene Interpreten – um
die Wahrheit zu sagen, es sind ihrer nicht viele – aufbringen kann, die
über WadF ein positives oder vielleicht sogar begeistertes Urteil ab-
gegeben haben. Hölderlin gehört – das wissen wir – zu den *monstres
sacrés* und man möchte ihm kein dürftiges dichterisches Ergebnis
zuschreiben. Aber auch in seinem Fall müssen begründete ästhetische Wertungen den Vorrang haben. Nur ein mittelmäßiger Autor
bringt meistens nichts Häßliches oder Wertloses hervor, er bleibt immer auf dem Niveau seiner Mittelmäßigkeit. Bei einem großem
Dichter wie Hölderlin (oder auch Goethe) finden wir schwache Stellen, aber in einer sehr persönlichen, unverwechselbaren Art und
Weise. Bei Hölderlin sind sie hauptsächlich im Frühwerk zu finden:
in der emphatischen Gebärde der Worte, in der weitschweifigen
Darstellungsweise, die von Schiller zu Recht verurteilt wurde, in der
Rhetorik seiner heroischen und freiheitsschwärmerischen Haltung,
in der hymnischen Begeisterung für abstrakte Tugenden. Aber die
Grenzen und Vorbehalte, die man diesem frühen Schaffen – das im
übrigen in vieler Hinsicht durchaus zu schätzen ist – zur Last legen
kann, haben nichts zu tun mit den Mängeln, die man in WadF finden
kann und finden muß. Im Gegenteil, es handelt sich um entgegengesetzte Mängel. Die ungewohnte spiritistische Fiktion des Jenseits,
die Hölderlins Geisteshaltung absolut fremd ist, die schon bespro-
chene Plattheit der Sprache, das Prosaische der unglücklichen Liebesgeschichte in der Art, wie sie in der Ode rekonstruiert wird, sind
das genaue Gegenteil des oft sublimen, zu hohen und zu kühnen
Fluges, den der Anfänger Hölderlin großmütig wagen wollte. Die
schweren Unausgeglichenheiten in den letzten Hymnen und Fragmenten, die entstanden, während der Dichter schon in die Nacht des
Wahnsinns versank, sind etwas absolut Anderes. Wir brauchen in
diesem Zusammenhang nur das lapidare Urteil von Jochen Schmidt
wiederaufzunehmen:

> „Kein größerer Abstand ist vorstellbar im Werk ein und desselben Dich-
> ters als derjenige zwischen den hochgespannten späten Hymnen und
> den Gedichten, die Hölderlin in den langen Jahrzehnten seiner Um-
> nachtung im Tübinger Turm schrieb."[11]

Aber wie von vielen Seiten nachdrücklich geäußert wurde, bleibt die Tatsache bestehen, daß – selbst bei den enormen Veränderungen – der beständige und ununterbrochene Faden der Erhabenheit das gesamte Werk durchzieht, das von dem Seminarschüler von Denkendorf begonnen und vom ‚untertänigsten Scardanelli‘ beendet wurde. Zumindest unter diesem Gesichtspunkt kann man sagen, daß WdfA eine absolute Ausnahme, einen erratischen Block bildet. Aber jetzt haben wir die Pflicht als Kontrast die wenigen, positiven ästhetischen Wertungen von WadF kurz zu untersuchen.

11. Wertschätzungen. Seebaß, Errante, Mandruzzato

Wie rechtfertigten die Interpreten, die sich über WadF positiv geäußert haben, ihre Meinung? Selbstverständlich beginnen wir mit den fünf Zeilen des ersten Herausgebers Friedrich Seebaß, der im sechsten Band der von ihm fertig gestellten Ausgabe Helligraths WadF wie folgt kommentiert:

> „An dem Gedichte, von dem bisher nur die erste Strophe bekannt war, überrascht die Wärme und das lebendige Strömen sowie die Klarheit des Gefühlsablaufs. Wenn nicht auf Grund der handschriftlichen Überlieferung der Beweis zu erbringen wäre, daß das Gedicht der Krankheitsperiode angehört, möchte es beinahe als Produkt der Reifezeit (1798–1800) angesprochen werden.“

Die positive Wertung oder die einem Hölderlinschen Text beigemessene Bedeutung von seiten des Fachgelehrten, der ihn als erster bekannt machte und darauf mit Recht stolz ist, läßt sich wohl verstehen. Wie aber rechtfertigt Seebaß seine Wertschätzung? Ausschließlich vom Inhalt her. Es besteht kein Zweifel darüber, daß WadF von Gefühlsemphase überfließt und daß die Darstellung der Umstände dieser Leidenschaft ausdrücklich, ja allzu klar ist. Aber reicht das, um einem Text dichterischen Wert beizumessen? Wenn dem so wäre, dann wäre jeder leicht lesbare, ‚heiße‘ Liebesroman in Versen ein Kunstwerk. Es ist sehr verwunderlich, daß ein Kenner des Hölderlinschen Werks WadF auf dieselbe Höhe stellen konnte wie die makellosen Werke, die der Dichter auf dem Höhepunkt seiner Reife schrieb. Sie sind *alle* groß, denn in den von Seebaß angegebenen zwei Jahren hat Hölderlin nichts Mittelmäßiges geschrieben! Seebaß ist aber auch von der großen Wärme und der Deutlichkeit ‚überrascht‘, mit der die Liebesgeschichte erzählt wird. Da er die Ode stilistisch in eine Zeit einordnet, die dem pathologischen Zustand des Verfassers vorausgeht, gibt er zu verstehen, daß der Text mit diesem Zustand unvereinbar wäre.

In ein ähnliches Mißverständnis, das heißt dem ‚Motiv‘ vor dem dichterischen Niveau den Vorzug zu geben, verwickelten sich mehr oder weniger alle, die WadF hochschätzen. Vincenzo Errante nimmt den Text von Seebaß wieder auf und zitiert ihn ganz. Er stimmt mit ihm überein in der Parallele, die Seebaß in der Produktion der Jahre 1798–1800 erblickt: „Es enthält Anklänge und stilistische Motive, die für die Gedichte beim ersten Aufenthalt in Homburg vor der Höhe typisch sind.“ Errante bezieht sich dabei auf folgende Texte: *Abschied, Der Abschied, Die Liebe* und *Menons Klagen um Diotima*. Man mag dem italienischen Germanisten zugeben, daß in WadF ein ‚Widerhall‘ einiger Motive der von ihm zum Vergleich herangezogenen Texte enthalten ist: insbesondere in dem einzigen zu Lebzeiten veröffentlichten (ein Detail, das wir uns für später merken müssen), das heißt *Menons Klagen...* . Menon weint über den Tod Diotimas und spekuliert utopisch über eine Wiedervereinigung in einer vagen elysischen Dimension. Zudem verwebt er mit der Klage auf verschiedene Weise die Erinnerung an die verstrichene Zeit der Liebe. Aber diese Motive, die in der Elegie – die mir im übrigen nicht als Hölderlins gelungenster Text erscheint – in einem in jedem Sinn hohen Ton behandelt werden, erscheinen in WadF heruntergesetzt durch die prosaische Diktion und durch jegliche Feinheit mangelnde Einzelheiten: Kurz, eine Beziehung besteht unleugbar, aber sie ist so zu betrachten wie die zwischen einem Original von großem Wert und einer dürftigen Imitation, beinahe einer Karikatur. Aber welche stilistischen Mittel kehren in WadF wieder? Da ist, wie wir gesehen haben, die thematische Modulation unordentlich, man kann sagen formlos. Die *Klagen* sind dagegen in der Tiefe orchestriert und folgen inneren triadischen Symmetrien, was beipielsweise schon von L. Reitani[12] dargelegt wurde. Wenn man dann dazu übergeht, den Stil, den Satzbau und die Lexik zu vergleichen, erscheint der Unterschied noch unüberbrückbarer. Angesichts der Musikalität der Hölderlinschen Syntax braucht man nur die windschiefe Periode noch einmal zu lesen, welche die 4. Strophe der Ode ausmacht: ... *wie still/ War meine Seele über der Wahrheit, daß / Ich so getrennt gewesen wäre?* Es hat auch keinen Sinn, diese Unebenheit auf die syntaktischen Ungereimtheiten der anderen ‚Turmgedichte' zurückzuführen, denn diese sind schizophren und auf Diskontinuitäten und Interferenzen geistesgestörter Herkunft zurückzuführen.

Aber Errantes Kommentar ist auch aus einem anderen Grund beachtenswert. Lesen wir:

> „Der Dichter stellt sich vor, daß seine Geliebte aus dem Jenseits zu ihm spricht, wobei er an *Menons Klagen um Diotima* anknüpft. Und diesmal ist Susette Gontard wirklich in jene himmlische Überwelt aufgenommen, in der sie Hölderlin, ehe sie ihre Augen für immer schloß, schon im Reich der Dichtung unsterblich gemacht hatte. Diotimas Geist fragt jetzt den Dichter, wo sich nach der langen Trennung ihre neue Begegnung zutragen soll. In ihrer Erinnerung blitzt das Bild des Gartens in Frankfurt auf, wo sie sich nach Hölderlins Flucht nach Bad Homburg wohl heimlich getroffen hatten. Vielleicht werden die Liebenden dort wieder zusammenkommen... Aber auf einmal spürt Diotima, daß sie ja gestorben ist. Sie begreift, daß eine Begegnung nur mehr an den Ufern der großen Flüsse der überirdischen Sphären möglich ist, die schon vor der Erschaffung der Welt da waren. Das unvollendet gebliebene Gedicht fährt fort, indem es bewegt und ergriffen die glücklichen Tage der Liebe mit uns schon sehr bekannten Motiven heraufbeschwört. Und die bewegte und ergriffene Erinnerung erscheint so klar und durchsichtig, daß sie keiner exegetischen Beleuchtung bedarf."[13]

Errante hat recht, wenn er in WadF ein unmittelbares Eindringen des Biographischen herausliest, sogar mit einer – im übrigen allgemein anerkannten – Andeutung auf einen Frankfurter Garten und vorausgegangene Liebeswonnen. Obwohl er sogar auf jede ‚exegetische Beleuchtung' verzichtet, unterläßt er den Hinweis, daß diese direkten biographischen Aussagen eine merkwürdige Anomalie im gesamten Werk Hölderlins darstellen. Es ist zwar nicht daran zu zweifeln, daß die persönlichen Erlebnisse des Dichters eine Rolle bei seinen dichterischen Entscheidungen spielten – wie sollte es anders sein? –, aber ebensowenig ist daran zu zweifeln, daß er, wie jeder wahre Dichter, immer weit über das Lebensdokument hinausging. Selbst da, wo der

biographische Anlaß in deutlicherem Maße zum Vorschein kommt
(*Trennen wollten wir uns, wähnten es gut und klug...*), erreicht eine
langsame, hartnäckige und qualvolle Ausarbeitung, die sich zwischen
der einstrophigen Ode *Die Liebenden* (1798) und dem darauf folgenden *Der Abschied* entfaltet, zum Schluß eine grandios angestimmte
Überwindung. Der tragische Epilog wird als Episode eines Schicksals
aufgenommen, welches über das individuelle Erlebte hinausgeht.
Ausdrücklich wird es in der oft zitierten vierten Strophe gesagt:

> „Wohl! ich wußt’ es zuvor. Seit der gewurzelte / Allentzweiende Haß
> Götter und Menschen trennt, / Muß, mit Blut sie zu sühnen, / Muß der
> Liebenden Herz vergehn“(StA 2, 1, 26).

Das Urteil, das Enzo Mandruzzato in der Einleitung zu seiner Übersetzung der Lyrik Hölderlins (*Le Liriche*, Mailand 1993) abgibt, ist
auf emotiver Ebene begreiflich, da es sich – wie bei Errante – um
einen Germanisten handelt, der sich der Kenntnis Hölderlins mit
solcher Hingabe gewidmet hat: Auf S. 48ff. lesen wir:

> „Susette stirbt im Juni 1802; seitdem besteht anstelle einer Erinnerung
> eine zugleich tiefere und sterblichere Beziehung. Ein Gedicht wurde ge-
> schrieben, das nur einmalig sein konnte: ohne Datum, ohne Zeit, das klar-
> ste und durchsichtigste und zugleich das geheimnisvollste Gedicht Höl-
> derlins: *Wenn aus der Ferne...* Susette spricht, aber von welchem Ort aus?
> Der Schluß von *Der Abschied* hatte, wenn auch nicht sofort, einen Ort
> erreicht, der nicht diese Welt ist. Jetzt geht alles von jenem Ort aus. Aber
> trotzdem erkennen wir sehr wohl die verklärte Diotima, die Blumen-
> namen aufzählt (welche Genauigkeit selbst in diesem Augenblick!), aber
> auch die Susette der Briefe mit ihrem selbst in der Angst leisen und demü-
> tigen Stil, sogar an gewissen Stellen (*ich muß auch sagen...*). Aber die
> Briefe freilich sagten nichts, wiederholten nichts von der Substanz, der
> Wahrheit – der Geschichte, dem ‚Geständnis‘, der Vereinigung für immer,
> der traurigen Dämmerung, die im letzten Frankfurter Sommer begann.
> Ausgerechnet jetzt sind die großen mystischen Metaphern über die jen-
> seitige Begegnung verschwunden. Alles ist nahe, alles ist Ort: ein bekann-
> ter Garten, Alleen, dann ein unbekanntes Meer; ein Ort der Begegnung,
> eigentlich eine „Art und Weise“ der Begegnung. Aber das Esoterische –
> man wüßte nicht, welchen Terminus man sonst wählen sollte – wird nicht
> abgeleitet, es ist unmittelbar. Das Gegenwärtige, das Bekannte, inbegrif-
> fen das hochmütige Verschweigen ist von jenem Ort aus, wo Susette
> spricht, schwächer. Doch sie ist eine wirkliche Person und eine Liebende,
> wie vielleicht keine andere der großen Geliebten der Dichtung. Und mehr
> als jedes andere Gedicht ist dieses *nicht* abgebrochen.“

Mit diesen so teilnahmsvollen Sätzen vermittelt uns Mandruzzato seine lebhafte Einfühlung in das persönliche Geschick Hölderlins und Susette Gontards. Aber einmal mehr haben wir mit einer vor allem inhaltlichen Wertung zu tun, die außerdem den Anspruch erhebt, damit zugleich eine ästhetische Wertschätzung legitimieren zu können, die auf einem, freundlich gesagt, überraschenden Niveau angesiedelt ist. Doch entgehen nicht einmal der leidenschaftlichen Beobachtung Mandruzzatos einige Eigentümlichkeiten, die – von ihm als geheimnisvoll empfunden – wegen ihres Wertes als Indizien nüchtern in unsere Analyse aufgenommen werden können. Die Ode wird nicht nur als geheimnisvoll, sondern auch als einmalig, ohne Datum und ohne Zeit gewertet. Aber man fragt sich: Ist es bei einer kritischen Stellungnahme möglich, auf diese Weise das Problem der zeitlichen und örtlichen Kollokation eines Werks zu umgehen, das sich nur in einer begeisterten Metapher als *vom Himmel gefallen* betrachten läßt? Trotzdem ist Mandruzzatos Bemerkung richtig. Nur bestätigt sie einmal mehr die Tatsache, daß sich für WadF in der Geschichte der hölderlinschen Dichtungen nicht einmal annähernd ein Standplatz ausmachen läßt. Mandruzzato hebt den Realismus der Erinnerung hervor: die Geschichte, das „Geständnis", die ewige Vereinigung..., alles in seiner äußeren Substanz betrachtet als der Liebesroman von Friedrich Hölderlin und Susette Gontard, und er macht uns darauf aufmerksam, daß in WadF die großen mystischen Metaphern verschwunden sind. Merkwürdigerweise wird dieses Fallenlassen der metaphorischen Transposition von ihm als ein Wert empfunden, und nicht als ein Schwund der dichterischen Ausarbeitung des autobiographischen Materials. Aber wieder einmal registrieren wir mit Interesse die Feststellung Mandruzzatos, der in Betrachtung gezogene Text habe einen autobiographischen Tenor. Es wurde schon gesagt, wie gewaltig in dem vorhergehenden und gesicherten Schaffen Hölderlins die verklärende Sublimierung dessen ist, was Mandruzzato als die ‚Geschichte' bezeichnet. Auch hinsichtlich von *Menons Klagen* schrieb Luigi Reitani sehr treffend:

> „... Es ist eine Reduzierung, die im Titel auftretenden Namen als Chiffren für Hölderlin und Susette Gontard zu lesen [...]. Hölderlins Dichtung stellt in Wirklichkeit nicht die literarische Überarbeitung eines psychologisch-sentimentalen Problems dar, sondern befaßt sich mit den entscheidenden, kritischen Punkten seiner Weltsicht."[14]

Wenn dem so ist, dann ist der Abstand von dem erbärmlichen Seufzer in der vorletzten Strophe von WadF nur allzu offensichtlich.

12. Werner Kraft, Roman Jakobson

Wir fahren fort in der Überprüfung der wenigen positiven und lobenden Stellungnahmen, denn sie sind noch aussagekräftiger als die negativen Bemerkungen oder das häufige stillschweigende Übergehen. Sogar ein gewiefter Kenner und Herausgeber von Hölderlins Werken erstaunt uns durch seine Wertung. D.E. Sattler widmet unserer Ode einen seiner phantasiereichen ‚fliegenden Briefe‘ und er schreibt im Hinblick auf die zwei schalen Anfangsstrophen:

> „Sie erinnert ihn an das Erinnern, an ihr Dasein, in Alkäen, die ihr ungezwungen und sanft, so natürlich von den Lippen gehen, daß dieses Wunder, wenn es dessen bedürfte, die Wahrheit des Gesagten bewiese."[15]

Zum Glück fügt er sofort hinzu: „Nur an einer Stelle, wo sie von Küssen sprechen will, verwickelt sich sein Entwurf."

Werner Kraft, wie Errante ein übertriebener Bewunderer von WadF, beginnt seinen Kommentar in Anlehnung an Seebaß, nach dem die Ode aus der höchsten Blütezeit seiner Dichtung stammen könnte, wenn sie auf Grund der Dokumente nicht in die Zeit des Wahnsinns einzureihen wäre. Kraft zieht daraus den Schluß, man müßte „nachdenklich werden über die künstlichen Scheidungen zwischen Gesundheit und Krankheit, die man seit so langer Zeit zum Schaden der Poesie mitschleppt, und zwar sollte man nachdenken nach beiden Seiten hin: daß es wunderbare und total kranke Gedichte von dem kranken Hölderlin gibt und daß man diese so unbarmherzig ausscheiden wie jene trotz leerer Stellen preisen sollte." Offensichtlich betrachtet er die Ode WadF als *wunderbar*. Ebenso hoch schätzt er nur *Das fröhliche Leben* ein, eines der konventionellsten, um nicht zu sagen häßlichsten Gedichte, die uns Schwab in der Ausgabe von 1846 überliefert und vage in eine Zeit „lange vor 1841" verweist. Diesem lobenden Urteil steht die totale Ablehnung der Gedichte vom sogenannten Typ Scardanelli gegenüber, die, nicht nur nach meiner Meinung, einen wirklich einzigartigen Fall, jedoch von äußerstem Interesse und auch von dichterischem Wert darstellen.

Aber es geht hier nicht darum, Werner Krafts Geschmacksurteile zu bewerten, die *per definitionem* nicht zensierbar sind, als vielmehr darum, aus seinem Kommentar zu WadF die Bestätigung eines wesentlichen Punktes für unsere Studie herauszuholen. Kraft findet also, jegliche Unterscheidung zwischen Gesundheit und Krankheit sei in Beziehung auf ein künstlerisches Schaffen künstlich. Das gestattet ihm ohne viel Federlesen, das heikle Problem beiseite zu schieben, daß vom späten Hölderlin zugleich Gedichte existieren, die, da sie mit denen aus den Jahren 1798–1800 verwechselt werden können, als Werk eines vollkommen gesunden Menschen zu betrachten sind, und solche aus derselben späten Zeit abzulehnen sind als unwiderrrufliches Zeugnis der Geisteskrankheit. Da Hölderlin – wie wir später besser erkennen werden – niemals den Abgrund des Wahnsinns verlassen hat, ist auch für Kraft die unausweichliche Schlußfolgerung, WadF sei ‚ein vom Himmel gefallenes Gedicht'. Eine wahrhaft eigentümliche Antwort, wenn, jenseits einer erstaunten, metaphorisch geäußerten Bewunderung, jeder kritisch-philologische Kommentar nicht die Aufgabe hätte, sich zu fragen, wie, unter welchen genauen und konkreten Umständen und aus welchen Gründen ein dichterischer Text entstehen konnte. Aber sehen wir, wie Kraft selbst seine Überzeugung darlegt:

> „Ein großer Dichter, der unter dem Druck einer dunklen Krankheit klassische Oden, freie Rhythmen und Reimgedichte nebeneinander dichtet, kann nur nach diesen Gedichten selber, wo sie sprachlich Stich halten, unter Verzicht auf jede Vorwegnahme von Kausalzusammenhängen beurteilt werden. / So betrachtet, erscheint diese Ode wie ein wahrhaft vom Himmel auf die Erde gefallenes Gedicht, und zwar nicht einmal im Sinne einer künstlerischen Vollkommenheit, welche es nur bedingt – aber in dieser Bedingtheit großartig – besitzt, sondern vielmehr im Sinne einer Durchdringung des irdischen, des wirklich gelebten Lebens, wie sie in Hölderlins Werk nur an dieser Stelle vorkommt, mit einem dieser Durchdringung genau entsprechenden Ton, welcher so einmalig erklingt wie ‚Über allen Gipfeln' in der klingenden Zahl von Goethes großen Gedichten."[16]

Lassen wir den verblüffenden Vergleich von WadF mit einer der größten Schöpfungen von Goethes Lyrik beiseite. Kraft hält auch vom dichterischen Standpunkt aus die Inszenierung des Jenseits und die pathetischen Liebesergüsse der sprechenden Seele oder einmal mehr den nackten Inhalt für bedeutend. Wir wollen aber zwei Gedankengänge, die sich von Krafts Interpretation[17] ableiten lassen, als Indizien annehmen. Der erste, schon einmal festgestellte: WadF ist ein Unicum, ein hinreißender Meteorit, heruntergefallen aus der höchsten Höhe der Dichtung; der zweite: Im gesamten Werk Hölderlins geht nur in diesem Fall das Erlebte mit solcher Unmittelbarkeit in den literarischen Text ein. Das sind zwei kostbare Bemerkungen, da sie von einem Beobachter stammen, den wir hinsichtlich des Problems, mit dem wir uns hier befassen, ,außenstehend' oder ,unbefangen' bezeichnen können.

Kraft und Mandruzzato geben den inhaltlichen Aspekten den Vorzug, zu ungunsten einer Bewertung des Dichterischen. Roman Jakobson und Grete Lübbe-Grothues unterläuft ein ähnlicher Irrtum, indem sie fast nur sprach-technischen Aspekten den Vorzug geben.[18] Sie gehen von der trockenen Feststellung Beißners aus, daß diese Ode die einzige ist, in der Diotima erscheint und in der ersten Person spricht. Aber selbst sie fragen nicht nach dem vermutlichen Grund für diese Einmaligkeit. WadF als ,Trauerlied' oder auch als ,Elegie' bezeichnend, heben sie einige marginale lexikalische und phraseologische Elemente hervor (das *Wenn* am Anfang, die Vokabeln *Ferne* und *Aussicht* und ähnliche), wobei sie sogar darauf hinweisen, diese seien „in den letzten, dem fiktiven Scardanelli zugeschriebenen Entwürfen weiter entwickelt und verdichtet, wie es besonders *Die Aussicht* zeigt".[19] Es ist mir nicht ganz klar, wie gewisse Daten aus WadF in den mit Scardanelli unterschriebenen Gedichten „weiterentwickelt und verdichtet" sein sollen, insbesondere in dem hinreißenden (und wahrscheinlich letzten) Werk *Die Aussicht*. (Wieso werden außerdem diese Gedichte als „Entwürfe" bezeichnet?) Trotz eines schizophasischen Anhauchs, vor allem in den ersten Versen, ist dieses kleine Gedicht eine anrührende Reflexion über die Harmonie des Kosmos jenseits der Vorläufigkeit des Lebens, und diese Harmonie wird mit wunderbarer Konkretheit in ihren bescheidensten Äußerungen, der Rebe, und den weitesten und sublimsten, der Dunkelheit des *lucus*, der Unendlichkeit der Himmel nachgewiesen. Was all das, abgesehen von einigen zufälligen sprachlichen Koin-

zidenzen, mit dem platten Biographismus von WadF zu tun haben
soll, läßt sich wirklich nicht verstehen; umso mehr als Jakobson selbst
(samt seiner Mitautorin) ausführlich die Tatsache hervorhebt, daß in
Hölderlins Werk aus den letzten Jahren „die Pronomina der ersten
und zweiten Person sowie die Verbformen der Vergangenheit zugun-
sten einer abstrakteren, distanzierenden, auf Abstand bedachten Aussage zurückgenommen sind".[20] Genauer:

> „Im Kontrast zum vollkommenen Mangel an merkmalhaften Klassen
> der beiden aktuellen Personen, der ersten und der zweiten, in Hölder-
> lins Endperiode zählt die Diotima-Elegie (*Wenn aus der Ferne*), um 1820
> entstanden, in ihren 51 Zeilen 26 Pronomina der ersten und der zweiten
> Person in verschiedenen Kasusformen dazu sechs Possessiva ‚mein‘ und
> ‚dein‘ und eine hohe Anzahl von Verben in denselben zwei Personen.
> Dem späteren harten Monopol des merkmallosen Präsens entspricht in
> der Diotima-Elegie ein Wettbewerb des Präsens mit 26 Beispielen des
> merkmalhaften Präteritums, und die modalen Verhältnisse, späterhin
> zum merkmallosen Indikativ herabgesetzt, waren in der Elegie auch
> durch imperative und konjunktive Formen vertreten."[21]

13. Zurückhaltung und Schweigen

Befassen wir uns jetzt mit dem Urteil (oder der Haltung), mit denen
einige der größten deutschen Hölderlinforscher dem Gedicht WadF
gegenübertreten. Allgemein läßt sich, glaube ich, sagen, daß unter ihnen eine große verlegene Zurückhaltung vorherrscht, aus der mitunter
deutliche Augenblicke der Bestürzung auftauchen. Friedrich Beißner
widmet der Ode in der *Stuttgarter Ausgabe* – abgesehen von den ritu-
ellen editorischen Angaben – nur eine etwas ratlose Feststellung:

> „Das Besondere und Sonderbare an dieser Ode ist, daß sie, was keine
> der Diotima-Oden aus der Frankfurter und Homburger Zeit tut, als
> Rollengedicht aus Diotimas Mund spricht (StA,2,2, 898)."

In seinem kurzen, aber bedeutsamen Beitrag *Zu den Gedichten der
letzten Lebenszeit* hebt Beißner einen unbestreitbaren Aspekt hervor,
den wir uns merken wollen. Er schreibt:

„So stellen die Gedichte nichts als das reine Sein dar, und der Dichter
hält ihnen sorgsam alles Eigene und Persönliche fern, in seiner früheren
Sprache: alles ‚Accidentelle‘. Kein Ton eigenen Bedürfnisses wird hör-
bar, keine Klage vor allem [...]. Strenge versagt er sich jede Klage über
eigenes Leid: *Und die Vollkommenheit ist ohne Klage* – [...] / Die Vollkommenheit, die der Vollendete in seiner klaglosen menschlichen Haltung bewährt, findet ihre Entsprechung in einer merkwürdigen Makel-
losigkeit der dichterischen Form.“[22]

Es ist klar, daß nach dieser Vorrede unsere Ode, die von Akzidentellem
nur so überquillt und unter dem formalen Gesichtspunkt alles andere
als ‚makellos‘, ist, nicht in Betracht gezogen werden konnte. Beißner
erwähnt sie in seinem Essay über die Gedichte aus der letzten Lebenszeit nicht. Was hätte er, um die Norm, die er in den oben zitierten Zeilen aufgestellt hatte, nicht umzustoßen, anderes tun sollen als WadF
zurückdatieren in eine so weit wie möglich zurückliegende Zeit, im
Vergleich beispielsweise zu Eduard Mörike, der die Ode als ein Werk
der Jahre 1823/4 einordnete? Wie aber würde sich die Frage stellen,
wenn man tatsächlich mit stichhaltigen Argumenten behaupten könnte,
daß das Manuskript, so wie es auf uns gekommen ist, wirklich auf das
von Mörike vorgeschlagene Datum zurückgeht? Das werden wir später
sehen. Im Kielwasser Beißners erinnert uns auch Ulrich Häussermann
in seiner kurzen Biographie (1961) daran, daß in den Jahren des Wahnsinns „der Ort des Dichtens die stille, fremde Distanz des Betrachtens“
ist. Gleich darauf zitiert er ausführlich aus WadF, ist aber dann gezwungen hervorzuheben: „Dies ist aber eine der ganz seltenen Stellen, wo
Klage auftaucht.“[23] Ein so renommierter und hervorragender Spezialist
von Hölderlins Werk wie der schon erwähnte Wolfgang Binder widmet
den Gedichten des Abschieds einen ausführlichen Essay mit vielen
Argumenten und reich an entsprechenden Zitaten. Der Titel lautet:
*Abschied und Wiederfinden. Hölderlins dichterische Gestaltung des Ab-
schieds von Diotima.* Ist das nicht genau das Thema von WadF? Aber
auf den dreißig Seiten dieses sorgfältigen Essays wird die Ode nicht
einmal erwähnt. Warum? Die Antwort steht schon in den ersten Zeilen
des Essays, aus denen hervorgeht, daß Binder notwendigerweise aus
seiner kritischen Aufmerksamkeit einen Text ausschließen mußte, der
vor jenem direkten Biographischen strotzt, auf das die wenigen Bewunderer der Ode mit Hochschätzung ihr Augenmerk richteten:

„In jeder großen Trennung liegt ein Keim von Wahnsinn.' Hölderlin hat die Wahrheit dieses Goetheworts im Leid um Diotima in einem für seine Seinsweise bezeichnenden Sinne erfahren und überwunden. Davon geben die Diotimagedichte nach dem Abschied die einzige aber genaue Kunde. Sie im Zusammenhang zu verfolgen, bedeutet den Versuch, den Akt aus Hölderlins Leben nachzuzeichnen, der die tiefste menschliche Erschütterung dieses Lebens birgt. Indem wir Maß und Sinn des Leidens den Gedichten entnehmen, entwürdigen wir sie jedoch nicht zu biographischen ,Quellen' eines von ihnen unabhängigen ,Lebens'."[24]

Binder zeigt in seinem Essay, wie das persönliche Erlebnis zu Dichtung wird und die Dichtung es in gewissem Sinn völlig überwindet. Nie wurde, wie mir scheint, festgestellt, daß dieser wesentliche und komplexe Prozeß von Hölderlin selbst hinreißend in einem kurzen Prosastück dargestellt wurde, das gewiß nicht zufällig der Person gewidmet war, die mehr als jede andere, ungleich mehr, in den eben genannten Prozeß mit verwickelt war. Lesen wir also die Widmung, die der Dichter in das Exemplar des ersten Bandes seines *Hyperion* schreibt, den er 1797 Susette Gontard zum Geschenk macht:

„Der Einfluß edler Naturen ist dem Künstler so nothwendig, wie das Tageslicht der Pflanze, und so wie das Tageslicht in der Pflanze sich wieder findet, nicht wie es selbst ist, sondern nur im bunten irdischen Spiele der Farben, so finden edle Naturen nicht sich selbst, aber zerstreute Spuren ihrer Vortrefflichkeit in den mannigfaltigen Gestalten und Spielen des Künstlers." (StA 2, 1, 359)

Der Einfluß edler Naturen – und wir wissen, daß für Hölderlin *edel* das Attribut *par excellence* für die geliebte Frau ist – ist etwas Nicht-Materielles und Notwendiges für den Künstler, so wie das Tageslicht für die Pflanze, ohne das sie weder sein noch wachsen könnte. Doch in der Pflanze, in deren buntem und sinnlich wahrnehmbarem Irdisch-Sein, in der Körperlichkeit ihrer Farben ändert dieser notwendige Einfluß seine Beschaffenheit, wird zu etwas anderem, als er war; was nicht bedeutet, daß die edlen Geister, die bei der Schöpfung entscheidend mitgewirkt haben, sich in ihr nicht erkennen können. Als Hölderlin sein Werk seiner ,Muse' schenkte, wollte er ihr durch diesen wunderbaren Vergleich einerseits vermitteln, wie vital ihre Nähe, ihr Einfluß, ihr Dasein für ihn sei; andererseits wollte er für die Unterscheidung zwischen der Labilität des Lichtes – das heißt dem Akzidentellen des erlebten Ereignisses – und der unzerbrechlichen,

spezifischen Wesenheit des dichterischen Textes eintreten: die Gestalten, die Farben und das Spiel, das heißt die sublime Zwecklosigkeit
und Autonomie des Werkes.

Bedeutsam ist in unserem Zusammenhang auch der Fall von Werner Kirchner. Kirchner, ein hervorragender Kenner des Hölderlinschen Werks, hat uns einen umfassenden Essay mit dem Titel *Hölderlin und das Meer*[25] hinterlassen, in dem er beinahe alle Stellen, an
denen das Meer und Anspielungen darauf vorkommen, größtenteils
an Gelegenheiten gebundene, literarische, mythologische Hinweise,
zitiert und kommentiert. Aber selbstverständlich widmet er dem Gedicht, das er ein *Meerlied* nennt, das heißt *Andenken*, eine genauere
und ausführlichere Darlegung: denn dieser Text leitet sich von einem
unmittelbaren Erleben des Meeres her. Und WadF, dessen Verse ja
auch eine Beziehung zur Sicht des Ozeans von den hoch gelegenen
Küsten Bordeaux' aus erkennen lassen? Diesem Gedicht widmet
Kirchner nur zwei Zeilen und definiert es als eine „ergreifende Rück-
schau". Bezeichnend ist also für uns das Fehlen einer Wertung der
dichterischen Relevanz einerseits, andererseits die Tatsache, daß auch
nach Kirchner WadF nur einen Text von autobiographischer Bedeutung darstellt: nicht umsonst, sagt er, werden diese Erinnerungen
Diotima(als Susette zu verstehen) in den Mund gelegt.

Zum Schluß wollen wir noch ein anderes Beispiel bringen.
A. Préaux übersetzt in seiner zweisprachigen Ausgabe *Späteste Gedichte* unsere Ode ins Französische, er erwähnt sie dreimal, wobei er
sie trocken als „berühmt" definiert, aber dann in der langen und ins
Einzelne gehenden Studie über die späten Gedichte betrachtet er sie
nur kurz unter dem Gesichtspunkt der Übertragung des Metrums ins
Französische und um zu sagen, daß sie eine Ausnahme bilde, da sie an
einen bestimmten Menschen, das heißt den Dichter selbst, erinnere,
und nicht an den Menschen schlechthin.[26]

Da es in der Ode von erkennbaren und beinahe zur Schau gestellten persönlichen Konnotationen wimmelt, müßte man sich eigentlich
erwarten, sie sei ein Text, den die Biographen häufig heranziehen.
Wilhelm Michel weist in seiner umfangreichen und geschätzten Biographie *Das Leben Friedrich Hölderlins* (1940) kein einziges Mal auf
die Ode hin – wenn ich nicht etwas übersehen habe – und erwähnt sie
auch nie. Wilhelm Böhm widmet ihr in seiner monumentalen Mono-

graphie (1930), die weitgehend aus Verknüpfungen zwischen den Gedichten und dem Leben komponiert ist, nicht mehr als eine den Text darlegende Seite (abgesehen von den Zitaten) von den insgesamt 1332, aus denen sein gewichtiges Werk besteht. Er gehört zu denen, welche die Ode als ein Paralipomenon des *Hyperion* betrachten – wie wir später sehen werden eine ziemlich anfechtbare These – und als eine Wiederaufnahme des Themas von *Menons Klagen* und *Der Abschied*, „wobei unentschieden bleibt, ob es sich um die lebende Diotima und die Ströme Griechenlands handelt, oder um einen Brief aus Elysium, einen *letter of death* von jenen seligen tauenden Inseln, von denen *Menons Klagen* spricht"[27]. Daß die Ufer der *Urwelt* von Vers 8 Flußufer in Griechenland sein sollen, ist eine unhaltbare These. Von den Flüssen, die in WadF als wohl bekannt angenommen werden, ist in Kalaurea keine Spur vorhanden. Böhm glaubt zudem, WadF zu einer höchst besonderen und selten vorkommenden literarischen Gattung zählen zu können, das heißt zu den Heroiden Ovids, den Episteln von seiten großer mythischer Frauengestalten an ihren Geliebten. Freilich ist die Diotima des Romans eine in eine ideale Aura getauchte Gestalt, aber es verwundert, sie mit Dido, Sappho, Phädra und Helena aus Sparta verglichen zu sehen, auch weil Böhm in ihren eigenen Worten (*In meinen Armen lebte der Jüngling auf...*) ein Echo der Briefe der wirklichen, unglücklichen, aber gewiß nicht mythischen Susette Gontard vernimmt. Es muß jedenfalls gesagt werden, daß Böhm kein Lob verschwendet; im Gegenteil, an den zwei einzigen Stellen, wo er sich mit der Sprache und dem Stil befaßt, ist sein Urteil ziemlich einschränkend. Er schreibt:

> „Die Sprache mit ihrem starken Überwiegen prosaischer Wendungen gibt da, wo es sich um Naturbilder handelt, Gelegenheit zu Aufzählungen, die wie ungebrochene Farben in unvermitteltem Nebeneinander auf primitiven Darstellungen wirken."

Darauf zitiert er die Strophen 6, 7 und 8, um zu schließen:

> „Zwischen der zerstreuten Wendung von der Nachtigall, die mit Vögeln lebt, ‚die nicht ferne waren im Gebüsche‘, und dem metaphorischen ‚seligen Dunkel hoher Alleen‘ erscheint eine weite Spanne, aber die Verödung des Gemütes spricht sich im wesentlichen darin aus, daß in dieser Sprache das Metaphorische, das im früheren Stil Hölderlins mit dem Enthüllenden der Sprache zusammengeht, nur noch Ausnahme ist."[28]

Die Zurückhaltung und die Verlegenheit werden in nicht wenigen kritischen Texten zu einem hermetischen Schweigen, auch wenn sich diese ausschließlich oder vorwiegend mit dem späten Werk des Dichters befassen. Das hat sicher etwas zu bedeuten, wenn man sich die schon erwähnte Tatsache vergegenwärtigt, daß die Ode mit ihren 51 Versen bei weitem der umfangreichste Text in dieser Gruppe kurzer oder sogar sehr kurzer Gedichte ist. So wird sie etwa in zwei ausführlichen Monographien überhaupt nicht beachtet: Winfried Kudszus, *Sprachverlust und Sinnwandel. Zur späten und spätesten Lyrik Hölderlins*, Stuttgart 1969, und Wilfried Thürmer, *Zur poetischen Verfahrensweise in der spätesten Lyrik Hölderlins*, Marburg 1970; ebenso fehlt sie in spezifischen Essays wie die genaue linguistische Untersuchung des Japaners Masami Manzawa, *Die spätesten Gedichte F. Hölderlins*, in der Zeitschrift Keisei, 39. Jahr [1976], S. 1–20, oder der scharfsinnigen Analyse von Ute Ölmann, *Fenstergedichte* in *Interpretationen. Gedichte von Friedrich Hölderlin*, hg. von G. Kurz, Stuttgart 1996, S. 200–212.

14. Über die Datierung

Es war schon einmal die Rede (Jakobson, Böschenstein) von einer ersten Gruppe später Gedichte, die den mit Scardanelli unterzeichneten vorausgingen. Aber mit diesen Texten hat unsere Ode keinerlei Ähnlichkeit weder in der Thematik noch in der Form (wenn man von der Form der Strophe absieht). So überwiegen in den uns von August Mayer überlieferten Texten, in den wunderbaren Strophen *An Zimmern* und den alkäischen Strophen *Der Frühling*, die Sprünge in der Logik und die ausgeprägten Stereotypien der späteren Zeit zwar noch nicht, aber sie sind doch schon beseelt von derselben abgeklärten, idyllischen Weisheit, haben denselben linearen Satzbau und die rhythmische Kadenz eines Metronoms; jeder persönliche Bezug ist ausgeschlossen, wenn man von den ergreifenden vier Versen *Das Angenehme dieser Welt* absieht, in denen der Dichter sein gegenwärtiges Leid in der Erinnerung an das vergangene Glück und in einer verhaltenen Betrachtung seines Schicksals abschwächt und löst. Hier ist keine Spur der Seufzer und Klagen, die WadF auszeichnen. Unsere Ode ist also ein Fremdkörper und mit nichts zu vergleichen, auch nicht mit den wenigen Texten, die in der ersten im Hause Zimmer verbrachten Zeit entstanden sein dürften. Ich wiederhole: Diese Ode ist mit keinem anderen Gedicht Hölderlins vergleichbar.

So springt die Schwierigkeit einer zeitlichen Einordnung ins Auge. Zum Beispiel Beck, dem man eine außergewöhnliche Kenntnis von Hölderlins Leben und Dichtung zugestehen muß, behauptet mit Umsicht, daß *Wenn aus dem Himmel* aus den Jahren 1823–24 stammen müßte, aber WadF „wohl früher, vor Waiblingers Umgang mit dem Kranken" (StA 7, 3, 28) entstanden sei. Was mag dieses *wohl früher* heißen? Fünf, zehn, zwanzig Jahre früher? Ähnlich verweist O. Pöggeler die Ode in eine nicht näher erklärte *frühere Krankheitszeit*, „vielleicht in Zusammenhang mit der Fortsetzung des *Hyperion*"[29]. Ich weiß nicht, ob es von irgendeinem anderen großen Autor einen Text von ähnlicher Länge gibt, dessen Datierung durch die Experten um Jahre, sogar um Jahrzehnte schwankt. Hier geschieht es bei einem Dichter, der mehrere und gut voneinander zu unterscheidende Schaffensphasen durchlaufen hat. Wie soll man diese Ode datieren? Diese Frage hat in unserem Kontext eine außergewöhnliche Bedeutung. Wir haben gesehen, daß angesehene Experten, wie etwa Seebaß, dazu neigten, an die Zeit von 1798–1800 zu denken. Aber auch ohne die eindeutige Verneinung, die von der Überlieferung der Handschrift abzuleiten ist, und selbst wenn man die vorgebrachten Einwürfe beiseite lassen würde, wäre diese Hypothese unhaltbar, vor allem wenn die Ode als Ergänzung oder Variante des Romans verstanden wird. Ist es überhaupt vorstellbar, daß Hölderlin zwischen 1798 und 1800, während er den zweiten Band (veröffentlicht Ende Oktober 1799) schrieb oder gerade beendet hatte, einer jenseitigen Diotima die pathetische Erzählung der jüngsten Episoden seiner persönlichen Geschichte mit der Frankfurter Dame in den Mund legte? Und noch dazu mit einer alkäischen Ode, die das strenge formale Gesetz des Briefromans auffallend stören würde? *Hyperion* enthält nur zwei Briefe Diotimas, außer dem Abschiedsbrief, der von Hyperion selbst wiedergegeben wird, und sie sind beide in Prosa geschrieben und sind auch stilistisch eng mit dem Rest des Romans verknüpft.

Zudem enthält er einen einzigen lyrischen Einschub, das berühmte
Schicksalslied, das Hölderlin kohärent thematisierte, indem er es als
den Text eines Liedes vorstellte, das Hyperion zu seiner Laute sang.

Freilich kann die Tatsache, daß WadF auf demselben Papier überliefert wurde, das auch ein dem *Hyperion* zuschreibbares Fragment
enthält, legitimerweise an einen Zusammenhang zwischen den zwei
Texten denken lassen. So haben es die Herausgeber der Frankfurter
Ausgabe und Luigi Reitani verstanden. Aber diese äußere Aufeinan-
derfolge ist nicht beweiskräftig und hält den oben angedeuteten inneren Argumenten nicht stand. Im übrigen hatte Beißner eine andere
Meinung als die eben genannten späteren Herausgeber, denn er platziert die Ode in den Band *Gedichte nach 1800*, statt in den 3. Band
seiner kritischen Ausgabe, die den *Hyperion* in allen seinen Versionen
und mit sämtlichen Hinzufügungen enthält. Außerdem wirft er Böhm
vor (StA 3, 527), er habe versucht, eine „verwirrende Beziehung"
zwischen der Ode und dem Fragment herzustellen.

Beißner führt uns zu dem entscheidenden Problem der Datierung
zurück. Mit der ihn kennzeichnenden Vorsicht wagt er eine genaue
Hypothese. Obwohl er es ablehnt, die Ode als einen Teil des Romans
zu bezeichnen, hält er es für begründet, daß die Handschrift Marbach
53 zwei Fragmente enthält, die zur gleichen Zeit wie WadF entstanden. Akzeptiert man diese Voraussetzung, so wäre die Ode in die
zweite Homburger Zeit zu verweisen, denn in diese gehört nach
Beißners Vermutung auch die *Hyperion*-Fragmente: „Die Fragmente
sind möglicherweise während des zweiten Homburger Aufenthalts
entstanden." (StA 3, 527) Auch hier ist es nötig, Kriterien der Stilkritik ins Feld zu führen. Noch einmal: Wie soll man sich das vorstellen:
Friedrich Hölderlin hat gerade die Feder weggelegt, nachdem er so
hoch komplizierte hymnische Fragmente wie etwa *Kolomb* oder
Griechenland zu Papier gebracht hat, die von einer schwindelerre-
genden Vertikalität der Inspiration geprägt sind[30] und andererseits
Spuren seiner Geistesgestörtheit aufweisen, und nimmt nun dieselbe
Feder wieder zur Hand, um WadF zu schreiben? Das heißt einen so
süßlichen, prosaischen, banalen Text, eines jener Liebeslieder „mit
müdem Flug", die er in einem Brief an Friedrich Wilmans im Dezember 1803 (vgl. StA 6, 1, 436) selbst verurteilt hatte? Und das in jenen
zwei Jahren, die nach einstimmigen Zeugnissen von einem perma-

nenten Zustand psychischer Überreiztheit, von abnormen und unbeherrschten Gesten, beinahe sicherlich auch von bedrängenden Halluzinationen gekennzeichnet sind: kurz, von einer Psychose, die in der schizophrenen Krise des Jahres 1806 gipfelt. Schon Böhm hatte bemerkt, daß die *blecherne Monotonie* von WadF und zweier anderer später Gedichte unvereinbar sei mit „den letzten Erzeugnissen der Vatikanstufe, wo noch gewaltige vulkanische Glut unter der Asche lebendig ist"[31]. Ebenso kategorisch ist das Urteil Jochen Schmidts in diesem Zusammenhang, ebenso Schadewaldts und anderer. Mit der zaudernden, verlegenen Datierung, die auf indirektem Weg von Beißner vorgeschlagen wurde, war in jüngster Zeit J. Bertheau einverstanden. Aber es liegt mir daran hervorzuheben, daß die fünf Seiten, die er WadF widmet, auch einige bedeutende Stellungnahmen enthalten, die mit den hier vertretenen zusammenfallen. Insbesondere: „Diese Ode ist inhaltlich so weitgehend kohärent [...], daß es schwerfällt, sie zu den Gedichten aus der Umnachtungszeit zu rechnen."[32] Bedeutsam ist für mich die Behauptung, im Gegensatz zu dem, was Waiblinger schreibt, daß die Ode in der Entfaltung ihres Themas keine Sinnstörungen enthält, die man einer psychiatrischen Zerrüttung zuschreiben könnte. Die erzählte Geschichte ist kohärent. Das überzeugt Bertheau, sie in die Jahre 1804/6 zu verlegen, hier wieder einer Meinung mit Beißner. (Aber man wird hier wieder entgegnen müssen: Hatte vielleicht in jenen zwei Jahren die sogenannte Umnachtungszeit nicht schon weithin das Feld erobert?) Zur gleichen Zeit entstanden wie die *Hyperion*-Fragmente der Handschrift, wäre die Ode trotzdem auch für Bertheau keine später verworfene Fortsetzung des Romans. Außerdem ist die Heldin des Textes nach seinem Dafürhalten im allem als Susette Gontard identifizierbar und nicht als Diotima aus Kalaurea. Für mich bedeutsam ist auch seine Überzeugung, daß die belebende Umarmung (... *In meinen Armen lebte der Jüngling auf*...) nach der Rückkehr von Bordeaux anzusetzen ist und somit die These von Bertaux bestätigt, Hölderlin sei im Juni 1802 in Frankfurt gewesen: „Darf man also in Hölderlins Gedicht einen zusammenhängenden Bericht über jene so rätselhaften Tage erblikken?"[33] Die Ode als Bericht einer qualvollen und teilweise mysteriösen Liebe.

15. Eine notwendige Abschweifung
über den Verlauf der Krankheit

Freilich mußte der kanonische Ablauf der Geisteskrankheit schließlich zu seiner akuten Phase gelangen. Das gehört zum Ablauf der Pathologie, an der der Dichter litt. Wir zitieren aus einem sehr bekannten Essay von U. Supprian:

> „Nach mehreren Jahren eines schwankungsreichen Verlaufs ging das psychotische Bild etwa ab 1807 in ein mehr chronisches Stadium über und war in erster Linie durch die Sprachverworrenheit, die Stereotypien und Manierismen sowie die Neuwortbildungen ausgezeichnet."[34]

Aber aus allen Zeugnissen, über die wir verfügen, geht hervor, daß dieser Übergang ziemlich bewegte Phasen durchlief. Noch in einem Brief an die Mutter vom 19. April 1812 berichtet Zimmer von paroxystischen Anfällen, wenn sie auch weniger rasend sind als früher und von kürzerer Dauer. Und in den ersten Jahren, nachdem er aus dem Klinikum Autenrieth entlassen war, haben wir keine Kunde von einer Besserung. Schwab schrieb später über diese Zeit:

> „Es traten zwar dann und wann lichtere Momente in seinem Geistesleben ein, allein nie zeigte sich eine entschiedene Veränderung seines Befindens; aus der Vergleichung der verschiedenzeitlichen Nachrichten scheint nur so viel hervorzugehen, daß früher die Paroxysmen heftiger waren und eine große körperliche Abspannung zurückließen, während sie später weniger heftig auftraten und der Körper sich kräftigte, der Geist dagegen mehr und mehr abnahm." (StA 7,2,377)

Von mehreren Zeugen wird berichtet, daß der Dichter besonders am Anfang einer Unterhaltung den Eindruck erwecken konnte, er sei völlig normal. Aber all das bestätigt nicht nur die Diagnose und den regelmäßigen chronischen Verlauf der Krankheit, sondern bestärkt ihn sogar noch. Der Schizophrene ist nämlich genau daran zu erkennen, daß er vernünftig zu reden anfängt, um sogleich den Faden zu verlieren und sich in eine Folge von Sätzen zu verwickeln, die seine Schizophrenie bezeugen, die einem totalen Auseinanderfallen der Gedanken gleichkommt. Unter anderen behauptet das auch ein angesehener Psychiater, ausgerechnet in Bezug auf unseren Dichter:

„Wenn er [Hölderlin] im Beginn eines Gesprächs oft einige vernünftige Worte sprach, um dann erst verworren zu werden, so ist das besonders charakteristisch, da Kranke, die sonst völlig unverständliche Äußerungen tun, fast regelmäßig bei Gesprächen, die aus einer konkreten Situation kommen, einige vernünftige Antworten geben."[35]

Dieses besondere Symptom der schizophrenen Geistesgestörtheit wurde im übrigen von Schelling frühzeitig erkannt, als Hölderlin ihn im Juni 1803 besuchte:

„Es war ein trauriges Wiedersehen, denn ich überzeugte mich bald, daß dieses zart besaitete Instrument auf immer zerstört sey. Wenn ich einen Gedanken anschlug, der ihn ehmals ansprach, war die erste Antwort immer angemessen, aber mit dem nächsten Wort war der Faden verloren." (StA 7, 2, 253)

Das war 1803. Als Hölderlin aber wenige Jahre später die katatonische Phase erreicht hatte, war dieser Zustand als irreversibel zu betrachten. In diesem Punkt stimmt die gesamte maßgebliche psychiatrische Literatur überein. Wir zitieren nur Klaus Conrad:

„Diese schwerste Form schizophrenen Verlaufs ist charakterisiert durch einen oft sehr rasch, auch in Schüben erreichten apokalyptischen Endzustand – schwere Katatonie – mit einem so schweren Potentialverlust einhergehend, daß die Entwicklung auf diesem Status stehen bleibt. Es mögen sich im Verlauf langer Prozesse noch gewisse Änderungen einstellen [...]. aber der katatone Endzustand ändert meist sein Zustandbild auch nach jahrelanger Dauer nicht mehr erheblich."[36]

Es entbehrt jedes stichhaltigen wissenschaftlichen Arguments, daß der Dichter im Frühjahr 1823 eine Genesung erlebt hätte. Man konnte nur, freilich ohne die entsprechende Kompetenz, von einer „vorübergehend auffallenden Besserung im Befinden des Kranken"[37] sprechen. Das soll auf der Tatsache beruhen, daß der Dichter Interesse an einigen aktuellen Dingen gezeigt hatte, und auf anderen vollkommen asymptomatischen Indizien, die Zimmer den Eindruck vermittelten, „er sei aus einem Traum erwacht". Wir befinden uns aber auch in dem anfänglichen trügerischen Zustand der Vernunft, den schon Schelling festgestellt hatte und der eines der Merkmale der chronischen Schizophrenie ist.

Im Lauf der Jahre wurden die Zornausbrüche zu seltenen Episoden, die immer auf die unwillkürliche Provokation eines Gesprächs-

partners zurückgingen, und der Dichter fiel in einen wehrlosen
Autismus, in Unterwürfigkeit, Stereotypie und Manierismus, wie
Supprian in dem oben zitierten Text bestätigt. Man hat allen Grund
anzunehmen, daß Hölderlin auch an einem anderen Symptom der
schlimmsten Fälle von Schizophrenie litt, das heißt, daß er Stimmen
hörte; wie seine ständige Vertiefung in Monologe bestätigt, die allem
Anschein nach in Wirklichkeit irrsinnige Unterredungen oder be-
drängende Diskussionen mit aus seinem aufgewühlten Gehirn sprechenden Gesprächspartnern waren. Das ist die irreversible Geistesgestörtheit, die aus zahllosen Dokumenten hervorgeht und die nie
mehr aufhören sollte. Aber das Ergebnis dieser Entwicklung ist am
Ende auch eine scheinbar befriedete Sicht der Welt, die *harmonia mundi*, die oft ergreifende, sanfte, oft gespenstische Seelenruhe der spätesten Gedichte als Ganzes gesehen. Es ist die befriedete Annahme des
persönlichen Schicksals in der illusorischen Perspektive eines Lohns:

> „Die Linien des Lebens sind verschieden
> Wie Wege sind und wie der Berge Grenzen.
> Was hier wir sind, kann dort ein Gott ergänzen
> Mit Harmonien und ewigem Lohn und Frieden." (StA 2, 1, 268)

Es stimmt zwar, daß diese vier wundervollen Verse – wie Zimmer in
dem schon zitierten Brief vom 19. April 1812 berichtet, in dem er die
Verse aufgeschrieben hat, – das Werk eines Hölderlin waren, der sich
als einen armen Menschen betrachtete (*Ach, ich bin doch ein armer
Mensch...*), das heißt aber keineswegs, daß er immerfort gequält war
(*... der Blick seines Augs ist freundlich und Liebreich auch spielt und
singt er...*) und noch viel weniger heißt es, daß er sich seines pathologischen Zustands rational bewußt war. Man vergleiche, was Wilhelm
Lange dazu schreibt:

> „Daß die Kranken vielfach ein mehr oder weniger ausgesprochenes
> Krankheitsgefühl und Krankheitsbewußtsein besitzen, läßt sich täglich
> beobachten. Aber niemals sind sie im Stande, sich zu einer richtigen Be-
> urteilung ihrer Krankheit, zur Einsicht in das Schwere ihres Zustands zu
> erheben. Jedenfalls aber haben sie oft eine unklare Vorstellung davon,
> daß mit ihnen irgend eine Veränderung vorgegangen ist, die sie selbst als
> etwas Rätselhaftes empfinden."[38]

Es ist, als würde die psychische Struktur, da sie – zumindest bei den
hoch begabten Geistern – während der Anfangsphase oder der ‚auf-

steigenden' Phase der Krankheit einer extremen Spannung ausgesetzt war, dann von einer ebenso extremen Lockerung geprägt, genau wie die Sehne eines Bogens, der zu heftig gespannt worden ist, am Ende reißt. Es ist wie eine letzte Wehr des *soma* der *psyche* gegenüber, die ein zerstörerischer Gast geworden ist. Man hat den Eindruck, als sei das Auseinanderfallen des Geistes der Preis, den der Selbsterhaltungstrieb der physischen Basis des Menschen verlangt, das heißt die einzige Alternative zur Vernichtung einer tödlichen Krankheit auf psychosomatischer Basis oder zu einem Selbstmordimpuls. Man kann deshalb paradoxerweise auch von einer ‚soterischen', das heißt erlösenden Funktion der Schizophrenie sprechen. Im Grunde genommen zerstückelt diese Krankheit die Mechanismen der fühlenden Psyche und des vernünftig denkenden Geistes, die der Sitz – und die alles verursachenden Prozesse – der unerträglichen und möglicherweise tödlichen *Überspannung* sind. Wenn man auf Künstler achtet, die in extremen Zonen innerer Anspannung arbeiten, wie es bei Hölderlin, vor allem von 1802 an, der Fall war, könnte man dazu eine umfangreiche Statistik liefern. Und vielleicht ‚retten' sich diejenigen in die Schizophrenie, die einen stärkeren und gesünderen physischen Sockel haben.

In Zusammenhang mit dieser ätiologischen Vermutung – die selbstverständlich alle anderen nicht aus-, sondern einschließt – kann die belegte Tatsache gesehen werden, daß die Schizophrenen, sobald sich die Krankheit gefestigt hat, nicht selten Augenblicke der Ruhe erleben (Dino Campana: *Ich, mein Herr, nein, ich bin nicht unglücklich…*), sich eines guten Appetits und einer guten physischen Gesundheit erfreuen und ein gesegnetes Alter erreichen. In der psychiatrischen Nosographie fällt J. A. Baldwins Studie auf, der bei den chronischen Schizophrenen eine geringere Anfälligkeit für Krankheiten, vor allem für Krebserkrankungen statistisch beobachtet hat.[39] Was umgekehrt durch die Äußerungen von O. Amami und anderen bestätigt wird:

„Bei manchen Menschen können in bestimmten Situationen manche Arten von Krebs durch psychologische Faktoren erheblich beeinflußt werden, was das Auftreten und/oder die Entwicklung der Krankheit betrifft."[40]

Ähnliche Betrachtungen, welche die Beziehung zwischen der Grundlage der physischen Gesundheit und der Geisteskrankheit betreffen,

lassen sich auch bei Hölderlin anstellen, der bei bester Gesundheit
73 Jahre alt wurde, was in Anbetracht des Durchschnittsalters zu seiner Zeit ein ziemlich hohes Alter darstellt. Ein vager Widerschein von
Bewußtsein in dieser Hinsicht läßt sich vielleicht aus einem der letzten Briefe an die Mutter herauslesen, die sich wegen der Gesundheit
ihres Sohnes Sorgen machte:

> „Da mich die Vorsehung hat so weit kommen lassen, so hoffe ich, daß
> ich mein Leben vielleicht ohne Gefahren und gänzliche Zweifel fort-
> seze." (StA 6, 1,464)

Halten wir also fest, daß Hölderlins Schizophrenie keine Genesung
kannte, sondern eher einen Handbuchfall dieser Erkrankung in einer
schweren chronischen Form darstellt. Kraepelin, der Begründer der
wissenschaftlichen Studien dieser Erkrankung, die er zunächst *dementia praecox* nannte, stellte fest, daß die Fälle mit einer Genesung
25% nicht überstiegen und in Fällen, wo die Krankheit eindeutig erkannt war, zu denen zweifellos der unseres Dichters zählte, eine Genesung praktisch nicht vorkam. Auch Eugen Bleuler, sein maßgeb-
lichster Schüler, sprach von einem gewöhnlich unheilbaren Ablauf
der Schizophrenie.[41] Diese Beurteilung wurde auch in jüngerer Zeit
bestätigt, obwohl die Therapie in wenig symptomatischen Fällen
Fortschritte gemacht hat. So schreibt N. Lalli:

> „Die Besserung oder Heilung muß innerhalb der ersten zwei Jahre vom
> Beginn der Symptome an eintreten. Wenn das nicht geschieht, vermehrt
> sich im Lauf der Zeit beachtlich die Möglichkeit, daß die Krankheit in
> ein chronisches Stadium tritt; nach fünf Jahren Krankheit sind die Mög-
> lichkeiten einer Genesung praktisch nicht mehr vorhanden."[42]

Am Rande sei bemerkt, daß der großzügige Versuch von Pierre
Bertaux, diese Evidenz zu leugnen, als schlechthin unhaltbar zu betrachten ist; im übrigen wurde er in der umfassenden Monographie
von Peters[43] und auch von anderen Autoren schon genauestens ana-
lysiert und entkräftet. Zum Beispiel von Rudolf Treichler[44], der zwar
die Diagnose der Schizophrenie bestätigt, aber dann deren pathologischen Sinn im Namen einer verschwommenen anthroposophischen
Theorie verklärt. Bertaux' These von der Simulation wird auch von
G. Weinholz abgelehnt, der aber auch die psychiatrische Diagnose
schwerer Schizophrenie ablehnt, um dann – im wesentlichen mit

Bertaux übereinstimmend – die These der rein psychologischen und nervlichen Zerrüttung, hervorgerufen durch die existentiellen und sozialen Spannungen aufs neue vorschlägt.[45]

Kraepelin und Bleuler registrierten ihre statistischen Daten über den chronischen Verlauf der schizophrenen Psychosen zu Anfang des 20. Jahrhunderts. Sie sind natürlich seit der therapeutischen Anwendung der Neuroleptika und der Vorsorge im sozialen Umfeld überholt. Aber eine Statistik am Anfang des 19. Jahrhunderts hätte gewiß noch drastischere Daten geliefert. Im Fall Hölderlins kann man gewiß – ohne die Verdienste der Familie Zimmer zu schmälern, die sich mit Fürsorge und Erbarmen um den Kranken kümmerte – nicht von einer Umgebung sprechen, die imstande gewesen wäre, eine Genesung zu fördern, wie sie im Rahmen der modernen Psychiatrie geleistet werden könnte. Die Umgebung im Turm war gewiß geeignet, eine Verschlimmerung der Krankheit abzuhalten, die ja auch tatsächlich nicht eintrat, wenn man von kleineren Episoden absieht; aber sie war nicht in der Lage, die Barriere des Autismus einzureißen, was die Bedingung für eine zumindest teilweise Genesung gewesen wäre. Der Autismus nahm sogar zu, denn in den letzten Jahren weigerte Hölderlin sich, in Begleitung auszugehen und mit Lotte oder anderen einen Spaziergang zu machen.

Heute wird Bertaux' These vom ,edlen Simulanten' des Wahnsinns auch von der Literaturkritik abgelehnt. Geblieben ist aber in weiten Kreisen ein gewisser Widerwille, die einhellige Diagnose der Psychiater voll anzuerkennen; das heißt, man möchte sie auf eine existentielle Störung, eine psychopathologische umnachtende Störung herabstufen. Eine wissenschaftlich bestätigte Kenntnis der klinischen Geschichte unseres Dichters ist jedoch eine notwendige Voraussetzung, nicht nur um über die Biographie zu informieren, was immer nützlich ist, sondern auch um die verschiedenen Phasen dieser Geschichte sinnvoll mit der Entwicklung des dichterischen Werks zu verknüpfen, sowohl was dessen Inhalte als auch dessen Formen und Sprache angeht.[46] Andernfalls wird es sogar schwierig, sich über die geeignetsten Termini einig zu werden, um das gesamte Werk in Abschnitte einzuteilen.[47] Der vorhin erwähnte ,Widerwille' der Fachgelehrten wurde, wenn auch in subtilen Unterscheidungen, von einem der maßgeblichsten Germanisten, Walter Müller-Seidel,

angefochten, er schreibt: „Da ist es so abwegig keinesfalls, die
Krankheit in die Erörterung einzubeziehen, wie es hier und da schon
geschehen ist, zumeist ohne nähere Begründung."[48] Müller-Seidel
zitiert zur Bestätigung auch das genaue Urteil des Schriftstellers
Martin Walser in seinem Referat bei der 200-Jahrfeier der Geburt
Friedrich Hölderlins.

> „Die Krankheit gehörte so sehr zu den Bedingungen seines Stils, daß es
> keinen Sinn hat, sich auch da pseudohölderlinisch auszudrücken und zu
> sagen, er sei in eine ‚Umnachtung' gefallen, gar noch in eine seelische."[49]

Ein gewisses negatives Vorurteil gegen eine direkte Anwendung der
psychiatrischen Kategorien wie Schizophrenie oder Spaltungsirresein
beim Studium von Hölderlins Werk bleibt jedoch auch bei Müller-
Seidel spürbar, der sich eher der Position von Gerd Huber der Hei-
delberger psychopathologischen Schule nähert; Huber schlägt in einem seiner Essays sogar die ‚Überwindung des Mythos der
sogenannten Geisteskrankheiten' vor. Müller-Seidel wirft Wilhelm
Lange vor, er hinke beim Verfassen seiner ‚Pathographie' (1909) hinter den Erkenntnissen der Zeit her, denn er sei noch an den Wissen-
schaftsbegriff des 19. Jahrhunderts gebunden. Mittlerweile ist das
psychiatrische Wissen, wenn auch mit neuen Instrumenten und Kriterien, wieder weitgehend zu einer organischen Ätiologie zurückgekehrt, die Lange aus seiner positivistischen und materialistischen Bildung geschöpft hatte. Nun ist Müller-Seidel überholt.

16. Noch einmal zur Datierung

Diese ersten Betrachtungen über Hölderlins Geisteskrankheit werden notwendig, wenn wir den Gedankengang über die Datierung
der Ode vervollständigen wollen. Wir haben schon gesehen, daß
Sattler sie als ein Fragment des *Hyperion* betrachtet. Von dieser anfechtbaren Voraussetzung ausgehend, datiert er sie in die Zeit um
1809, das heißt auf die ersten Jahre im Turm. Zur Stützung seiner
Hypothese zitiert Sattler eine bekannte Stelle aus Waiblingers Mo-

nographie: „Anfänglich schrieb er viel, und füllte alle Papiere an, die man ihm in die Hand gab. Es waren Briefe in Prosa, oder in pindarischen freyen Versmaasen, an die theure Diotima gerichtet, häufiger noch Oden in Alcäen. Er hatte einen sonderbaren Styl angenommen. Der Inhalt ist Erinnerung an die Vergangenheit, Kampf mit Gott, Feyer der Griechen." (StA 7, 3, 63) Sattler nimmt diese Informationen bedingungslos als wahr an, indem er sie auf Aussagen Zimmers zurückführt. Meiner Meinung nach sind sie mit Vorbehalt zu betrachten, zumal weder Zimmer noch einer seiner Familienangehörigen eine solche, ins Detail gehende Information für diese Zeit gegeben haben. War Waiblinger vielleicht daran interessiert, die Information zu verbreiten, Hölderlin habe Briefe in Prosa (Fragmente des Romans?) und zahlreiche alkäische Oden geschrieben; und die Erinnerung an die Vergangenheit sei das Thema gewesen? Was die Nachricht von pindarischen, Diotima gewidmeten Hymnen betrifft, so entbehrt sie jeglicher Grundlage, da es unvorstellbar ist, daß der Dichter zu diesem Zweck die falsche Form, das heißt die hymnische wählte, die er in keinem der zahlreichen Gedichte, die mit Diotima zu tun haben, angewendet hatte. Was Waiblinger hier berichtet (oder erfindet?), ist keine haltbare Auskunft. Und zum Schluß: Wo denn in dem gesamten Schaffen nach 1806 erscheint *Ein Kampf mit Gott*, ein Ausdruck, unter dem man im allgemeinen eine theologische Thematik im engeren Sinn oder die Qualen eines Gläubigen zu verstehen hat? Bedeutsam ist in diesem Punkt unter anderem die deutliche Aussage Zimmers: „[H.] hatte nie eine Neigung zur Theologie er konnte sich mit ihr nie Befreunden. Dazu hatte er zuviel Naturphilosophie." (StA 7, 3, 133) Es handelt sich um ein in Tübinger Kreisen feststehendes Urteil. Im Juni 1843 verfaßte der Prälat und Dichter Gottlob Kemmler, unter anderem Verfasser einer *Elegie auf Hölderlins Grab*, einen journalistischen Bericht über Hölderlins Beisetzung und wies darauf hin, daß Christoph Schwab, der die Grabrede halten musste, „die schwierige Aufgabe hatte, auf einem christlichen Kirchhofe christlich über Hölderlin zu sprechen, um so eher habe lösen können, da er bei allen Anwesenden hinlängliche Bekanntschaft mit Hölderlins Eigenthümlichkeit voraussetzen durfte, und so mit einer leichten Berührung des schwierigsten Punktes Alles getan war." (StA 7, 3, 366)

Seine relativ frühe Datierung von WadF stützt der Herausgeber
der Frankfurter Ausgabe auf eine Information des Arztes und Schriftstellers Justinus Kerner, die in einem Brief an Heinrich Köstlin enthalten ist und das Datum des 1. Januars 1810 trägt: „Hölderlin spricht
von der Aussicht am Meer" (Sta 7, 2, 403). Sattler betrachtet diesen als
einen Satz, der „wie ein Zitat aus WadF klingt" und folgert daraus,
daß die Ode vor dem Datum dieses Briefes entstanden sein muß.
Richtiger verfährt Beißner, der sie in Verbindung mit dem Gedicht
Andenken bringt, das Hölderlin kurz vorher verfaßte, und natürlich
mit der Erinnerung an den einzigen Blick auf das Meer, den der Dichter in seinem Leben während seines Aufenthalts in Bordeaux gehabt
haben soll. Wer weiß, wie oft der Dichter – auch Waiblinger gegenüber – sich an dieses einmalige direkte Erlebnis des Meeres erinnerte,
nachdem er es sich in seinen Gedichten und seinem Roman so oft
vorgestellt und so oft heraufbeschworen hatte. Sattlers Aussage ist
eine reine Annahme; im übrigen beschränkt er sich selbst darauf zu
sagen, der Satz aus dem Brief an Köstlin „mute ihn an" wie ein Zitat
aus der elften Strophe der Ode.

Beißners Datierungsvorschlag (ein bißchen vor 1806) und der Sattlers (ein bißchen danach), dem sich J. Schmidt anschließt, der aber die
Ode unter die *ersten* der Zeit von 1806 bis 1811 platziert[50], erscheinen
aus teilweise gleichen, teilweise gegensätzlichen Gründen unhaltbar.
Der Text erscheint zu andersartig als alles, was Hölderlin in der beweg-
ten und erschütterten zweiten Homburger Zeit schrieb – und es war
nicht wenig –, denn es handelt sich um eine Phase phrenetischer und
äußerst gespannter Erfindungen und Ausarbeitungen. Umgekehrt ist
nicht anzunehmen, daß er sie in den ersten Jahren im Turm verfaßte, in
der – nachdem die psychischen Mechanismen zerbrochen waren –
Hölderlins Zustand zwischen trägen Momenten von *stupor catatonicus*
und Anfällen heftigen Deliriums wechselte. Es ist kaum vorstellbar,
daß er in diesem schlimmen psychopathologischen Zustand den mittelmäßigen und unwahrscheinlichen Dreigroschenroman seiner Leidenschaft für Susette Gontard erzählte, den wir in WadF lesen. Deshalb ist meiner Ansicht nach auch die Meinung von W. Schmitt
untragbar, der mit J. Schmidt übereinstimmt und die Ode „in die ersten Jahre im Turm" platziert, da sie mit den Hyperion-Fragmenten
(Marbach 53)[51] zu verknüpfen sei, die dieser Zeit zugeordnet werden.

So sind wir darauf verwiesen, eine spätere Datierung in Betracht zu ziehen, wie die von Eduard Mörike. Es handelt sich zwar um eine berühmte Stelle aus seinen *Erinnerungen an Erlebtes,* aber es ist doch sinnvoll, sie zu zitieren:

> „Ich besitze von H.s Hand einige Blätter, welche etwa im J. 1823/24 in Tübingen geschrieben sind; zwei metrische Poesien und einige Briefe als Fortsetzung des Romans Hyp. Letztere sind nur durch den ungeheueren Contrast gegen jenes ursprüngl. Product merkwürdig u. rührend – die beiden Gedichte aber, Räthsel des Wahnsinns, lassen den schönsten Sinn theils errathen, theils haben sie ihn offenbar; ihr Charakter – (elegisch-didakt) ist durchaus entschieden und springt auch nicht in Einer Zeile ab." (StA 7, 3, 28)

Eines der beiden Gedichte ist *Wenn aus dem Himmel,* das andere WadF. Registrieren wir sofort zweierlei. Erstens: Wenn wir die beiden Texte ins Auge fassen, müssen wir uns vorstellen, daß für Mörike das erste seinen Sinn nur *erraten* ließ, während er in WadF *offenbar* ist. All das ist für ihn ein ‚Geheimnis'. Mörike gelingt es nicht, die Vorstellung, die er sich vom Geisteszustand Hölderlins gemacht hatte, mit dem alles in allem zusammenhängenden Sinn und dem vernünftigen Gedankengang, dem man in jedem Vers der Ode begegnet, in Einklang zu bringen. Ahnungslos in Psychiatrie, wie es zum großen Teil seine ganze Zeit noch war, glaubt Mörike, diese Inkongruenz ließe sich nur als Ausdruck jenes ‚Geheimnisses' erklären, das der Wahnsinn darstellt. Heute erscheint diese Erklärung – die in Wirklichkeit nichts erklärt – naiv und unhaltbar. Zweite Bemerkung: Mörike stellt nicht zur Debatte, sondern behauptet, diese Blätter seien 1823/24 geschrieben worden. Er scheint mir kein Mann, der unvorsichtige Behauptungen von sich gab. Diese Sicherheit muß er von anderen bekommen haben, und zwar von jemandem, dem er traute: Und wer könnte das anderes sein als der, welcher ihm das handschriftliche Material gegeben hatte, das heißt Wilhelm Waiblinger? Dieser hatte höchstwahrscheinlich seinem Freund Mörike erzählt, der Dichter habe die zwei Gedichte während ihrer Zusammenkünfte geschrieben, die genau in den zwei Jahren stattgefunden hatten.

17. Die Auflösung des Ich.
Das fröhliche Leben und *Der Spaziergang*

Für den empfindsamen Dichter von *Peregrina* mußte vor allem der entschieden elegische Charakter der Ode unerklärlich sein. Die Elegie war ein schmerzvoller und bewußter Erguß des Ich, eine subjektive Dichtung wie kaum eine. Das widersprach allem, was er anläßlich der Besuche bei dem kranken Dichter gesehen hatte, allem, was er über ihn gehört hatte, allem, was er von ihm hatte lesen können: lauter beredte Dokumente einer vollkommenen Auflösung des Ich als unabweisbares Symptom und Beweis einer schweren Psychose. Darin hatte Mörike nicht Unrecht. Von den ersten Jahren nach dem Verlassen der Klinik taucht aus den wenigen erhaltenen dichterischen Werken eine überpersönliche Thematik auf, die am Ende ausschließlich wird: Das Ich verschwindet für immer. Es gibt nur wenige Ausnahmen. Von den vier Versen *Das Angenehme dieser Welt* haben wir schon gesprochen. Das Ich kommt sodann in *An Zimmern* vor (*Von einem Menschen sag ich...*), aber auch hier hat es nur eine lokuläre Funktion. Weitaus ernster wird das Problem bei *Das fröhliche Leben* und *Der Spaziergang*. Wer das vollkommene Verschwinden des Ich leugnet, beruft sich auf diese beiden Texte. Da wir ihnen eine lange Abschweifung widmen müssen, halten wir es für nützlich, sie ganz zu zitieren.

DAS FRÖHLICHE LEBEN

Wenn ich auf die Wiese komme,
Wenn ich auf dem Felde jetzt,
Bin ich noch der Zahme, Fromme
Wie von Dornen unverlezt.
Mein Gewand in Winden wehet,
Wie der Geist mir lustig fragt,
Worinn Inneres bestehet,
Bis Auflösung diesem tagt.

O vor diesem sanften Bilde,
Wo die grünen Bäume stehn,
Wie vor einer Schenke Schilde
Kann ich kaum vorübergehn.
Denn die Ruh an stillen Tagen
Dünkt entschieden treflich mir,
Dieses mußt du gar nicht fragen
Wenn ich soll antworten dir.

Aber zu dem schönen Bache
Such' ich einen Lustweg wohl,
Der, als wie in dem Gemache,
Schleicht durchs Ufer wild und hohl,
Wo der Steg darüber gehet,
Geht's dem schönen Wald hinauf,
Wo der Wind den Steg umwehet,
Sieht das Auge frölich auf.

Droben auf des Hügels Gipfel
Siz' ich manchen Nachmittag,
Wenn der Wind umsaust die Wipfel
Bei des Thurmes Glockenschlag.
Und Betrachtung gibt dem Herzen
Frieden, wie das Bild auch ist,
Und Beruhigung den Schmerzen,
Welche reimt Verstand mit List.

Holde Landschaft! wo die Straße
Mitte durch sehr eben geht,
Wo der Mond aufsteigt, der blasse,
Wenn der Abendwind entsteht,
Wo die Natur sehr einfältig,
Wo die Berg' erhaben stehn,
Geh' ich heim, zulezt, haushältig,
Dort nach goldnem Wein zu sehn.

DER SPAZIERGANG

Ihr Wälder schön an der Seite,
Am grünen Abhang gemahlt,
Wo ich umher mich leite,
Durch süße Ruhe bezahlt,
Für jeden Stachel im Herzen,
Wenn dunkel mir ist der Sinn,
Denn Kunst und Sinnen hat Schmerzen
Gekostet von Anbeginn.
Ihr lieblichen Bilder im Thale,
Zum Beispiel Gärten und Baum,
Und dann der Steg der schmale,
Der Bach zu sehen kaum,
Wie schön aus heiterer Ferne
Glänzt einem das herrliche Bild
Der Landschaft, die ich gerne
Besuch' in Witterung mild.
Die Gottheit freundlich geleitet
Uns erstlich mit Blau,
Hernach mit Wolken bereitet,
Gebildet, wölbig und grau,
Mit sengenden Blizen und Rollen
Des Donners, mit Reiz des Gefilds,
Mit Schönheit, die gequollen
Vom Quell ursprünglichen Bilds.

Diese zwei Gedichte erscheinen zusammen in Schwabs Ausgabe von
1846 (Bd. 2, S. 343–345). Der Herausgeber legt für *Das fröhliche
Leben* eine Entstehungszeit ,lang vor 1841'[52] fest. Wir dürfen annehmen, daß diese Datierung auch auf *Der Spaziergang* ausdehnbar ist.
Aber wie lange vor 1841? Auch bei diesen beiden Texten herrscht
eine bezeichnende, totale Unsicherheit hinsichtlich der Datierung.
Wenn, wie Sattler vorschlägt, die beiden Gedichte zu denen gehören,
die Karl Gock 1741 an Gustav Schwab schickte, dann könnte sich auf
sie beziehen, was Hölderlins Halbbruder am 8. April desselben Jahres an den Verleger Cotta schreibt, wenn er „einige in der ersten

Ausgabe nicht aufgenommene *frühere* Gedichte Hölderlins" erwähnt, deretwegen er mit Schwab Kontakt aufnehmen möchte. (StA 7, 3, 222). Und Cotta schickt tatsächlich letzterem eine Kopie des Briefes, die erhalten geblieben ist. Wenn man annehmen muß, daß die beiden Gedichte in die Ausgabe von 1826 hätten aufgenommen werden können, dann wäre dieses Datum ein *terminus ad quem*. Litzmann[53], der erste systematische Biograph Hölderlins, datiert sie zusammen mit *Der Kirchhof* auf den Anfang der zwanziger Jahre, das heißt er rechnet sie zu den *spätesten Gedichten*, sagt aber nicht, worauf seine Vermutung beruht. Und der *terminus a quo*? M. Anderle bemerkt dazu:

> „Das Gedicht *Der Spaziergang* (1846 von Ch. TH. Schwab zuerst herausgegeben), das vermutlich zu Beginn der Wahnsinnszeit entstanden ist, zeigt noch nicht die Stereotypie der späteren Gedichte."[54]

Als ,Beginn der Geistesgestörtheit' wird man ungefähr das Jahr 1802 annehmen dürfen. Was hat aber dieser Text gemeinsam mit den Hymnen, die zu jener Zeit in Hölderlins dichterischer Praxis unangefochten dominieren?

Schließen wir aus, daß die beiden einander so ähnlichen Gedichte so weit in der Vergangenheit zurückliegen, daß man sie zu den Jugendgedichten zählen könnte, obwohl der Dichter schon damals Themen derselben Art behandelt hatte. Das Versinken in der Natur, wenn man so sagen kann, hat hier nichts mehr von den rhapsodischen Schwüngen jener ersten Gedichte, es erscheinen keine Gottheiten mehr, keine Urania oder ähnliche, der Rhythmus hat nichts von jenem ersten überschäumenden hymnischen Elan, sondern bettet sich bequem und in bescheidener Zufriedenheit in die begrenzte Sicht einer Landschaft. Außerdem gibt es zur Bestätigung, daß die beiden Texte in die Spätzeit gehören, eine Ikone und ein Wort, das zum erstenmal in *Andenken* auftaucht, nämlich der *Steg*[55]; und dann außer in den beiden hier besprochenen Gedichten wieder in *Wenn aus dem Himmel*, in *Aussicht (Wenn Menschen fröhlich sind)* und in *Der Frühling (Wie seelig ists, zu sehen)* erscheint. Aber abgesehen von dieser Einzelheit unterscheiden sich diese beiden Texte in der Metrik, im Rhythmus, im Stil, in der Sicht der Natur und der Beziehung zur Natur und vor allem durch das schon erwähnte Wiederauftreten des Ichs vollkommen auch von der restlichen Produktion nach 1806.

Gereimte Tripodien und Tetrapodien sind im Jugendwerk und auf jeden Fall im Werk vor der Frankfurter Zeit seltene Episoden. *Diotima (Leuchtest du wie vormals nieder)* geht zwar auf Anfang 1796 zurück, aber die Metrik ist hier offensichtlich ein Rest der vorhergehenden Fassungen, insbesondere der ersten Fassung, die verloren gegangen und vermutlich viel früher entstanden war (vgl. StA 1, 2, 212–222 und 1, 2, 526–530). In keinem seiner späteren Gedichte verwendet Hölderlin diese Versmaße, die eher für leichte Liedchen geeignet sind. Doch hier passen sie vollkommen zum Inhalt, der aber – abgesehen von gewissen ‚Gegenständen‘ in der Natur wie *Steg*, *Baum*, *Bach* – selbst ein Fremdkörper ist. In den echten Turmgedichten sind diese Gegenstände verklärt in einer Aura, die wir taoistisch nennen könnten, denn sie scheint einem unergründlichen Gefühl der Einheit und Harmonie des Universums zu entstammen. Und das trotz der unleugbaren wirren Sprünge, die sich übereinander legen und zum Teil das herrschende Gefühl und den regelmäßigen *ductus* der Gedanken stören. Hier ist der Mensch zwar gegenwärtig, aber wie ein Bestandteil der Natur unter anderen, in sie eingetaucht und eingegossen, in Harmonie mit ihren Gesetzen: genau wie die winzigen Menschengestalten in manchen alten chinesischen Malereien, die beinahe in einer Landschaft mit Bergen und Gewässern verschwinden. Dieser Mensch ist nie ein *Ich*, sondern *der Mensch*. So bleibt es bis zu den letzten mit Scardanelli unterzeichneten Werken. In krassem Widerspruch dazu steht das zur Schau gestellte biographische Subjekt. Der vergnügte Spaziergänger von *Der Spaziergang* sucht in der lieblichen Landschaft seinen privaten Kummer und Verdruß zu lindern, der vom Dichten und vom ‚Meditieren‘ kommt. In *Das fröhliche Leben* wirkt die angenehme Sicht der schönen Natur so erfreulich wie das Schild eines Wirtshauses, was dann eine Erfüllung findet in der Aussicht, den Tag mit einem guten Glas Wein zu beenden. Der elende Gast des Schreinermeisters Zimmer ging zwar sehr viel spazieren. Aber wo und wie? Wir wissen, daß er stundenlang in seinem kleinen Zimmer auf und ab ging oder im Vestibül, der *Öhse* des Hauses, wie ein Tier im Käfig; wir wissen, daß er dann die Erlaubnis zum Ausgehen bekam, aber nur in den sogenannten *Zwinger*, den kleinen, vor dem Turm liegenden Platz; und wir wissen schließlich, daß er sich, wenn überhaupt, nur in Begleitung von seiner Wohnung entfernen durfte. Eine Hypothese von Meyer verwerfend, schreibt Beißner mit Recht: „Von dem Kranken ist aber *einsames Irren auf dem Felde* nicht bekannt; das hätte weder Waiblinger noch Zimmer zugelassen." (StA 7, 3, 18). Später aber, etwa ab 1830 – wenn Schwabs Zeugnis glaubwürdig ist (StA 7, 2, 209) – wagte es Hölderlin nicht mehr, sich von der unmittelbaren Nähe des Turms zu entfernen.

Ich kann mir kaum vorstellen, daß der arme Geistesgestörte – bei der Rückkehr von einem streng überwachten Ausgang, sei es auch einer von denen, die ihn in Waiblingers Gesellschaft zum Österberg führten – Papier und Stift zur Hand nahm, um eins der beiden fraglichen Gedichte niederzuschreiben. Diese sind der ‚poetische' Bericht eines ruhigen *promeneur solitaire*, der sich selbst als *der Zahme, Fromme*, als *von Dornen unverletzt* bezeichnet. Ganz allein – man beachte! – geht er hinauf bis zum Gipfel des Hügels und dringt vor *durchs Ufer wild und hohl*. Bis er dann die *süße Ruhe* genießt, die ihm die liebliche Aussicht auf die nahe und ferne Landschaft gewährt, der Glockenschlag vom Turm Ruhe spendet und er mit Vorfreude an das traute Heim denkt, wo er den Tag beschließen wird. Wir haben hier mit einer reinen Biedermeieridylle von mittelmäßiger literarischer Qualität zu tun. Der existentielle Hintergrund ist eine Art bürgerliche Behaglichkeit, wenn auch etwas Bitterkeit und Widrigkeiten beigemischt sind. Ein gewisses Behagen äußert sich als *haushältig: ... Geh ich heim zulezt, haushältig, / Dort nach goldnem Wein zu sehn.* Dieser niedere Ton ist auch auf stilistischer Ebene anzutreffen, zum Beispiel in der banalen, einschmeichelnden Vertraulichkeit der Sätze: *Denn die Ruh an stillen Tagen / Dünkt entschieden treflich mir, / Dieses mußt du gar nicht fragen, / Wenn ich soll antworten dir.* Sogar unbegreiflich in seiner Nutzlosigkeit ist der Dativus ethicus in Vers 6: *... Wie der Geist mir lustig fragt...* Diese Form ist als Fremdkörper im Dichten Hölderlins zu empfinden, der nie und nimmer – trotz aller unfaßlichen Verwandlungen, die er ertragen mußte – auf eine so volkstümliche Skurrilität verfallen wäre. *Dieser Dativ*, so steht im Duden, *ist der volkstümlichen Redeweise und der Dichtung besonders eigen*.[56] Ulrich Engel weist uns auf folgendes hin: Derartige Formen des Dativus ethicus *kommen daher kaum in reinen Mitteilungen, meist aber in Ermahnungen, Vorwürfen (häufig ironisch), Aufforderungen u. ä. vor*.[57] In einigen Ausgaben ist das *mir* von Vers

6 in *mich* verbessert worden: ‚ohne Notwendigkeit‘ bemerkt Beißner. Ich würde eher sagen aus einem leicht voraussetzbaren Grund, das heißt, weil etliche Fachgelehrte der Ansicht waren, daß dieser so banale Dativus ethicus Hölderlins unwürdig sei oder ihm einfach nicht zugeschrieben werden könne. Man ist jedoch verblüfft, wenn man liest, daß ein so feinfühliger und kompetenter Herausgeber und Interpret Hölderlins wie Adolf Beck *Das fröhliche Leben* als *das einen rührenden Zauber ausstrahlende Gedicht*[58] bezeichnet (StA 7, 2, 380). Das läßt sich nur durch die Ergriffenheit erklären, die ein Fachgelehrter jenseits jeder ästhetischen und philologischen Betrachtung empfindet, wenn er sich in den Text eines Autors vertieft, mit dem er sich begeistert und leidenschaftlich befaßt hat, und wenn dieser Text von vorneherein als vollkommen authentisch angesehen wird. In Bezug auf diese und andere analoge, wenn auch sporadische, lobende Urteile muß man sich über etwas im Klaren sein, das ich den Verführungseffekt nennen möchte, das heißt eine verständliche Neigung, die Schriften eines Dichters, der zu den größten der Welt zählt, in jedem Fall bewundernswert zu finden. Über einen so Hohen, ‚Verewigten‘ *nihil nisi bene.* Dieser Effekt wurde von Giacomo Leopardi, der selbst zu diesen Hohen gehört, erkannt und angeprangert, als er in *Parini oder vom Ruhm* (aus den *Operette morali*) eine penetrante, um nicht zu sagen erbarmungslose Analyse der dunklen Seiten der literarischen Urteile schrieb:

> „La fama durevole e universale delle scritture [...] nata e cresciuta che sia, molteplica in modo il loro pregio, che elle ne divengono assai più grate a leggere che non furono per l’addietro; e talvolta la maggior parte del diletto che vi si prova, nasce semplicemente dalla stessa fama.“[59]

> „Der anhaltende und allgemeine Ruhm literarischer Werke [...], wenn er einmal entstanden und gewachsen ist, vervielfacht ihren Wert dermaßen, daß sie viel angenehmer anmuten als vordem; und bisweilen entsteht der größte Teil des Wohlgefallens, das man beim Lesen empfindet, nur aus dem oben genannten Ruhm.“

Mitunter geht eine so geartete Überschätzung bis zu einem Punkt, den man nicht für wahr halten möchte. So kann es geschehen, daß in den dürftigen Versen von *Das fröhliche Leben* geheime Ironie oder subtile komische oder parodistische Absichten entdeckt werden, als habe sich der kranke Dichter nach Jahrzehnten amüsiert, „in ironischem Ton eine Wiederholung seiner Jugendhymnen aus der Tübinger Zeit" zu schreiben; oder als habe er sogar in seine Verse Anspielungen auf die höchsten literarischen Systeme, Schiller, Kant, Hegel einschmuggeln wollen. Vers 32 (*Welche reimt Verstand und List...*) soll auf einen Schlag sowohl Kants *Grenzen des Verstands* wie auch Hegels *List der Vernunft*[60] enthalten.

Mit dem heiklen Problem der Datierung, der Bedeutung und des dichterischen Werts von *Der Spaziergang* und *Das fröhliche Leben* hat sich auch Bart Philipsen befaßt, der die Gedichte zutreffend mit *Der Kirchhof* und – „in einem komplizierteren [?] Sinne" – mit der Ode *Wenn aus der Ferne* zu einem Korpus vereint. In Anbetracht unserer späteren Ausführungen ist es wichtig, die folgenden äußerst zutreffenden Bemerkungen Philipsens über *Das fröhliche Leben* zu übernehmen, doch auch auszudehnen auf die anderen mehr oder weniger homogenen Texte desselben ,Korpus':

„Das ,Gemache' [...] der durchwanderten oder betrachteten Landschaft erweist sich nicht selten als eine aus Selbst-Zitaten zusammengebastelte Textkonstruktion, ein intertextuelles Gefüge aus Bruchstücken, Wort- und Motivkomplexen aus der früheren Dichtung, die wie Versatzstücke zur Ausstattung der neuen, kleineren, ja sogar spießigen Landschafts- und Gartenräume zitiert werden, nicht zuletzt als solche, die zur Artikulation der ehemaligen hymnischen Landschaften verwendet wurden. Frühere Landschaftskonfigurationen werden von anderen, manchmal entgegengesetzten Tendenzen bestimmt, welche die Gedichte nach 1806 fast in programmatische Kontrafakturen der ehemaligen elegischen und – vor allem – hymnischen Dichtung verwandeln."[61]

Wichtig ist für mich, wie Philipsen das imitierende Zusammenbasteln, die programmatische Kontrafaktur jener Texte hervorhebt, um eine Landschaft von spießigem Geschmack zu schildern. Etwas Ähnliches hatte kurz gefaßt auch schon E. G. Winkler bemerkt, der wegen „der gesuchten Genauigkeit" die letzte Strophe von *Das fröhliche Leben* zitiert, aber darin auch „sich einstellende Unebenheiten des sprachlichen Ausdrucks"[62] feststellt. Alles tritt auf wie eine Karikatur der Hölderlinschen Dichtung. Wie der unleugbare Leichtsinn und die leichte Eingängigkeit dieses Gedichts und seines ,Zwillingsbruders' *Der Spaziergang*, in denen es außerdem von wunderlichen Reimen wimmelt, in der verwüsteten Psyche unseres Dichters hausen konnte (oder sogar ironische Spitzfindigkeiten bzw. Annäherungen an schwierige philosophische Theorien eingeben konnte), kann ich mir allerdings nicht vorstellen. Philipsen schreibt die von ihm genau festgestellten, offensichtlichen Grenzen und Mängeln einem *enttäuschten Alter Ego*, einem *bescheideneren Ich* zu. Leider gibt es unter den zahlreichen Zeugnissen von biographischer Bedeutung auch nicht eines, das für die unmittelbar auf 1806 folgenden Jahre die Phase eines ähnlichen, banal leichtfertigen Gemütszustands belegen würde, der zudem so lange hätte anhalten müssen, bis die Niederschrift zweier so oberflächlicher Werke beendet war, die trotz alledem eine gewisse Länge haben und auf ihre Weise wohl geschliffen sind.

Es stimmt, daß die Natur, die der Dichter vom Turm aus erblickt, wunderbar versöhnt und versöhnend, von milder und bescheidener Vertrautheit ist. Der Dichter betrachtet in ihr eine sublim stilisierte Menschheit, die in vollkommener heiterer Ruhe ihrem Tagewerk nachgeht; der fleißige Mensch gewinnt daraus seinen Frieden. Aber das *Ich* des Dichters hat daran keinen direkten Anteil im dunklen Bewußtsein seines eigenen anders gearteten und unwandelbaren Geschicks; seinen Frieden schöpft er, wenn überhaupt, aus dem allerdings ganz unbestimmten transzendenten Versprechen, wie es in den schon zitierten wunderbaren Versen von *Die Linien des Lebens sind verschieden* erscheint.

Was sollen wir dann aus dem Ganzen schließen? Wir sagen es besser sofort. Ich bin überzeugt, daß *Der Spaziergang* und *Das fröhliche Leben* auf zwei ursprüngliche Texte Hölderlins zurückgehen, wie auch immer sie in die Hände des ersten Herausgebers gekommen sein mögen, aber ebenso fest bin ich davon überzeugt, daß sie einer radikalen Manipulation unterzogen wurden, vermutlich im Kreis der Schwabs selbst. Unter der heutigen Perspektive würde eine derartige Aktion mit Recht als anomal betrachtet und könnte einem ehrenwerten Herausgeber, Autor und Fachgelehrten wie *dem biederen* [Gustav] *Schwab* (so definiert ihn Sengle[63], der maßgeblichste Kenner der deutschen Literatur jener Zeit,) nicht im entferntesten unterstellt werden. Aber bekanntlich sah es damals ganz anders aus. In Deutschland wurde ein erstes schematisches Gesetz über die Autorenrechte 1794 erlassen, und zwar vom preußischen Staat, der auch darin allen anderen voraus war. Durch das Gesetz vom 11. Juni 1837 wurde der Schutz dieser Rechte dann in Preußen wirksam und genau kodifiziert. Aber erst 1870 wurde durch ein Gesetz des Reichtags die strenge Verordnung auf die südlichen Staaten Deutschlands ausgedehnt. Der Begriff des persönlichen Eigentums von Geistesprodukten war damals noch nicht im staatsbürgerlichen Bewußtsein verankert. Was wir heute als Raubdrucke bezeichnen, war verbreitet und wurde fast nicht bestraft. Das *Pastiche*, das Plagiat, der Apokryph waren eine gängige Praxis, ein verlockendes Wagnis, auch nur, um Anerkennungen und wirtschaftliche Vorteile zu erlangen, die man ohne die Deckung eines schon berühmten Namens schwerlich erreicht hätte. Um so mehr wurden teilweise Fälschungen oder auch systematisches Umschreiben einzelner Texte geduldet, wenn diese nach dem Prinzip einer ‚Verbesserung‘ oder einer gut gemeinten Bearbeitung ohne persönlichen Profit geschahen, sondern eher um den guten Namen eines geliebten und geschätzten Autors zu erhalten. Erst Ende des 19. Jahrhunderts, als diese üble Gewohnheit nicht mehr als zulässig galt, konnte Ferdinand Brunetière schreiben:

> „… Wenn früher ein Autor ein Werk nicht selbst veröffentlicht hatte, glaubte der postume Herausgeber, er sei verpflichtet, es sozusagen nach der herrschenden Mode herauszuputzen und zu kleiden."[64]

Es ist hinlänglich bekannt, daß Achim von Arnim 1828, also noch zu Hölderlins Lebzeiten, eine stark veränderte Prosaversion von *Patmos* veröffentlichte (vgl. StA 2, 2, 766); und Leo von Seckendorf hatte in seinem *Musenalmanach für 1807* einige Gedichte seines lieben Freundes veröffentlicht, die er „da und dort geändert hatte, um ihnen einen Sinn zu geben" (FHA 9, 265). Auch der milde und gewissenhafte Eduard Mörike legte Hand an, um einige Gedichte unseres irren Dichters zu ‚verbessern‘. Dann büßte er dafür, aber es ist bezeichnend, daß er es getan hatte und es in aller Ruhe selbst wissen ließ. Wie weit er die Grenzen der ‚verbessernden‘ Eingriffe zog, läßt sich an seiner Ausgabe der *Gedichte von Wilhelm Waiblinger (Herausgegeben von Eduard Mörike* 1844 in Hamburg) erkennen. Manche Gedichte dieser Ausgabe sind vollkommen umgeschrieben, beinahe unkenntlich geworden unter der Hand des untreuen Herausgebers, der aber glaubte, er habe seinem schon vor 14 Jahren jung verstorbenen Freund und Studienkollegen eine pflichtschuldige, postume Ehre erwiesen.[65]

Im besonderen Fall Hölderlins kamen, um die waghalsige Um-
schreibung später Texte zu rechtfertigen, noch andere, nicht weniger
relevante Gründe hinzu. Heute, aber erst seit kurzem, hat die Fach-
welt – und meine Wenigkeit in der vordersten Linie – den nicht nur
dokumentarischen, sondern auch den poetischen Wert der Turmgedichte erkannt, die eigentümlich und ungewohnt sind, aber deshalb
nicht weniger authentisch und bedeutend. Mit sehr wenigen Ausnahmen (Bettina von Arnim und Isaak von Sinclair zum Beispiel)
war das Urteil der Zeitgenossen gewiß ein anderes. Ein Beweis dafür
ist, daß in jenen Jahren eine beachtliche Anzahl später Dichtungen,
die heute ehrfürchtig in die kritischen Ausgaben aufgenommen und
studiert würden, absichtlich zerstreut oder vernichtet wurde, auch
oder vor allem von kompetenten Literaten. So läßt Mörike in einem
Brief vom 26. Juni 1838 an den jungen Dichter Hermann Kurz wissen, er sei in den Besitz eines unverwendbaren *Rummels* später
Schriften von Hölderlin gekommen; nur zwei davon läßt er gelten,
doch mit Vorbehalt (StA 7, 3, 170). Alle anderen werden den Weg
gegangen sein, den diese wenigen Zeilen vermuten lassen. Beißner
findet in seinem Kommentar das Verhalten des schwäbischen Dichters ‚befremdlich'. In Wirklichkeit ist es das keineswegs, es wäre in
Anbetracht der Zeiten und der Umstände eher eigenartig gewesen,
wenn Mörike die Blätter eifersüchtig gehütet und überliefert hätte.
Es ist überflüssig, noch ähnliche und nur allzu bekannte Beispiele
anderer Zeitgenossen anzuführen, angefangen bei dem fürsorglichen
Waiblinger und dem gutmütigen Zimmer. Die Zahl von ‚Turmgedichten', die sie wissentlich zerstreut oder vernichtet hatten, ist zwar
nicht festzustellen, ist aber sicher hoch. Die Gedichte, die nur als
traurige Zeugnisse einer geistigen Auflösung galten, nicht zu veröffentlichen oder umfassend zu verändern, war selbstverständlich als
eine Tat menschlichen Mitleids oder als die hilfsbereite Absicht zu
verstehen, die begeisterten Leser des *Hyperion* und der veröffentlichten Gedichte auf dem Glauben zu lassen, Hölderlin könne gelegentlich noch eine Probe der hohen Eigenschaften liefern, um deret-
willen er in der Vergangenheit so geschätzt wurde. Man füge die
Überzeugung hinzu, daß der Wahnsinnige gewiß nicht in der Lage
gewesen wäre, gegen die wohlgemeinten ‚Revisionen' zu protestie-
ren, falls er davon erfahren hätte. In unserem besonderen Fall wäre

es ohnehin nicht möglich gewesen, da die erste Veröffentlichung von
Der Spaziergang und *Das fröhliche Leben* drei Jahre nach dem Tod
des Dichters erfolgte.

Zur metrischen Form der beiden Texte möchte ich noch etwas
bemerken. Schon Beißner hatte in seinem Essay von 1938[66] den totalen Vorrang des klingenden Reims als eigenwilligen und kennzeichnenden Zug des gesamten Schaffens nach 1806 hervorgehoben. Es
enthält tatsächlich insgesamt nur acht stumpfe Reime. Vier davon
kommen in *Der Kirchhof* vor, das nicht handschriftlich erhalten ist.
Überliefert wurde dieses Gedicht von Schwab auf der Grundlage einer Abschrift der Mutter des Dichters. Die Tripodie und die Tetrapo-
die mit abwechselnd klingenden oder stumpfen Reimen, wie wir sie
in *Das fröhliche Leben* und *Der Spaziergang* haben, gehörten zum
Stil der Dichter des Biedermeier, angefangen bei Schwab senior, dem
der singende Ton dieses Metrums besonders lag. Ich erinnere mich
zum Beispiel an den Beginn von *Der Hirt von Teinach: Bei Teinach
lag ein Hirte / und schlief im grünen Gras, / derweil sein Herdlein
irrte / und frische Kräuter las...*

Akzeptiert man – im Fall von *Das fröhliche Leben* und von *Der
Spaziergang* – die Hypothese einer radikalen Manipulation von Hölderlins späten Texten, die zum Kreis der Gedichte über die Jahreszeiten und die Naturbetrachtung gehören, so müßten wir versuchen
uns vorzustellen, wie diese Veränderung vor sich ging. Die Turmgedichte sind fast alle metrisch gleich aufgebaut: Es handelt sich um
vierzeilige Strophen aus zumeist fünffüßigen oder sechsfüßigen jambischen Versen mit Paar- oder Kreuzreimen, seltener umschließenden
Reimen, aber es sind immer klingende Reime. Der Verdacht drängt
sich auf, daß der eventuelle Manipulator von *Der Spaziergang* und
Das fröhliche Leben Hölderlins Vers in zwei teilte, wodurch er zwei
kürzere Verse mit drei oder vier Versfüßen erhielt. Es ist unleugbar,
daß einige Verse von *Der Spaziergang* wie vollkommene Halbverse
eines Gedichts von Scardanelli aussehen: *Ihr lieblichen Bilder im
Thale...* Im übrigen hatte Pöggeler hinsichtlich einiger der spätesten
Gedichte vor kurzem folgendes festgestellt:

> „Hölderlin macht jedenfalls durch die Art seiner Niederschrift deutlich,
> daß die Verse jeweils aus Halbversen bestehen, [so daß] der Vers also aus
> zwei spannungsvoll verknüpften Hälften besteht."[67]

Mit einer einfachen Zweiteilung hätte man in geeigneten Fällen auch die ursprünglichen klingenden Reime im Wechsel mit stumpfen verwenden können. Letztere scheinen aber nicht aus dem Original zu sein, insbesondere wenn man eine entschiedene Behauptung Beißners gelten läßt, die wir ganz zitieren werden, auch weil sie einige unveränderte Stilkonstanten auf die unverletzliche Natur des Dichters zurückführt:

„Daß der Sinn für Reinheit und Strenge [...] *echt und ursprünglich in dem Dichter angelegt ist* [kursiv von G.B.], daß hinter der sorgsamen Pflege klarer Form sich nicht etwa nur ein mühsam erfüllter äußerer Vorsatz verbirgt, sondern daß dem hohen und reinen Gehalt ganz selbstverständlich die hohe und reine Gestalt entspricht, das beweist noch ganz spät der Reim. In den Versuchen des Knaben und Jünglings freilich sind viele Reime noch unrein [...]. Doch als der kranke Dichter den längst entwöhnten Reim in den erschütternd eintönigen Gedichten seiner letzten Lebenszeit wieder aufgreift, da verwendet er, *aus Instinkt* [kursiv von G. B.], als einziger unter seinen Zeitgenossen, reine Reime, die ja auch der hohen Dichtung des deutschen Mittelalters selbstverständlich waren. Es sind überdies nur klingende Reime, und sie sind alle orthographisch rein [...]. Auf *Blüthe* könnte zum Beispiel nicht *Güte* reimen. Darin drückt sich eine Formenstrenge aus, die in deutscher Dichtung ohne Beispiel ist." (StA 2, 505 ff.)

Vergleichen wir nun mit dieser entschiedenen Behauptung Beißners die folgenden Reime aus den zwei Texten, mit denen wir uns gerade beschäftigen: *gemalt / bezahlt – Thale / schmale – Nachmittag / Glockenschlag – Straße / blasse.*

Halten wir fest, daß einige der spätesten Gedichte aus drei Vierzeilern, das heißt zwölf Versen bestehen. *Der Spaziergang* hat vierundzwanzig Verse. Sie sind nicht in Strophen unterteilt, sondern in drei Perioden von je acht Versen gegliedert, und sie haben drei Punkte: bei Vers 8, 16 und 24. *Das fröhliche Leben* besteht aus vierzig Versen, auch hier ein Vielfaches von vier; hier haben wir eine Einteilung in fünf Strophen von je acht Versen. Rhythmische Bewegungen und eidetisches sowie lexikalisches ‚Material' Hölderlischen Ursprungs sind in beiden Gedichten gegenwärtig und auch gut erkennbar. Aber neben anderem Material, das man als unrein und als Füllsel empfindet. Zum Beispiel: *O vor diesem sanften Bilde, / wo die grünen Bäume stehn, / Wie vor einer Schenke Schilde / Kann ich kaum vorübergehn.* Man bemerke hier auch die lästige unwillkürliche Assonanz

– *Schenke / Schilde* – wie bei einem Zungenbrecher. Und wie soll man den Sinn der ganzen Periode verstehen? Daß das Schauspiel der unberührten Natur so verlockend ist wie das, was ein Wirtshaus versprechen kann?

Wenn man die verschiedenen Textelemente sorgfältig voneinander unterscheidet und den vermutlichen Schaffensprozeß zurückverfolgt, wäre man beinahe versucht, den Palimpsest zum Vorschein zu bringen, indem man die jeweiligen literarischen Synopien oder eine auf dem Grund befindliche authentische Schicht freilegt. Das Intarsienspiel und die Umarbeitung – mit der wahrscheinlichen Streichung einiger Verse oder Sätze, die man für symptomatisch für den geisteskranken Verfasser hielt – sollten wohl einerseits die heitere, aber auch strenge Sicht Scardanellis mit überflüssigen Geziertheiten ,verschönern‘, wodurch der schlichten bildhaften Einfachheit eines hier mutmaßlich authentischen Textes ein herzlicherer, biedermeierhafter, vertrauter Ton gegeben wurde. Das alles hatte andererseits wohl auch den Zweck, ein Ich in den Vordergrund zu stellen, das mit Hölderlin zu identifizieren wäre, um so in die klassisch unpersönliche Landschaft der spätesten Gedichte die unpassende Gestalt eines sentimentalen *promeneur* einzufügen, der die leichte Melancholie seiner zurückgezogenen Existenz spazierenführt, um sie dann in einer kleinen idyllischen Umgebung aufgehen zu lassen. Diese Gestalt wird in *Das fröhliche Leben* sogar mit einem Hölderlins Geschmack absolut fremden, deskriptiv-autobiographischen Zug (*Mein Gewand in Winden wehet…*) gezeichnet. Aber ich habe den sonderbaren Charakter dieses gutmütigen lyrischen Subjekts, das sich ein fröhliches Leben zuschreibt, schon hinreichend angeprangert. Der innere Stillstand, die tiefe, halluzinatorische Ruhe, in die das Gemüt eines chronischen Geisteskranken sinken kann, ist etwas ganz anderes. Sie kann eine Form *unheimlicher Heiterkeit*, eine unergründliche Ruhe, die nicht von der Überwindung der inneren Spannungen, sondern von deren Vernichtung herrührt, mit sich bringen. Hier muß man erneut an den Vierzeiler denken, den der treue August Mayer, der ihn für Justinus Kerner abschrieb, ergreifend nannte:

„Das Angenehme dieser Welt hab ich genossen,
Die Jugendstunden sind, wie lang! wie lang! verflossen,
April und Mai und Julius sind ferne,
Ich bin nichts mehr, ich lebe nicht mehr gerne!“

Wer der Verfasser der wahrscheinlichen und hier behaupteten Manipulation war, wird man vielleicht nie erfahren. Die Praktik war geläu-
fig und mehr als nur geduldet. Daß man ohne weiteres die Texte eines
anderen ,verbessern' und dann veröffentlichen konnte, ohne die Zu-
stimmung des Autors einzuholen, war auch Hölderlins Meinung, wie
seine verbessernden Eingriffe in eine lange alkäische Ode seines geschätzten Freundes Friedrich Joseph Emerich zeigen, die er weitgehend kürzt und deren verbleibenden Text er drastisch verändert (vgl.
StA 2, 2, 993). Von gefäschten Gedichten hörte man in Nürtingen
schon damals; weswegen es durchaus möglich ist, daß die Operation
schon gemacht war, bevor die beiden Schwabs den Text in die Hand
bekamen. Daß die Umarbeitung in ihrem Kreis und ihrer Entschei-
dung nach geschah, bleibt jedoch die einzige Hypothese, die wir wagen können. War es aber Schwab senior oder Schwab junior? Oder
beide zusammen? Ich glaube, die Aufmerksamkeit hat vor allem dem
jungen Christoph Theodor zu gelten, der für die Ausgabe von 1846
verantwortlich ist. Unter anderem darf man nicht vergessen, daß
schon Beißner – mit überzeugenden inneren Begründungen, das heißt
aus stilistischen Gründen – der flotten Feder des jungen Christoph
Theodor zwei lange Dichtungen (... *Was hilft mich's* und *Epistel*) zugeschrieben hat, die Franz Zinkernagel seinerzeit als authentische
Hölderlinsche Funde veröffentlicht hatte (vgl. StA, 2, 2, 985–991).
    Gehen wir nun von zwei Betrachtungen aus. Als Christoph
Schwab Anfang 1841 Hölderlin besuchte, litt dieser schon lange an
seiner tiefgehenden schizophrenen Psychose, wie man auch im Tagebuch des jungen Schwab nachlesen kann (StA 7, 3, 202–207). Unter
dem tiefen Eindruck jenes Besuchs und der Lektüre von Hölderlins
Werken machte sich der junge Schwab daran, selbst eine Reihe von
Dichtungen in Versen zu schreiben, denen man den Einfluß seines
großen, verehrten Vorbilds anmerkt, wie Beißner festgestellt hat, der
den Nachlaß in Stuttgart, ehemals Susanne Wagner, einsehen konnte
(StA 7, 3, 518). Diese dichterischen Übungen, vermute ich, waren
wohl eine Hommage an Hölderlin; sie waren einerseits von einem bei
dem angehenden Verseschreiber wohl verständlichen mimetischen Instinkt inspiriert, entsprangen aber andererseits dem tiefen Mitleid,
seitdem er mit eigenen Augen die Zerrüttung des einstmals großen
Dichters hatte wahrnehmen können. Mimetischer Instinkt und Mit-

leid. Wir haben also zwei bedeutende Daten für unsere Hypothese. Aber eine noch größere Hilfe geben uns die Verse Christoph Schwabs *An die Zimmerschen Frauen* (StA 7, 3, 515–518), die in den zwei ersten langen Strophen nichts anderes sind als ein Denkmal für den Genius Friedrich Hölderlins, das auf den Stelzen einer weitschweifigen hagiographischen Rhetorik steht. Im Tempel der Poesie erhob sich die von Hölderlin angefachte Flamme in höchste Höhen, erreichte beinahe eine schwierige *unio mystica* zwischen Himmel und Erde. Aber die Heftigkeit desselben Feuers zündete die Mauern des Tempels an und zerstörte sie, indem es die Flamme des Altars erstickte und über die Trümmer eine trauernde Nacht sinken ließ. Aber (2. Strophe) während das Publikum sich von ihm abgewandt hat, folgt ein *gläubiges Gemüt* dem Widerhall und dem Schatten des ursprünglichen Genius – ganz offensichtlich dem Genius Hölderlins – und kann *die öden Wände schirmen / mit frommer Liebe…*, damit der Tempel nicht noch mehr verödet. Natürlich ist das *gläubige Gemüt*, das großzügigerweise die verdienstvolle Obliegenheit übernommen hat, den Tempel zu restaurieren und zu bewahren, kein anderer als der Verfasser dieser eigentümlichen Verse, der sich in der letzten Strophe wiederholt selbst als Dichter proklamiert. Aus der emphatisch verkündeten Mission kann man, glaube ich, die Absicht folgern, daß er die ärmlichen Ruinen wieder zusammensetzen will, indem er den ‚heiligen Flügelschlag‘, von dem sie beseelt sind, frei nach seinem eigenen Empfinden wieder zusammensetzt. In der dritten Strophe steigt Christoph nach einer langen Vorrede von den Stelzen des allegorischen Diskurses, den er bis dahin gehalten hatte, herunter und nennt ausdrücklich den vergessenen Dichter. Es folgt eine Strophe, in der Hölderlins physischer und psychischer Zusammenbruch so dargestellt wird, daß eine dichterische Tätigkeit, die dieses Namens würdig wäre, nicht mehr vorstellbar ist. In der fünften Strophe schließlich preist Schwab die liebevolle Hingabe der Frauen im Hause Zimmer, wobei er aber sich erneut von einer überquellenden Emphase hinreißen läßt.

Der Zweifel, den ich über die vollständige Authentizität von *Der Spaziergang* und *Das fröhliche Leben* anmelden möchte, stützt sich im wesentlichen auf eine Methode der Stilkritik. Nur am Rande und zur Ergänzung möchte ich drei Bemerkungen anfügen, die meine These bestärken, ‚der Täter‘ sei Christoph Theodor Schwab. Vor allem

ist es eigenartig, um nicht zu sagen verdächtig, daß er uns über die
Herkunft der zwei Manuskripte nichts sagt; daß er sie nicht aufbewahrt hat; daß sie nach seiner Meinung lange vor 1841 entstanden
sind. Diese letzte ungenaue Behauptung geht offensichtlich auf das
Bewußtsein zurück, daß die zwei Gedichte ihrem Inhalt und ihrer
Form entsprechend nicht mit dem Spätwerk zu vergleichen waren,
von dem er in seiner Ausgabe einige Beispiele lieferte: ebenso wenig
waren sie mit dem menschlichen Zustand des alten Hölderlin vereinbar, den er in seinem Tagebuch vom Januar/Februar 1841 so reali-
stisch darstellt. Zweite Bemerkung: *An die Zimmerschen Frauen* ist
in einem Versmaß geschrieben, das Hölderlin seit Anfang der neunzi-
ger Jahre nicht mehr verwendet hatte, während es dem der zwei frag-
würdigen Gedichte ziemlich ähnlich ist: abwechselnd klingend und
stumpf gereimte Tetrapodien wie *Das fröhliche Leben*, aber in Jam-
ben wie in *Der Spaziergang*; eine metrische Form, die Christoph außerdem nicht gut beherrschte, denn da und dort unterbricht er den
Trott, indem er Pentameter einschiebt oder das Reimschema variiert.
Dritte Bemerkung: Nicht zu zweifeln ist daran, daß Christoph zumindest in die Orthographie der beiden Texte eingegriffen hat. Nur
zwei Beispiele: Er schreibt *jetzt* (*Das fröhliche Leben*, Vers 2) und
zuletzt (Vers 39). In Hölderlins dichterischem Werk kommt das erste
Adverb 140mal immer in der Form *jez* vor; das zweite 22mal immer
in der Form *zulezt*. Man muß natürlich zugeben, daß die beiden Eingriffe auch für den gewissenhaftesten Herausgeber legitim sein können, der die Rechtschreibung in einer nicht historisch-kritischen
Ausgabe modernisieren möchte, so wie es umgekehrt legitim ist, daß
Beißner auf induktivem Weg wieder die Formen *jez* und *zulezt* eingesetzt hat. Zum Abschluß: Ich halte daran fest, daß die beiden ‚Liedchen‘ in der Form, in der sie auf uns gekommen sind, nicht das Werk
Hölderlins sein können. Gegen die Hypothese, daß die Veränderungen aus Schwabs Feder stammen, läßt sich allerdings etwas einwen-
den. Zum Beispiel: Da er doch einige Texte, die den anormalen Geisteszustand des Dichters bezeugen, vollständig publiziert, warum
hätte er dann andere umschreiben sollen? Antwort: Vielleicht wollte
Schwab damit einen schrittweisen Übergang, eine Zwischenphase
zwischen dem Werk ‚lange vor 1841‘ und dem Spätwerk zeigen, aus
dem er im übrigen in den zweiten Band seiner Ausgabe nur einige

Gedichte aufnimmt, die ihm wohl weniger von der Krankheit gezeichnet schienen. Zur Bestätigung vergegenwärtigen wir uns, mit
welcher Reihe von Gedichten Schwab die Abteilung seiner Ausgabe
bestückte, welche die Gruppe von „Gedichten aus der Zeit des Irr-
sinns" bilden: *Chiron, Tränen, Blödigkeit, Ganymed, Hälfte des Lebens, Lebensalter, Der Winkel von Hahrdt, Der Frühling (Wenn auf
Gefilden...), Der Kirchhof, Der Spaziergang, Das fröhliche Leben,
Der Herbst (Die Sagen, die der Erde sich entfernen...), Der Winter
(Wenn bleicher Schnee...), Der Frühling (Der Mensch vergißt...), Der
Sommer (Wenn dann vorbei...), Höhere Menschheit.* Auf Texte, die
heute kein Mensch zu den Werken der Krankheit (im wesentlichen
die *Nachtgesänge aus den Jahren 1799–1803*) zählt, die aber nach der
damals verbreiteten Meinung schon deren Vorboten anzeigten, folgt
ein halbes Dutzend von nach 1807 entstandenen Gedichten, aber ausgewählt – wie schon gesagt – unter denen, welche die psychische Veränderung weniger erkennen lassen; und man achte darauf, genau in
der Mitte zwischen den beiden Gruppen erscheinen *Der Spaziergang*
und *Das fröhliche Leben.* Auf diese Weise wollte Schwab wohl dem
mehrmals geäußerten Wunsch Gocks nachkommen, bei öffentlichen
Dokumenten den Geisteszustand nicht hervorzuheben, was Waiblinger nach eigenen Aussagen auch tat. Schwab wird wohl auch auf die
ausgeprägte Unduldsamkeit Gocks Rücksicht genommen haben,
wenn es um die Veröffentlichung später Gedichte ging, in denen die
psychischen Störungen seines Bruders stark zum Vorschein kamen
(vgl. dazu zum Beispiel StA 7, 3, 411).
  Diese lange Digression war notwendig, um meine Behauptung
zu stützen, daß nach 1806 das Ich abgesehen von zwei kurzen und
verständlichen Ausnahmen, die sicher sind und schon erwähnt (*Das
Angenehme dieser Welt...* und *Von einem Menschen sag ich...*) vollkommen aus Hölderlins Schriften verschwindet. Diese Selbstzer-
störung der Identität und somit die Unmöglichkeit, in der ersten
Person zu sprechen, hatte Friedrich Beißner schon 1938 in seiner
ersten kurzen Stellungnahme zu diesem Thema beobachtet: „Die
allerletzten erhaltenen Zeugnisse bringen statt der zuerst noch ver-
suchten Selbstbehauptung die gänzliche Entäußerung vom Ich."[68]
Aber der isolierte Versuch der ‚Selbstbehauptung', auf den hier angespielt wird und der in die ersten Jahre der Zeit im Turm gehört, ist

für Beißner hauptsächlich der Inhalt der ersten Seiten von Marbach
53, wie er auf der vorhergehenden Seite erklärt, wo er auch die interessante Bemerkung macht, daß in den dort enthaltenen Hyperion-
Fragmenten „fast jeder Satz mit dem Wort ‚Ich‘ beginnt". Die Erklärung Beißners gibt mir Gelegenheit zu wiederholen, daß alle
Probleme, die mit den oben genannten Fragmenten verknüpft sind,
für mich *im Moment* absolut offen bleiben.[69] Ich wiederhole also
mit aller Entschiedenheit die Behauptung, daß das Wort ‚Ich‘ in dem
ganzen Werk nach 1806 nur in den zwei oben genannten marginalen
Fällen vorkommt. Im übrigen steht in jedem Handbuch der Psychiatrie zu lesen, daß die Krankheit, die in jenem unheilvollen Jahr
ihren Gipfelpunkt erreichte, im wesentlichen aus der Zersetzung
der persönlichen Identität, in der Abschwörung seiner Selbst besteht. Das alles zeigte bei Hölderlin auch die Verschmähung des Ei-
gennamens und die phantasmagorische Annahme verschiedener anderer Namen. Aber was die Decknamen betrifft, sei mir noch eine
Digression gewährt.

18. Killalusimeno

Adolf Beck (StA 7, 3, 304) hat festgestellt, daß sie alle, außer einem,
eine italienische Form haben. Er glaubte nicht, diese Auswahl durch
ein Gefühl bewußter ideologischer Identifizierung mit den wirklichen Besitzern dieser Namen erklären zu können. Was Salvator Rosa
betrifft, mag es stimmen – obwohl die Romantiker auf der Grundlage der IV. Satire mit dem Titel *La guerra* (*Der Krieg*) aus ihm einen
Verfechter des Volksaufstands von Masaniello gemacht hatten und
Hölderlin es hätte wissen können – aber bei den anderen Namen
sieht es anders aus. Im Fall des mehr als einmal wiederkehrenden
Buonarotti (Buarotti) ist eine ideologische Identifizierung mit Filippo Buonarroti unbestreitbar und hat im Jakobinertum von Hölderlins Jugend seine Wurzeln. Durch den engen Verkehr mit Sinclair
und durch die anthropologische Verklärung der Revolution, der wir
in dem berühmten Brief an Böhlendorff vom Dezember 1802 begeg-

nen, wurde seine jakobinische Einstellung wieder aufgefrischt. Beck erinnert uns daran, daß die Heteronyme alle „von italienischer Bildung" sind. Außer einem. Den von Waiblinger schon in den frühen zwanziger Jahren aufgeschriebenen: Killalusimeno. In dieser Hinsicht weicht meine Meinung von allen bisherigen, mehr oder weniger gewagten Konjekturen ab.

Beck berichtet, ohne besonders überzeugt zu sein, zwei verschiedene Hypothesen anderer über diese merkwürdige Wortbildung: ein Ortsname der Hawaii-Inseln aus einem nicht näher identifizierten Reisebuch oder ein Ortsname in der antiken Troas (Killa). Beck neigt wenn überhaupt eher zum Neugriechischen, offenbar wegen der Partizipialendung -*menos* und wegen der Aktualität der griechischen Unabhängigkeitsbewegung in den zwanziger Jahren des 19. Jahrhunderts. Für den griechischen Ursprung äußert sich auch Bertaux. Mit Bordeaux verbindet dagegen Jochen Bertheau das Heteronym, der ein gaskonisches Syntagma darin erblickt, das bedeuten sollte „er hat das Verstandesvermögen verloren".[70] Keine dieser Hypothesen leuchtet mir ein. Am wenigsten von allen überzeugt mich der Vorschlag von G. Lübbe-Grothues, nach dem Killalusimeno eine Art Anagramm von … Max Piccolomini sein soll![71]

Sollte Hölderlin bei der Wahl der Namen, die er sich gab, einen inneren Grund gehabt haben, italienische Namen vorzuziehen, dann dürfte man vermuten, daß dieser Grund auch im Fall von Killalusimeno seine Wirkung tat. Niemand hat bemerkt, was mir von der ersten Lektüre an klar war: das heißt der Name ist vollkommen gleichlautend mit einem kurzen, aber sinnvollen italienischen Satz: *chi l'ha, l'usi meno (wer es hat, gebrauche es weniger)*; das apostrophierte Pronomen *l'* könnte auch *sie* (Sing.) oder *ihn* heißen. Es ist klar, daß Waiblinger weit davon entfernt war, eine italienisch korrekte schriftliche Übertragung des sibyllinischen Wortes, das er aus dem Mund Hölderlins gehört hatte, liefern zu können. Aber die Homophonie ist perfekt. Leider ist es ohne einen Kontext schwierig zu verstehen, was sich hinter dem zweimal vorkommenden Pronomen verbirgt. Wenn man allen Lektüren Hölderlins in italienischer Sprache nachgehen könnte, würde man vielleicht auf eine ähnliche oder auf dieselbe Formel stoßen und könnte dann aus dem Textzusammenhang erschließen, warum sie ihm im Gedächtnis geblieben ist. Das Pronomen (l') könn-

te ein männlicher oder weiblicher Singular sein, im Deutschen auch
ein *es*. Nur zum Beispiel: Wenn dieses Heteronym auch mit dem
Denken des Anarchisten und Kommunisten Filippo Buonarroti zu
verknüpfen wäre, ließe sich die Erinnerung an eine Aufforderung
vermuten, etwa: *Wer sie (die Macht) hat, gebrauche sie weniger.* Aber
das ist eine reine Annahme. Im übrigen ist der Satz in keiner Schrift
Buonarrotis auffindbar, die Hölderlin hätte bekannt sein können.
Zudem muß man bedenken, daß Hölderlin ein wenig Italienisch
konnte, wie er auch dem jungen Schwab gegenüber bestätigte, und
so könnte er diesen einfachen Satz auch selbst gebildet haben. Diese
Tatsache dient mir auch als Basis für die Lösung, die ich hier vorschlagen möchte.

Lesen wir noch einmal die *ganze* Stelle in Waiblingers Biographie,
an der das fragliche Wort zu finden ist.

> „Sein Gedächtnis zeigte noch Kraft und Dauer. Ich fand es einmal be-
> fremdend, daß er das Porträt Fridrichs des Großen an der Wand hängen
> hatte und fragte ihn deshalb. Er sagte mir: ‚Das haben Sie schon einmal
> gemerkt, Herr Baron'; und ich erinnerte mich nun selbst es wohl viele
> Monate vorher bemerkt zu haben. So erkennt er auch alle wieder, die er
> gesehen. Er vergaß nie, daß ich Dichter bin, und fragte mich unzählige-
> mal, was ich gearbeitet hätte, und ob ich fleißig gewesen sey. Dann
> konnte er freilich sogleich hinzusetzen: ‚Ich, mein Herr, bin nicht mehr
> von demselben Namen, ich heiße nun Killalusimeno. Oui, Eure Maje-
> stät: Sie sagen so, Sie behaupten so! es geschieht mir nichts!' / Diss letz-
> tere überhaupt hört' ich häufig bey ihm. Es ist, als ob er sich dadurch vor
> sichern und beruhigen wollte, indem er sich immer den Gedanken vor-
> hält, es geschieht mir nichts." (StA 7, 3, 68 ff.)

Waiblinger will hervorheben, daß Hölderlin noch ein gutes Gedächtnis hat. Und zum Beweis dafür liefert er eine besondere Anek-
dote. Bei einem seiner Besuche hatte er seine Verwunderung darüber geäußert, daß ein Porträt Friedrichs des Großen an der Wand
hing; darauf erinnert ihn Hölderlin schroff und ein wenig irritiert
daran, daß er dieselbe Bemerkung schon vor einigen Monaten einmal gemacht hatte. Waiblinger erzählt diese Episode als Beweis zum
Zeichen eines guten Gedächtnisses. Dann findet er eine weitere Bestätigung dafür in der Tatsache, daß Hölderlin die Leute wiederer-
kennt, die er gesehen hat, und nie zu fragen vergißt, ob der junge
Dichter, der mit ihm spricht, inzwischen etwas geschrieben hat. Der

darauf folgende Satz aber bezieht sich auf das, was im vorhergehenden Teil des Gesprächs gesagt wurde. *Sogleich* heißt, gleich nach dem Satz über das Porträt des Königs. Und da erscheint es mir klar, daß Hölderlin sagen wollte, er habe nicht mehr *denselben Namen* wie der König, das heißt *Friedrich. Ich bin nicht mehr von demselben Namen* heißt vor allem, ich heiße nicht mehr so wie der andere. Und an Stelle des alten Namens gibt er sich einen neuen, der diesen Wechsel rechtfertigt und als eine Aufforderung an sich selbst und andere auftritt: Wer ihn hat (das heißt, wer den Namen Friedrich hat), gebrauche ihn weniger. Wenn der Schlüssel zu Killalusimeno der gleichklingende italienische Satz ist, auf den ich hingewiesen habe, haben wir einen Beweis dafür, daß Hölderlin nicht nur seinen Nachnamen verleugnete – wie bei vielen anderen Gelegenheiten – sondern auch seinen Vornamen. Wem hätte er raten sollen, den Namen Hölderlin weniger zu benutzen, da er ja fast der einzige lebende Träger dieses Namens war? Friedrich ist dagegen ein häufiger Name. Daß Killalusimeno eher ein Vorname ist, würde indirekt auch dadurch bewiesen, daß er im Gegensatz zu den Heteronymen, mit denen Hölderlin seine Schriften in jener Zeit unterzeichnet, auf Italienisch ein Singular ist.

Aus welchem Grund Hölderlin sich selbst und – vielleicht nicht ohne scherzhaften Unterton – auch anderen empfiehlt, nicht wie der König von Preußen heißen zu wollen, kann man sich schwer vorstellen, auch weil wir nicht erfahren, ob Waiblinger die Erklärung bekommen hat, die er verlangt hatte. Aber bekanntlich verbindet der Schizophrene mit dem Namen engstens die Eigenschaften der Person, die ihn trägt. Dessen beharrliche Auslöschung aus dem Gedächtnis des Kranken deutet auf Widerwillen oder Furcht, dessen Schicksal zu teilen. In diesem letzten Sinn könnte man das wiederholte *mir geschieht nichts* (nichts von dem, was dem zensierten Namen/Menschen geschah oder geschieht) verstehen. Es sieht jedoch wirklich nicht so aus, als habe Hölderlin eine Abneigung gegen den großen preußischen Monarchen gehabt. Im Gegenteil; eine kurze Notiz am Rande des langen und qualvollen Fragments *An die Madonna* scheint das Gegenteil zu beweisen[72] und ebenso die Tatsache, daß er dessen Bild in seinem Zimmer hängen hatte. Vielleicht wollte Hölderlin enpfehlen, man solle nur mit dem größten Respekt

(und wenn es unbedingt sein mußte) vom Namen seiner Majestät
Gebrauch machen. Außerdem war Friedrich der Große für die jungen Deutschen des Sturm und Drang und auch noch für die Gene-
ration Hölderlins das Sinnbild einer laizistischen und unter vielen
Hinsichten fortschrittlichen Kultur, die der französischen Aufklä-
rung und den Vorboten der großen Revolution nahestand. Oder
vielleicht gehörte das alles – weitaus einfacher und allgemeiner – zu
jener Ablehnung der eigenen Identität und Lebensgeschichte vor
dem psychischen Zusammenbruch, der sich auch in der systemati-
schen Auslöschung des Nachnamens äußerte? Aber auf einen nicht
geringen Unterschied ist noch hinzuweisen. Ein Mann namens Hölderlin zu *sein*, lehnte er nur dann zornig ab, wenn ihn jemand anderes so nannte. Hier aber haben wir mit einer spontanen und durchaus ruhigen Erklärung zu tun. Da Hölderlin sagt *nicht mehr*, gibt er
zu, in der Vergangenheit so geheißen zu haben. Aber lassen wir alle
diese Fragen offen und kehren wir zurück zu der äußerst wichtigen
der Datierung von WadF.

19. Und wenn Mörike doch recht hätte?

Wir haben schon gesehen, daß eine Datierung etwas vor oder etwas
nach der schweren Krise von 1806/07 (von Beißner in seinem oben
zitierten Essay von 1938 ein *Knick* genannt, der den Sieg der Krankheit markiert) aus ähnlichen, aber in gewissem Sinn auch gegensätzlichen Gründen nicht haltbar ist. Denn vorher war der senkrechte
Sturz und der Kollaps noch nicht ganz geschehen und Hölderlin befand sich noch im magischen Bannkreis der Themen und des Dichtens der großen Hymnen und der Fragmente, obgleich schon beeinträchtigt von den Vorboten der Krankheit; und nachher, als die
Anfälle erklärten Wahnsinns seltener geworden waren, näherte sich
der Dichter gleichzeitig dem entgegengesetzten Ufer, das heißt dem
Dichten und den Themen, die sein gesamtes spätestes Werk kenn-
zeichnen sollten, wie schon die äußerst wenigen auf die ersten fünf
Jahre des Aufenthalts im Turm festlegbaren Texte zeigen. WadF ist

mit keiner der beiden entgegengesetzten Situationen vereinbar sowohl vom thematischen als auch vom stilistischen Standpunkt aus.
So wären wir aufs neue auf die Datierung verwiesen, die Mörike in
seinem schon zitierten Tagebucheintrag vom 7. April 1832 angibt.
Auf der Grundlage der bisher angestellten Betrachtungen wäre sie *a
fortiori* nicht akzeptabel. Sie zu akzeptieren, wäre durchaus unlo-
gisch, wenn man bedenkt, daß 1823/24 die Geisteskrankheit und somit die Unfähigkeit, 51 vernünftige Verse an einem Stück zu dichten,
schon gefestigt und irreversibel ist; Mörike selbst staunt darüber und
nimmt zu der naiven Vorstellung Zuflucht, zum Wahnsinn mögen
wohl auch derlei Geheimnisse gehören.

Trotzdem glaube ich, daß 1823/24 als die richtige Datierung zu
betrachten ist. Und zwar aus einem Grund, der meines Wissens merkwürdigerweise nie festgestellt oder in Betracht gezogen wurde. Das
Wasserzeichen der Handschrift Marbach 53 ist dasselbe wie das der
Briefe an die Mutter, die Adolf Beck mit folgenden Nummern versehen hat: 255, 256, 265, 272, 279 und 282 (StA 6, 1, 1107–1113). Das
wird vom Katalog Autenrieth/Kelletat[73] bestätigt, wurde aber auch
von mir persönlich schon vorher im Archiv nachgeprüft. Außer bei
WadF und den zitierten Briefen kommt das Wasserzeichen von Marbach 53 bei keinem anderen Manuskript Hölderlins vor.

Adolf Beck stellt mit der ihm eigenen Gewissenhaftigkeit und
Vorsicht fest, daß die 61 Briefe an die Mutter aus der Turmzeit nicht
leicht datierbar sind; mit Ausnahme derer, auf denen ein Poststempel
erkennbar ist (247, 249, 259) und/oder eine Numerierung von der
Hand der Mutter (247, 248, 250). Die anderen Briefe sind von unbekannter Hand numeriert. Daran hält sich Beck. Und das ist richtig;
aber es ist nicht gesagt, daß dies das einzige plausible Kriterium für
die Datierung darstellt; es ist zu vage und ungewiß. Wir wissen weder,
wer dieses Päckchen Briefe numeriert hat, noch wann, in welchem
Abstand von der Zeit der Niederschrift und auf welcher Grundlage
von wirklichen Elementen und einleuchtenden Kriterien es geschah.
Deshalb ist es legitim, die anonyme Numerierung nur mit Vorbehalt
zu akzeptieren, und noch legitimer ist es, sich zu fragen, ob man nicht
mit anderen passenderen Instrumenten arbeiten sollte.

Zu diesem Zweck kann in erster Linie eine innere Textanalyse
des ganzen dazu gehörigen Briefmaterials dienen.[74] Es zeigt sich dar-

in eine Entwicklung. Man kann, so scheint es mir, eine ‚erste Gruppe' von Briefen an die Mutter aussondern, die aus den ersten zwölf
bestehen würde (nach der StA von 247 bis 259 mit dem Datum 1815).
Diese sind, obwohl sie schon deutliche Spuren einer Störung in Geist
und Gefühl aufweisen – in der manieristischen Ehrfurchtsbezeu-
gung, die mit einer wesentlichen Kälte verbunden ist – noch ziemlich
lang und noch nicht ganz zusammenhanglos in den Gedankengän-
gen. Mit zwei Ausnahmen jedoch, ausgerechnet die Nummern 255
und 256, weswegen man denken kann, daß in diesen Fällen die von
Beck akzeptierte anonyme Numerierung nicht stimmt, die ihnen
den achten und den neunten Platz zuweist, was heißt, daß sie vor
1815 geschrieben wurden. In der Tat haben diese zwei Briefe die
Merkmale derer, die zu einer ‚zweiten Gruppe' zusammengeschlos-
sen bis zum Tod der Mutter (1828) reichen. In ihrer einheitlichen
Gesamtheit erscheint diese zweite Gruppe als das Dokument einer
Phase, in der, wenn überhaupt möglich, die Entwicklung der geistigen Störung und der autistischen Schizophrenie noch weiter fortge-
schritten ist, was sich unter anderem als entschiedene Abtrennung
von den Familienbanden äußert.

Bei denen, die wir die ‚späteren' Briefe nennen wollen, handelt
es sich um weitaus kürzere, lakonischere, formelhaftere, flüchtige
und apathische, oft sogar irreredende Briefe im Vergleich zu denen
der ersten Gruppe. Doch diese Unterscheidungsmerkmale sind auch
bei 255 und 256 zu erkennen. Die Numerierung aus unbekannter
Hand wird von der Textanalyse widerlegt. Brief Nr. 255 beginnt mit
einer bizarren Formel: „Ich schreibe Ihnen schon wieder einen
Brief" (StA 6,1, 447). Es geht nirgends hervor, daß Hölderlin seiner
Mutter sehr oft schrieb, doch kehrt diese Formel mehrmals wieder,
aber nur bei der zweiten Gruppe. Dann entfaltet der Brief einen
gewundenen Gedankengang, der eine Aufforderung enthält, einen
vorhergehenden Brief zu beantworten, was ebenso bizarr ist, wenn
man bedenkt, daß dem Kranken die mütterlichen Schreiben vollkommen gleichgültig waren.

> „Ich weiß nicht, ob Sie mir den zuletzt geschriebenen beantwortet haben.
> Ich vermute, daß er beantwortet ist. Nehmen Sie mir, nach Ihrer Güte,
> diese Behauptung nicht übel."

Man vergesse nicht, daß Wilhelm Lange den Brief Nr. 255 als Beweis für den höchsten Grad der Geistesgestörtheit ausgewählt hat, wie er aus den Briefen der letzten Zeit hervorgeht. Er zitiert ihn – und publiziert ihn als erster – in seiner Pathographie von 1909 (S. 135f.) zugleich mit zwei anderen, der Nr. 261 und der Nr. 274, zwei weiteren erschreckenden Beispielen, die auch nach der Numerierung des Unbekannten einer späteren Zeit angehören. Was den Brief Nr. 256 betrifft, der ebenfalls aus nur sechs Zeilen besteht, so ist der formelhafte Beginn so stereotyp wie bei allen spätesten Briefen; aber ein einzigartiges Detail trägt dazu bei, ihn mit aller Wahrscheinlichkeit in eine spätere Zeit einzuordnen. Nach den gewohnten, formelhaften Sätzen schreibt Hölderlin:

> „Mögen Sie meiner theueren und sehr geschäzten Schwester meine Empfehlung machen. Ich habe ihr noch nicht für die Besuche gedankt, die sie mir zu machen die Güte hatte." (StA 6, 1, 448)

Wir wissen durch ein zuverlässiges Zeugnis Zimmers vom 22. Dezember 1835, daß die Verwandten des Dichters erst sehr spät begannen, ihm Besuche zu machen:

> „Hölderlins Verwandte sind, die verwitwete Professor Bräunlin in Nürtingen wohnend, sie ist eine rechte Schwester von ihm, und der Hoffdomänier Rath Gock, in Stuttgart ist ein halbbruder von Hölderlin [...]. Hölderlin kann aber seine Verwandten nicht ausstehen, wenn sie ihn nach langen Jahren besuchen so fahrt er wütend auf sie ein.." (StA 7, 3, 134)

Als Zimmer das Thema von Hölderlins Begegnungen mit seiner Verwandtschaft anschneidet, nennt er vor allem die Schwester und dann den Halbbruder. Die Mutter nennt er in diesem Zusammenhang nicht, gewiß, weil sie ihren kranken Sohn niemals besucht hat, soviel wir wissen. Dann würde das Nennen der Schwester umgekehrt heißen, daß sie sich vielleicht sogar mehrmals in den schicksalsschweren Turm begeben hat. Aber ‚nach langen Jahren'. Das kann man verstehen. Wahrscheinlich fragte der gute und fürsorgliche Zimmer im Lauf jener ‚langen Jahre' den Irren, ob er den Besuch seiner Verwandtschaft wünsche, und es ist wahrscheinlich, daß er selbst auf die zornigen Antworten hin von einem Besuch abriet. Man muß auch bedenken, daß die Briefe an die Mutter fast sicher durch eine Aufforderung Zimmers angeregt und unter seiner Regie geschrieben wurden, ihm können wir mit gutem Grund auch den Rat zuschreiben, der Schwester endlich für ihre Besuche zu danken, die wir somit als gewiß annehmen dürfen. Der erste Verwandtenbesuch, über den wir informiert sind, ist der von Karl Gok gegen Ende 1820. Die Nachricht ist in einem langen Brief vom 20. April 1821 an Kerner enthalten, in dem ausführlich die Rede ist von einer geplanten Ausgabe der Gedichte des Bruders (StA 7, 2, 460ff.). Unter anderem fällt es nicht leicht, sich dem boshaften Verdacht zu entziehen, daß der Besuch, zuerst aus gutem Grund immer gefürchtet und sorgsam vermieden, dann gewagt wurde, weil auch ein Anspruch auf Autorenrechte auf dem Spiel stand. Daß es sich wirklich um den *ersten* Besuch handelte, läßt sich aus dem Satz ableiten: „Sie können denken, welche Empfindungen mich bei diesem Wiedersehen ergriffen." Es sind die Empfindungen eines Menschen, der sich an eine Person in einem ganz anderen Zustand erinnerte und diese seit sehr langer Zeit nicht mehr gesehen hatte. Vielleicht meint Gok zuerst auch deshalb, daß er nicht erkannt worden sei, abgesehen vom Grund des Schwachsinns. Aber es ist auch nicht auszuschließen, daß es sich um eine Haltung, eine Äußerung der Ablehnung handelte, mit der sich Hölderlin auch bei vielen anderen Gelegenheiten und unter vielen anderen Umständen zurückzog, wenn er unerwünschten Besuch bekam. Vielleicht war er durch diesen Schutz imstande, bei dieser Begegnung *sehr freundlich und still* zu sein, wenn wir Gok Glauben schenken wollen. Wodurch wird es zu diesen Worten gekommen sein? Vielleicht durch nichts anderes als das stumme und lakonische Gebaren, das uns wohl bekannt ist, und nicht ein mangelndes Wiedererkennen des Verwandten. Einer verbreiteten Überzeugung zufolge verlieren die Geisteskranken mit dem Verstand auch das Gedächtnis. Aber hören wir dazu die maßgebliche Meinung von Kurt Schneider: „Auch *Gedächtnis*störungen gehören weder zum Wesen der Schizophrenie noch zu dem der Zyklothymie. Bei beiden kommen aber oft scheinbare Gedächtnisstörungen vor. […] Auch Abnormitäten der Erinnerung sind sowohl bei Schizophrenen wie bei Zyklothymen meist keine tatsächlichen Gedächtnisstörungen, wenn auch wirkliche Erinnerungsverluste vorkommen."[75]

Sollte es das nicht ganz negative Ergebnis dieser ersten Begegnung gewesen sein, das Eis zu brechen, so daß Gok selbst, aber auch die anderen Angehörigen, unter ihnen in erster Linie die Schwester, die Hölderlin sehr zugetan war, weitere Besuche wagten? Das darf man annehmen. Böhm glaubt sogar behaupten zu können – allerdings weiß ich nicht, auf der Grundlage welcher Belege – :

> „Die Schwester soll er, als sie ihn besuchte, einmal mit weinenden Augen umarmt haben, doch alsbald wieder teilnahmslos geworden sein. Ähnlich ergeht es Carl Gock bei Besuchen."[75]

Aber wenn es wirklich so gewesen ist, dann heißt es, daß die Besuche, von denen im Brief Nr. 256 die Rede ist, nach 1820, eigentlich nach dem 20. April 1821 stattgefunden haben und aus dieser Zeit auch der Brief stammt; und wenn es mehrere Besuche waren – wie es scheint –, dann waren sie über einen gewissen Zeitraum verteilt. Diese späte Danksagung kann – wie gesagt – auch wegen ihrer korrekten Form auf einen Rat Zimmers hin erfolgt sein, denn man geht im allgemeinen davon aus, daß der gute Mann oder eine der eifrigen Frauen des Hauses dafür sorgten, daß ihr widerspenstiger Gast seinen dürftigen Briefen an die Familie einige nicht konventionelle Sätze anfügte, oder ihm diese sogar diktierten. Man lese dazu den Brief Nr. 274 an die Mutter und den langen, gut gegliederten Brief an die Schwester (Nr. 308), der vielleicht nicht mit einem der dreimonatigen Rechenschaftsberichte abgeschickt wurde, sondern für sich allein, da er mit einem Poststempel versehen ist, bei dem man aber leider ausgerechnet die Jahreszahl nicht lesen kann. Richtig ist wohl die schon geäußerte Vermutung, nach der die Briefe deshalb alle drei Monate geschrieben wurden, weil die Zimmers dazu anregten, damit sie den Rechnungen, die sie der Mutter alle drei Monate zuschickten, beigelegt werden konnten.[76]

Unseren bisherigen Argumentationen zufolge können wir zumindest für die Nr. 256 ein späteres Datum angeben als das, welches aus der anonymen Numerierung hervorgeht. Wenn der Zeitpunkt *a quo* der April 1821 ist und sich die Danksagung auf mehrere Besuche bezieht, die wahrscheinlich nicht sehr nahe aufeinander erfolgt waren, so heißt das, der Brief Nr. 256 kann auf die unmittelbar folgenden Jahre, somit auch auf 1823/24 datiert werden. Das fiele zusammen mit Mörikes Datierung von WadF. Daraus ergibt sich ein beachtliches Gewicht für das Ziel unserer Studie.

Wir wissen, daß Hölderlin das wenige Schreibpapier, das ihm von
der Familie Zimmer oder von anderen zur Verfügung gestellt wurde,
gierigst verbrauchte. Es ist gewiß nicht vorstellbar, daß der arme Kranke imstande gewesen wäre, sich auf eigene Faust oder auf eigene Ko-
sten Papier zu beschaffen. Außerdem ist zu vermuten, daß ihm von
Mal zu Mal keine außerordentliche Menge geliefert wurde, vor allem
wenn man bedenkt, wieviel damals ein gutes handgemachtes Schreibpapier mit Wasserzeichen kostete. Zudem wissen wir, daß Zimmer die
Lieferung einschränkte oder manchmal sogar aufhörte, weil er überzeugt war, daß Dichten oder Schreiben den ihm anvertrauten Kranken
in allzu große Aufregung versetzte. Demnach müssen alle Manuskripte, insofern sie auf eine beschränkte Menge Papier zurückgehen, die
aufgrund des gemeinsamen Wasserzeichens als homogen erkennbar
ist, mehr oder weniger zur gleichen Zeit entstanden sein.

Dieses Prinzip läßt sich nachprüfen, wenn man die vom KHH
gegebenen Daten verwendet. Die gebundenen Sammlungen, wie etwa
das Homburger Folioheft lassen wir beiseite, denn ein Heft kann
lange aufbewahrt werden und dann nach und nach mit Texten voll-
geschrieben werden, die in weit voneinander entfernten Zeiten entstanden sind. Wenn man dagegen eine Gruppe Manuskriptblätter
untersucht, so wird man dasselbe Wasserzeichen bei Texten der verschiedensten Art finden, die aber zeitlich nahe beieinander liegen.
Wir bringen nur zwei Beispiele. In Betracht gezogen werden dabei
nur die Fälle, deren Wasserzeichen mit Sicherheit festgestellt ist, und
zwar bei einer beachtlichen Anzahl von Blättern. Erster Fall: Das im
KHH mit 22,1a (S. 149) versehene Wasserzeichen ist in elf Manuskripten zu finden, zu denen drei Jugendhymnen, zwei Briefe an die
Mutter und sechs Briefe an die Schwester gehören: alle mit Sicherheit
datierbar von Ende 1790 bis Juni 1792. Zweiter Fall: Das im KHH
mit 30,1a versehene Wasserzeichen kommt bei acht Manuskripten
vor, die einen Teil der Versfassung des *Hyperion*, die Übersetzungs-
probe aus Ovid, drei Briefe an Neuffer, zwei Briefe an die Mutter und
einen Brief an Hegel enthalten: lauter eigenhändige Schriften, mit Sicherheit datierbar zwischen Januar und Mai 1795. Ich gehe also davon aus, daß Marbach 53 gleichzeitig mit der Gruppe der Briefe an
die Mutter entstand, die begründetermaßen alle auf den Anfang der
zwanziger Jahre zurückgehen. Sicherlich könnte man dieses Ergebnis

am besten integrieren – oder müßte es sogar tun, wenn man dazu in
der Lage wäre – mit einer vergleichenden Überprüfung der Tinten
und des Schreibduktus und mit einer historischen Untersuchung über
die Papiermühle, die Zeit und vielleicht auch die Orte, wo das in Frage
kommende Papiermaterial verkauft wurde. Aber in unserem Fall
wollen wir die für 255 und 256 vorgeschlagene Datierung schon als
hinreichend beweiskräftig annehmen. Die übrigen Exemplare der
Gruppe von Briefen, das heißt die Briefe 265, 272, 282 und 279, können
ohne weiteres in die oben vorgeschlagene Zeitperiode, Anfang
der zwanziger Jahre, eingeordnet werden. Was Marbach 53 betrifft,
das Dokument, um das es uns geht, so wird es, außer auf der Grundlage
des eben dargelegten Arguments, weiter vorne noch Gegenstand
einer möglichen, genaueren Datierung sein; wir werden dabei von einem
ganz anderen Argument ausgehen. Bevor wir uns aber daran
machen, möchte ich mich erneut mit einem Aspekt der Frage befassen,
der zwar aus dem streng genommen philologischen Bereich herausfällt,
aber im Fall Hölderlins einer aufmerksamen Betrachtung
unterzogen werden muß; denn er ist, vergessen wir es nicht, auch ein
klinischer Fall.

20. Ein Fall irreversibler Katatonie

Die Frage, wie weit die Geisteskrankheit sich auf Hölderlins Werk
auswirkte, gab Anlaß zu zugespitzten Positionen, zu gegenseitigem
Unverständnis und zu entgegengesetzten Einseitigkeiten. Die Literaten
mußten diese Auswirkung selbstverständlich anerkennen, taten
dies aber zumeist, indem sie sie auf die zweite Hälfte seines Lebens
einschränkten; und indem sie die Krankheit überwiegend auf innere
Zerrissenheit, auf poetische Grenzerfahrungen und -versuche, auf
traumatische Mißgeschicke in einer eher existentiellen als psychiatrischen
Perspektive zurückführten, was einzelne isolierte Episoden
von Normalität hätte zulassen können. Die Psychiater neigen dagegen
zu einer streng krankheitsbedingten Ätiologie auf organischer,
das heißt irreversibler Basis; sie verfolgen, von der manifesten Phase

ausgehend, die Spuren der Krankheit auch vor der Turmzeit, selbst noch vor der Reise nach Bordeaux[78] und gehen so weit, pathologische Gründe auch in den literarischen Werken zu sehen, die aber – so scheint es mir – allein als literarische Produkte zu betrachten sind. Trotzdem müßte ein rechtes Gleichgewicht und sogar eine Zusammenarbeit zwischen diesen zwei Annäherungsversuchen möglich sein. Man brauchte die Frage nur als einen besonderen Fall von Zusammenhang zwischen Werk und Biographie zu betrachten und sich in dem Bewußtsein damit zu befassen, daß die beiden Ebenen zwar einander überschneiden, aber daß es sich dabei um Übergänge handelt, die dank ihrer Öffnung auf das Mögliche und vielleicht auch auf das Zufällige, jede Form eines platten Determinismus ausschließen.

Vor allem anderen lohnt es sich, über die wissenschaftlich bestätigte Natur und den Verlauf von Hölderlins Geisteskrankheit deutlich zu sprechen. Aufgrund einer Art falsch verstandener Zurückhaltung oder der Verachtung des ‚Materiellen' wurde sie mit dem Terminus *geistige Umnachtung* definiert. Jenseits dieses und anderer ähnlicher Euphemismen oder Umschreibungen erscheint es mir notwendig, aus der dafür zuständigen Wissenschaft eine korrekte Definition zu entlehnen.

Die DSM–IV[79] hat das Ziel, zum Gebrauch der in der Psychiatrie Tätigen und auf der Grundlage der allerneuesten wissenschaftlichen Errungenschaften, den Begriff und damit die Diagnose der Schizophrenie genau zu umreißen. Zu diesem Zweck wird in dem Handbuch eine Reihe von Symptomen erarbeitet, die als Unterscheidungsmerkmale gelten und von zweierlei Art sind:

> „Die charakteristischen Symptome (Kriterium A) lassen sich begrifflich in zwei umfassende Kategorien einteilen: eine positive und eine negative. Die positiven Symptome scheinen einen Exzeß oder eine Verzerrung normaler Funktionen widerzuspiegeln, während die negativen Symptome eine Verminderung oder einen Verlust normaler Funktionen widerzuspiegeln scheinen."

Auf der Grundlage der uns zur Verfügung stehenden Dokumentation sind bei Hölderlin sowohl die einen wie die anderen anzutreffen: von der „exzessiven motorischen Aktivität, die keinerlei Ziel hat und nicht auf äußere Stimuli zurückgeht (katatone Erregung)" bis zur „Verflachung der Gefühlswelt", von der „formalen Störung des Den-

kens" bis zum „Fadenverlieren", von der „unvorhersehbaren Aufregung mit Schreien und Fluchen" bis zum „Wortsalat", vom „bizarren Delirium" bis zu den „kurzen, lakonischen, sinnlosen Antworten".
Wenn alle diese und andere negative und positive Symptome über
sechs Monate anhalten, kann man von einem schweren schizophrenen Syndrom sprechen.

So weit die Diagnose, die nun endlich kein Gegenstand von Miß-
verständnissen und Einschränkungen mehr sein kann. Aber uns interessiert ebenso der Verlauf der Krankheit. Zuallererst vergessen wir
nicht, daß ein Arzt von der Erfahrung Autenrieths Hölderlin als unheilbaren Patienten entlassen hatte. Auch Karl Jaspers hatte in dieser
Hinsicht keinen Zweifel: „1807 kommt er in Familienpflege. Im Endzustand lebt er noch bis zum Jahre 1843."[80] Es stimmt zwar, daß in
der klinischen Praxis auch sehr seltene und unvermutete Phänomene
der Remission und sogar der Heilung vorkommen. Aber man muß
sich fragen: Gibt es bezeugte Zeichen einer wirklichen Remission innerhalb des ganzen Lebensabschnitts, den Hölderlin im Turm zu-
brachte? Nie hat jemand eine bejahende Antwort auf diese doch be-
deutsame Frage gegeben. Die Frage wird zumeist umgangen. Böhm
erinnert daran, daß nach 1812 oder nach der Überwindung der Phase,
die noch von akuten Symptomen des Wahnsinns geprägt ist, „mehr-
fach von Zeiten berichtet wird, in denen Hölderlins Gemütszustand
sich gebessert hatte, so daß die Angehörigen wieder auf Genesung zu
hoffen begannen, eine verständliche Stimmung, die aber stets rasch
durch die Tatsachen widerlegt wurde".[81] Statt auf ‚Zeiten' hinzuweisen, hätte Böhm von ‚Augenblicken' sprechen sollen. Eine wirkliche
Besserung ist eine Unterbrechung des Krankheitszustands, die nicht
nur ein paar Augenblicke dauert und nicht zufällig ist. Eine anfangs
vernünftige Rede, die dann in ein Irrereden übergeht, bestätigt die
Diagnose der Schizophrenie, anstatt sie zu widerlegen, denn das gehört sogar zu den typischen Symptomen. Ein solches Reden besteht
nicht in einer progressiven Verformung der Vernunft, sondern in einem unerwarteten senkrechten Sturz in den Un-sinn. Das ist seit eh
und je bekannt, findet sogar Bestätigung in der Literatur. Ein be-
rühmtes Beispiel: Ein hervorragend geschilderter Fall eines unmittelbaren und unvermuteten Übergangs von der vernünftigen Rede zum
Delirium steht im *Don Quijote*. Es ist die Geschichte des ‚verrückten

Doktors', die der Barbier im ersten Kapitel des zweiten Teils erzählt.[82]
Um zu Hölderlin zurückzukehren, lesen wir unter den vielen folgendes Zeugnis von Gustav Schwab:

> „Bei einem solchen Aufleben, da sein Geist sich wieder zu öffnen schien für die Interessen, die ihn sonst bewegt hatten, glaubte man sich zu weiteren Hoffnungen berechtigt, allein man fand sich bald enttäuscht, nach der augenblicklichen Anspannung kehrte die vorige Apathie und Verwirrung wieder zurück." (StA 7, 2, 379)

Kann es denn eine konsistente Besserung gegeben haben, die niemandem aufgefallen ist? Auch das muß ausgeschlossen werden, denn der Dichter lebte während der ganzen Turmzeit in einem engen, täglichen Kontakt mit den Menschen, die ihn pflegten: Nie gab es eine Abwesenheit, eine Reise, eine Rückkehr nach Nürtingen oder anderswohin.

Wenn Hölderlin in der Lage gewesen wäre – wie es in WadF heißt –, sein Schicksal der Vereinsamung mitleidig und in voller geistiger Klarheit zu betrachten, sich als einen ‚Menschen von finsterem Aussehn' zu definieren, die letzten heimlichen Zusammenkünfte mit Diotima/Susette und das Glück der ersten Zeit ihrer Begegnung in Frankfurt genau heraufzubeschwören sowie nostalgisch an die Sicht auf das Meer zu denken, mehr noch: Wenn er in der Lage gewesen wäre, diesen ganzen mnemonischen und sentimentalen Komplex in eine dichterische Darstellung von traditionellem Bau umzusetzen, dann müßte man behaupten, daß es nach 1807 eine Zeit totaler Erholung von seinem pathologischen Zustand, eigentlich eine richtige Genesung gegeben hat; das heißt eine Genesung, die nicht nur einen Augenblick oder eine Stunde gedauert hätte, sondern eine so lange Zeit, daß sie eine totale Wiederherstellung des Bewußtseins, eine Wiederaneignung der persönlichen Identität, die mit dem Namen Friedrich Hölderlin zusammenfiel, und eine Fähigkeit bewirkt hätte, die Ereignisse der Jahre, die er im Turm verbracht hatte, kritisch zu werten. Das hätten alle Menschen bemerkt, die ständig um ihn waren, der gute, beflissene Zimmer hätte es dann der Familie mitgeteilt, so wie er darauf den totalen Rückfall in den Schwachsinn gemeldet hätte.

Um die These von der irreversiblen chronischen Geisteskrankheit noch einmal zu bestätigen, könnte man schließlich zu einer weiteren Betrachtung greifen, auch wenn sie auf Meinungen beruht, die schon sehr lange und noch heute in Kreisen der Wissenschaft diskutiert werden. Man kann von dem alten, viel getadelten Lange ausgehen, ohne zu vergessen, daß ein so kompetenter Experte wie Jaspers sein Buch „eine im psychiatrischen Sinn sehr gewissenhafte Pathographie" bezeichnet, die auch „sehr objektiv" ist.[83] Lange, der noch der positivistischen Mentalität verpflichtet ist, hielt prinzipiell und auch in Bezug auf unseren Dichter an der Hypothese einer organischen Ätiologie der Schizophrenie fest. Man muß ihm zugestehen, daß diese umstrittene Problematik von ihm schon frühzeitig erkannt wurde: von verschiedenen Gesichtspunkten aus, über die später von den Wissenschaftlern ernsthaft diskutiert werden sollte, zum Beispiel sogar, indem sie wie Lange mögliche Degenerierungsprozesse des Stoffwechsels in Betracht zog. Aber im Vordergrund stehen für Wilhelm Lange die anatomisch-pathologischen Befunde:

> „Soviel steht fest, daß bei der Katatonie ein selbständiger organischer Krankheitsprozeß des Gehirns vorliegen muß; es müssen greifbare Veränderungen der Hirnrinde sein. Leider sind diese wissenschaftlich noch nicht genügend präzisiert, aber in etwa 70% der Fälle sind jedenfalls organische Hirnveränderungen gefunden worden. Es steht zu hoffen, daß die neue deutsche Schule der histologisch-anatomisch arbeitenden Psychiater mit ihren modernen Methoden über kurz oder lang auch den pathologisch-anatomischen Prozeß der Katatonie (und der Dementia praecox überhaupt) klarlegen wird."[84]

Die hellsichtige, von Lange formulierte Hoffnung wurde damals auch von dem jungen Carl Gustav Jung geteilt, der in seiner ersten Arbeit – *Zur Psychologie der Dementia praecox* aus dem Jahr 1907 – der Hypothese einer physiogenen Ätiologie Glauben schenkte, worin ihm sein Schüler Eugen Bleuler entschieden folgte. Spätere Studien haben den Forschungsbereich ziemlich weit ausgedehnt. Klaus Conrad stellt in *Die beginnende Schizophrenie*, seiner grundlegenden Studie von 1958, die als Klassiker betrachtet wird, die These von einem Ursprung im Zwischenhirn auf. Carl Huber behauptet in seiner Arbeit *Chronische Schizophrenie* (1961), er sei auf anatomisch-pathologische Zustände gestoßen, die bei Formen schwerer chronischer Schizophrenie eine Verdickung des dritten Ventrikels zeigen. Der Befund ging später in die Handbücher ein: In DSM-IV, auf S. 313 steht zu lesen, eine der gewöhnlichsten strukturellen Anomalien bei schizophrenen Subjekten sei die Vergrößerung des Volumens des Ventrikularsystems. Aber das ist auch genau die Anomalie, die Ferdinand Gottlieb Gmelin und Wilhelm Rapp bei einer genauen Autopsie von Hölderlins Leiche festgestellt haben:

> „Der *Ventriculus Septi pellucidi* war durch Wasser sehr erweitert, u. die Wandungen desselben ganz verdickt und fest geworden, nehmlich sowohl der *Corpus callosum* als der *fornix* u. die seitlichen Wandungen." (StA 7, 3, 366)

Diese reale Gegebenheit kann man als einen weiteren Baustein zu Stützung der These einer unheilbaren chronischen Erkrankung betrachten. Es läßt sich kaum denken, daß eine Geisteskrankheit, die auf eine Mißbildung des Gehirns zurückgeht, einen anderen Verlauf nehmen könnte.

Aber gehen wir weiter und nehmen wir den anfangs formulierten Beweggrund zu der vorliegenden Studie wieder auf. Stellen wir uns nur vor – ohne es freilich je zuzugeben –, der Kranke sei einmal in den ungefähr vierzig Jahren der Krankheit wieder bei Sinnen gewesen. Das hätte selbstverständlich eine substantielle Wiederherstellung der Persönlichkeit bedeutet, wie sie vor der Geistesgestörtheit gewesen war. Doch auf keinen Fall wäre eine *andere* Persönlichkeit dabei entstanden. Die Genesung von einer schweren Psychose – ein überaus seltenes und unwahrscheinliches Ereignis – kann tiefe Spuren hinterlassen: Die Erinnerung an die Qualen, die man durchgemacht hat, oder die Furcht, wieder zu erkranken, können der angstvollen Erfahrung andere Folgen hinzufügen, all das, was in der einschlägigen Literatur als *Heilung mit Defekt* definiert wird. Aber auch ein ausgeprägter Defekt kann zwar etwas wegnehmen, aber nie die Natur des Menschen, ihre tiefe Seinsweise, das, was in ihre geistige Struktur eingeschrieben ist, ändern. Niemand kann je als ein anderer wiedergeboren werden. In Hölderlins Fall wurde dieses Axiom von Schelling frühzeitig erkannt und in dem Brief von 1847 an Gustav Schwab definiert, denn er sagt, wie groß – jenseits der Zerrüttung des Geistes – die Kraft einer tief der Person innewohnenden Begabung sei. Die durchblickende Intelligenz des Philosophen hatte sofort vorausgesehen, daß die psychische Katastrophe seines geliebten Freundes aus der Stiftszeit wahrscheinlich nicht wieder gut werden konnte; er hatte es Hegel schon 1803 in einem Brief vom 11. Juli geschrieben (StA 7, 2, 261f.). Aber abgesehen vom Einzelfall behauptet auch ein Philosoph wie Schopenhauer die substantielle Unverlierbarkeit der Person jenseits jeder möglichen Abnutzung, selbst des Wahnsinns:

> „Worauf beruht die Identität der Person? – Nicht auf der Materie des Leibes: sie ist nach wenigen Jahren eine andere […]. Je älter wir werden, desto spurloser geht alles vorüber. Hohes Alter, Krankheit, Gehirnverletzung, Wahnsinn können das Gedächtnis ganz rauben. Aber die Identität der Person ist damit nicht verloren gegangen. Sie beruht auf dem identischen *Willen* und dem unveränderlichen Charakter desselben […]. Im *Herzen* steckt der Mensch, nicht im Kopf. Zwar sind wir, infolge unserer Relation mit der Außenwelt, gewohnt, als unser eigentliches Selbst das Subjekt des Erkennens, das erkennende Ich, zu betrachten […]. Dieses ist jedoch die bloße Gehirnfunktion und nicht unser eigenstes Selbst."[85]

Wenn wir also festhalten, daß Hölderlin von einer schweren und *permanenten* Form von Schizophrenie befallen war, daß zu den offensichtlichsten Symptomen die Auslöschung des vernünftigen Ichs gehörte (aber nicht dessen, was Schopenhauer als ‚unser eigenstes Selbst' nennt), daß er unfähig war, eine zusammenhängende Rede bis zum Ende durchzuhalten, daß er oft wütend alles abstritt, was seine Vergangenheit und insbesondere seine Liebe betraf, und er heftig ablehnte, davon zu sprechen, wie soll sich dann WadF erklären und wo ist der Platz dieses Textes? Man erkennt darin offen die Gestalt des Dichters, man erkennt einige dramatische Augenblicke seiner Biographie; die logische Folgerichtigkeit ist keineswegs abwesend, denn wir haben nicht mit etwas zu tun, das die Psychiater als ‚zerrüttete Sprache' bezeichnen, und die Unordnung in der thematischen Struktur der Ode, die wir oben festgestellt haben, ist ein Nachweis schlechter literarischer Strukturierung, keinesfalls schwachsinnigen Mangels an Logik. Auch die Vorboten der psychischen Zerrüttung, die gewissenhafte psychologische und literarische Analysen in größerem oder kleinerem Ausmaß bei fast allen nach der Rückkehr aus Bordeaux (auch bei einigen schon früher) verfaßten Texten festgestellt haben, sind hier nicht anzutreffen. Es stimmt zwar, daß der Dichter in den Jahren zwischen der Rückkehr nach Nürtingen (1802) und der Einlieferung in die Tübinger Klinik (1806) einige dichterische Werke vollendete, die keine Zeichen von Geistesgestörtheit zeigen; man denke nur an das Gedicht *Friedensfeier,* das der Dichter im Herbst

1802 aus den Fragmenten von *Versöhnender der du nimmergeglaubt*
verfaßte, dank dem heilbringenden Aufenthalt in Regensburg, wo er
sich in Gesellschaft seines Freundes Sinclair zum Reichstag aufhielt.[86]
Das konnte jedoch nur geschehen, solange es ihm gelang, die schwere
Störung, die von den persönlichen Erlebnissen und von dem unent-
wegten dichterischen Vordringen in geistige Grenzgebiete herrührte,
in Schach zu halten, und soweit er den Kreis seiner Obsessionen, der
ihn immer enger umklammerte und gleichzeitig Äußerung und Ursa-
che seiner Erkrankung war, noch zu lockern vermochte. Das heißt in
Situationen und Augenblicken, die in jenen Jahren schon ziemlich
selten waren; doch auf jeden Fall waren sie immer so, daß sie sein
tiefstes Inneres und den unverwechselbaren Stil dieser schöpferischen
Phase, der Phase der großen Hymnen,[87] widerspiegelten. Im übrigen
war das Leben des Dichters, wie auch aus psychiatrischer Sicht bestätigt wurde, ‚Verzweiflung jenseits aller Verzweiflung‘. Lesen wir,
was Helm Stierlin schreibt, ausgehend von der letzten Strophe von
Mnemosyne, dritte Fassung, die eine untröstliche Betrachtung über
den Tod der antiken Helden enthält:

> „Vor allem Beißner verdanken wir Hinweise, die uns verstehen lassen,
> wie dieses erstaunliche Gedicht durch seine verschiedenen Fassungen
> mit ihren reichen und überdeterminierten Bildern eine Verzweiflung
> jenseits aller Verzweiflung ausdrückt – das heißt, jenen Seelenzustand,
> der, wie es scheint, nur noch den Selbstmord oder die massive schizo-
> phrene Desintegration und den schizophrenen Rückzug erlaubt."[88]

21. Über eine mögliche Beziehung zwischen Poetik und Geisteskrankheit

Die letzten zwei Zeilen Stierlins geben mir das Stichwort, um ein
Thema wieder aufzunehmen, das ich auf den vorhergehenden Seiten
angedeutet hatte, auch um jetzt die Beziehung zur Poetik Hölderlins
darzulegen, wie wir sie in den spätesten Gedichten verwirklicht sehen. Zu den Gründen, die das schizophrene Syndrom ausgelöst haben, gehört nach meiner Ansicht auch eine Abwehrreaktion der so-

matischen Basis: denn es handelt sich ja um einen Seelenzustand, eine
existentielle oder psychische Lage, die so gespannt ist, daß sie zum
Selbstmord oder, so füge ich hinzu, als psychosomatischer Faktor zu
einer verhängnisvollen, tödlichen Erkrankung führt. Der ‚Körper‘
würde also in seiner tiefsten Selbstbestimmung die Vernichtung der
psychischen Struktur hinnehmen und sogar hervorrufen als geringe-
res Übel im Vergleich zur Vernichtung des ganzen Menschen. Die
Schizophrenie wäre somit ein Sieg des Urinstinkts der Selbsterhal-
tung. Diese ätiologische Hypothese käme selbstverständlich nur bei
auserwählten Subjekten vor, das heißt bei Subjekten, die einerseits
extrem an ihren inneren Spannungen leiden, aber zum anderen körperlich alles andere als schwächlich sind. Man müßte vielleicht eine
statistische Ermittlung und eine tiefgehende Analyse bei Künstlern
oder jedenfalls ‚großen Geistern‘ durchführen, die in den Abgrund
schizophrenen Schwachsinns stürzten und dann noch mehr oder weniger lang bei bester Gesundheit weiterlebten. Kurz, man müßte Fälle suchen, die dem Hölderlins ähnlich wären. Auch Jaspers hat sich
mit dieser Eigentümlichkeit befaßt und sich die Frage gestellt, wieviel
Spezifisches die schizophrene Erkrankung besonderer künstlerischer
Menschen wie Hölderlin und andere enthalte:

> „Dieses Spezifische braucht darum gar nicht allgemein bei Kranken zu
> sein, sondern kommt vielleicht nur bei diesen ganz einzigartigen oder
> seltenen Fällen zum klaren Ausdruck. Es ist unfruchtbar, auf Hölderlin-
> sche Dichtungen grobe psychiatrische Kategorien anzuwenden. Wohl
> aber könnten Eigenschaften dieser Dichtungen Licht werfen auf das
> Wesen des Schizophrenen (allerdings nur eines besonderen Typus inner-
> halb dieses weiten Krankheitsbereichs) und den Begriff des Schizophre-
> nen selbst anschaulicher erfüllen.“[89]

Aber was könnte dann die Beziehung zu der in den spätesten Gedichten enthaltenen Poetik sein? Wenn der schizophrene ‚Knick‘ die Vernichtung der psychischen Mechanismen mit sich bringt, die eine
schon unaushaltbar gewordene Spannung beherrschen, dann wird
wohl das Ereignis als eine Erlösung empfunden werden, auf die ein
Gefühl der Erleichterung folgt. Das kann sich in einer Art stuporähn-
licher Beruhigung äußern, wie sie oft bei nicht sonderlich begabten
Patienten vorkommt, aber bei Hölderlin? Ist einem Dichter nicht
eine objektivierende Projektion des Gemütszustands eigen? Die be-

ruhigte ‚Innerheit' wird zur ‚Welt' – wenn auch um den Preis einer
schrecklichen Verstümmelung, die der Dichter dunkel ahnt –, wird
zu der in ihrer Klarheit unheimlichen *harmonia mundi* der spätesten
Gedichte.[90] Dieses Stadium der Krankheit dürfte Hölderlin allerdings
nach und nach und unter wechselnden Zuständen erreicht haben,
wahrscheinlich innerhalb von sechs oder sieben Jahren nach der Ent-
lassung aus der Klinik. Lange notiert in seiner klinischen Chrono-
logie neben dem Jahr 1814: „Der katatonische Endzustand ist erreicht; keine heftigen Erregungen mehr", vielleicht stützte er sich
dabei auch auf den Brief, den Zimmer am 22. Februar dieses Jahres an
die Mutter geschrieben hatte: „Wie sehr ist Ihrem Lieben Guten Höl-
derle zu gönnen das Er keine wilde anfälle mehr hat, und das Er so
heiter und zufrieden lebt." (StA 2, 1, 429). Aber lesen wir jetzt eines
der ersten Gedichte mit dem Titel *Der Frühling* (StA 2, 1, 272):

> Wenn auf Gefilden neues Entzücken keimt
> Und sich die Ansicht wieder verschönt und sich
>   An Bergen, wo die Bäume grünen,
>   Hellere Lüfte, Gewölke zeigen,
>
> O! welche Freude haben die Menschen! froh
> Gehen an Gestaden Einsame, Ruh und Lust
>   Und Wonne der Gesundheit blühet,
>   Freudiges Lachen ist auch nicht ferne.

Viele der spätesten Gedichte sind dem Frühling gewidmet. Aber auch
der Winter wird als eine Jahreszeit tröstlichen Glanzes gefeiert; der
Schnee, der *blaiche Schnee* wird immer von der Sonne belebt. Der
Winter ist eine wohltuende Pause im Wechsel der Jahreszeiten, einem
Augenblick geistiger Sammlung beim Menschen ähnlich. Hier der
Anfang der zweiten Strophe von *Winter* (*Wenn sich das Laub…*): „Es
ist die Ruhe der Natur, des Feldes Schweigen / Ist wie des Menschen
Geistigkeit…" (StA 2, 1, 295).
     In der wiederholt verkündeten *Vollkommenheit* steckt etwas Ge-
heimnisvolles, das uns beunruhigt; und es ist vielleicht unser Bewußtsein, daß diese lichtumfluteten und von tiefem Frieden durchdrunge-
nen Verse dem Herzen eines Menschen entsprangen, der im Abgrund
des Schwachsinns lebt und dem es gelingt, aus dieser Tiefe die ‚Wonnen der Gesundheit' hervorzuzaubern. Es besteht ein gespenstischer

Widerspruch zwischen dieser idealen Landschaft in ihrer Vollkommenheit und der äußersten Trostlosigkeit der Lebenslage, in der sich der Verfasser befindet. Aber das alles bleibt eine bewußte Projektion von unserer Seite, und es sieht nicht so aus, als habe es der Verfasser in seiner ganzen Tragik klar erlebt.

Es stimmt zwar, daß Hölderlin – wie auch von der psychiatrischen Literatur über die Schizophrenie oft bestätigt wird – vielleicht den Schatten wahrnahm, der sein Dasein unwiderruflich verdunkelte, aber in der Natur, im Schoß des absoluten Seins, dem sich die Privatperson mit ihrer individuellen Identität überlassen hatte und sozusagen zu nichts geworden war, löste sich dieser Schatten auf, ohne Spuren zu hinterlassen. Lesen wir *Aussicht* (StA 2, 1, 287, Vers 5–9):

> Oft scheint die Innerheit der Welt umwölkt, verschlossen,
> Des Menschen Sinn von Zweifeln voll, verdrossen,
> Die prächtige Natur erheitert seine Tage
> Und ferne steht des Zweifels dunkle Frage.

Zu dem oben angeschnittenen Problem, ob es eine erkennbare Beziehung zwischen dem pathologischen Zustand und der in den Turmgedichten enthaltenen Poetik gebe, haben sich mehrere geäußert. Und einmal mehr müssen wir Karl Jaspers das Wort erteilen, der in Bezug auf Hölderlin schreibt:

> „In der Schizophrenie vermag der Mensch Gegebenheiten der Krankheit [zum Beispiel eine entschiedene Lockerung der Spannung, G.B.] mit Sinn zu erfüllen und im Zusammenhang seiner geistigen Existenz zu verwerten […]. Darum ist die ursprüngliche Persönlichkeit entscheidend für das in der Schizophrenie Erlebte und Gekonnte."[91]

Die mögliche Koexistenz – und die indirekte Bedingung zwischen Geistesgestörtheit und Dichtung – wurde auch im linguistischen und poetologischen Bereich bestätigt. Zum Beispiel von Wolfgang Klein. Dieser geht von der Betrachtung des Gedichts *Der Frühling (Wenn neu das Licht...)* (StA 2, 1, 298), eines der vermutlich letzten Gedichte Scardanellis, aus und gibt eine positive Antwort auf die Frage: „Warum soll das nicht gleichzeitig hohe Dichtung und Ausdruck einer Krankheit sein?"[92] Dann geht Klein mehr ins Detail und fragt sich, ob die Verwendung oder die Ablehnung des Reims nicht auch interpretiert werden könnte als ein Zeichen, das mit der Geistes-

krankheit zu tun hat, insbesondere mit einer Katatonie. Das verneint
Klein. Aber was wir oben gesagt haben, läßt diese Möglichkeit offen.
Der Reim ist ja auch einer der hauptsächlichen Faktoren der geschlos-
senen Form in der Dichtung; und diese dient ihrerseits einer Vision
oder einem Inhalt, die eine eigene innere Kongruenz und Harmonie
lieben, die in der Wirklichkeit gesehen oder nachgeprüft wird, oder
auch die verloren gegangen ist und der man nachweint oder die
schließlich geahnt und herbeigewünscht wird. Das alles gilt, glaube
ich, in erhöhtem Maß für den klingenden Reim, der den Atem des
Verses in einer Vollendung ausklingen läßt und den Effekt einer Klau-
sel verstärkt: um so ausgeprägter, wenn, wie mit Recht über die Turmgedichte gesagt wurde, „Verseinheit und Sinneinheit zusammenfallen".[93] Das ist auch bei einer kritischen Überprüfung einiger später,
Hölderlin zugeschriebener Texte zu beachten, in denen klingende mit
stumpfen Reimen abwechseln und die reich an *Enjambements* sind.
(Vgl. oben, die Betrachtungen zu *Das fröhliche Leben* und *Der Spaziergang.*) Es ist also nicht willkürlich, wenn man im besonderen Fall
des letzten Hölderlin einige vorsichtige, aber nützliche Übergänge
zwischen Pathologie und literarischen Ergebnissen festlegt. Das
Nachlassen der Spannung im Übergang von der akuten Phase zur
katatonen Phase der Schizophrenie führt zu einer Verflachung der
Gemütsbewegungen; dieser Kollaps wird zu einer Sicht der Welt:
einer Welt, die selbstverständlich ebenso frei von jeder Spannung sein
muß; daraus entspringt eine *harmonia mundi,* deren Ursprung pa-
thologisch ist, aber so geartet – bei einem großen Dichter, der noch
aus seinem erlesenen Sinn für die Form und seinem angeborenen edlen Gemüt schöpft –, daß noch Schöpfungen entstehen, in denen sich
das dichterische Feuer entzündet, wie es in nicht wenigen Gedichten
aus Hölderlins zweitem Leben geschieht.

Aber wir müssen schließlich zum Endspurt unserer kritischen
Ermittlung in Sachen WadF ansetzen. Aus allem, was ich bis jetzt
dargelegt habe, müßte man folgern, daß Hölderlin eigentlich nicht
der Verfasser der Ode sein kann. Aber Hölderlins eigenhändige Niederschrift, Marbach 53, versperrt wie ein Felsblock den Weg zu dieser
meiner gewagten Schlußfolgerung. Läßt sich dieser Felsblock nicht
wegwälzen?

Anmerkungen

1 *La lirica di Hölderlin*. Florenz 1943, Bd. 1, S. 317.
2 Friedrich Hölderlin, *Poesie*. Turin 1958, S. 513.
3 Friedrich Hölderlin, *Le liriche*. Mailand 1977, S. 803.
4 Ebd., S. 803.
5 Werner Kraft, *Über eine späte Ode Hölderlins*. In „Sinn und Form", 6. Jahr, 1954, S. 473–481, insb. S. 475.
6 Als solche scheint sie auch Beck zu betrachten, indem er an den Ausdruck *seltene Orte* erinnert, als er die Möglichkeit erwägt, daß das Heteronym Killalusimeno von einem Ortsnamen der Hawaii-Inseln herrührt. (vgl. StA, 7, 3, 304)
7 a. a. O., S. 318.
8 Ebd., S. 477.
9 Ulrich Häussermann, *Hölderlins späteste Gedichte*. In „Germanisch-Romanische Monatsschrift", Bd. XLII, 1961, S. 99–117, insb. S. 115.
10 In „Hölderlin-Jahrbuch" (im folgenden HJb.), 1952, S. 85–110; dann in Wolfgang Binder, *Hölderlinaufsätze*. Frankfurt am Main 1970, S. 47–75.
11 Friedrich Hölderlin, *Gedichte*. Hg. von Jochen Schmidt, Frankfurt am Main, 1992, S. 512.
12 F. Hölderlin, *Tutte le liriche*. Mailand 2001, S. 1421.
13 a. a. O., S. 235.
14 F. Hölderlin, *Tutte le liriche*. a. a. O., S. 1423.
15 D.E. Sattler, *Friedrich Hölderlin. 144 fliegende Briefe*. Darmstadt-Neuwied 1981, Bd. 1, S. 182.
16 „Sinn und Form", a. a. O., S. 473.
17 „Sinn und Form", a. a. O., S. 474.
18 Vgl. „Ein Blick auf *Die Aussicht* von Hölderlin", in R. Jakobson, *Hölderlin – Klee – Brecht. Zur Wortkunst dreier Gedichte*. Frankfurt am Main 1976, S. 27–96.
19 Ebd. S. 51.
20 Ebd., S. 51
21 Ebd., S. 80. Diese absolute, totale Diskrepanz der grammatikalischen Struktur und des geistigen Ablaufs der Turmgedichte im Vergleich zu WadF kommt in einer späteren, umfassenden Studie von Grete Lübbe-Grothues noch deutlicher zum Ausdruck: *Grammatik und Idee in den Scardanelli-Gedichten Hölderlins*, in „Philosophisches Jahrbuch", 90. Jahrgang, Freiburg/München, S. 83–109.
22 Der hier von Beißner zitierte Vers ist der letzte der vierten und letzten Strophe des hinreißenden Gedichts *Der Herbst*, das Ch. Schwab auf 1837 datiert. „Der Erde Rund mit Felsen ausgezieret / Ist wie die Wolke nicht, die abends sich verlieret, / Es zeiget sich mit einem goldnem Tage, / Und die Vollkommenheit ist ohne Klage."
23 Ulrich Häussermann, *Friedrich Hölderlin in Selbstzeugnissen und Bilddokumenten*. Reinbek bei Hamburg 1961, S. 152.
24 Wolfgang Binder, *Hölderlin-Aufsätze*. Frankfurt am Main 1970, S. 263.

25 Werner Kirchner, *Hölderlin. Aufsätze zu seiner Homburger Zeit*. Göttingen 1967, S. 34–56. Der Aufsatz war schon (postum) erschienen, durch die liebevolle Herausgabe von A. Kelletat in HJb., 12, 1961/62, S. 74–94.

26 Friedrich Hölderlin, *Poèmes de l'autre vie*. Brüssel 1993, vgl. das Vorwort von Alain Préaux, S. 7–46 (insb. S. 19, 28, 37).

27 Wilhelm Böhm, *Hölderlin*. Halle/Saale 1930, Bd. 2, S. 739f.

28 Ebd.

29 Otto Pöggeler, *Vollkommenheit ohne Klage?: Der Nachklang von Hölderlins Hymnen und Elegien* in „*Es bleibet aber eine Spur / Doch eines Wortes*": Zur späten Hymnik und Tragödientheorie Friedrich Hölderlins". München 2004, S. 281–293, insb. S. 290.

30 Zu der tragischen Lage, in welcher der Dichter in der zweiten Homburger Zeit lebt, vgl. auch Wolfgang Schadewaldt, *Hölderlins Weg zu den Göttern*. In HJb. 1955/56, S. 333–341.

31 W. Böhm, a. a. O., S. 741.

32 Jochen Bertheau, *Hölderlins französische Bildung*. Frankfurt am Main u. a., Peter Lang, 2003, S. 125.

33 Ebd., S. 127.

34 U. Supprian, *Schizophrenie und Sprache bei Hölderlin*. In „Fortschritte der Neurologie-Psychiatrie und ihrer Grenzgebiete", 42. Jahr, 1974, S. 615–634, insb. S. 618.

35 Kurt Leonhard, *Die genauere Form der Schizophrenie bei Hölderlin*. In „Psychiatrie, Neurologische und medizinische Psychologie. Zeitschrift für Forschung und Praxis", XVI, 1964, S. 42.

36 Klaus Conrad, *Die beginnende Schizophrenie. Versuch einer Gestaltanalyse des Wahns*. Bonn 2002, S. 240.

37 *Hölderlin. Chronik seines Lebens*. Hg. von Adolf Beck, Frankfurt am Main 1975, S. 115. L. Reitani (*Tutte le liriche*, a. a. O., S. CIX) zitiert Becks Äußerung und zählt zu den Zeichen der Genesung, daß Hölderlin französische Ausdrücke verwendet habe, was aber ganz im Gegenteil ein weiteres Symptom seiner Geistesgestörtheit ist.

38 Wilhem Lange, *Hölderlin. Eine Pathographie*. Stuttgart 1909, S. 80f.

39 J.A. Baldwin, *Schizophrenia and Physical Disease*. In „Psychological Medicine", IX, 1979, S. 611–618.

40 Othman Amami u. a., *Psychogenèse du cancer*. In „L'Information Psychiatrique", Bd. 82 (Oktober 2006), S. 687.

41 Vgl. F. Asoli – A. Ballerini – G. Berti Ceroni (Hg.), *Psichiatria nella comunità*. Turin 1993, S. 74.

42 Nicola Lalli, *Manuale di psichiatria e psicoterapia*. Neapel 1999, S. 558.

43 Uwe Henrik Peters, *Hölderlin. Wider die These vom edlen Simulanten*. Reinbek bei Hamburg 1982, insb. S. 9–48.

44 Rudolf Treichler, *Friedrich Hölderlin – Krankheit und Dichtung*. In „Die drei. Zeitschrift für Wissenschaft, Kunst und soziales Leben", 49. Jg. (1979), S. 428–438.

45 Gerhard Weinholz, *Zur Genesis des ,Wahnsinns' bei Friedrich Hölderlin*. Essen 1991.

46 Über die spezifischen und erkennbaren Sprachmerkmale bei psychotischen Subjekten vgl. die Beispiele und die Behandlung bei Horst Flegel, *Schizophasie in linguistischer Deutung*. Berlin, Heidelberg, New York 1965, insb. das Kapitel „Aus dem sprachpathologischen Schrifttum in der Psychiatrie", S. 9–37; und die Seiten 130–140 über die Methode und die Ergebnisse. Siehe auch Leo Navratil, *Schizophrenie und Sprache. Zur Psychologie der Dichtung*. München 1966, wenn auch die Seiten über Hölderlin (15–27) keine besonderen Neuheiten enthalten. Trotz der überaus detaillierten statistischen Tabellen ist die Abhandlung von Max Römer (*Quantitative Textanalysen zum Sprachwandel Hölderlins in der Psychose*. Nürnberg 1968) nur von geringem Nutzen; denn Römer vergleicht das vor der Psychose entstandene Schaffen mit dem nach der Psychose entstandenen. Es hat keinen Sinn, einen Durchschnitt zwischen heterogenen Daten und Lebenssituationen auszurechnen, die nichts miteinander zu tun haben. Römer nahm dann zusammen mit D. Bente seine Studie abgekürzt noch einmal auf und machte dabei mit einigen interessanten Erhebungen einen deutlichen Unterschied zwischen der akuten (1802–1807) und der chronischen Phase, „Confinia Psichiatrica", Bd. 12, 1969, S. 57–64).

47 Vgl. dazu vor allem die ersten Seiten bei Paul Böckmann, *Das „Späte" in Hölderlins Spätlyrik*. In HJb., 1961/62, S. 205–221. Nach Hellingraths Ausgabe „ist es üblich geworden, von der ,späten Lyrik' oder von der ,Spätdichtung' oder dem ,Spätwerk' oder dem ,Spätstil' Hölderlins zu sprechen, ohne daß doch genauer bestimmt würde, in welchem Sinn diese Gedichte als ,spät' gelten dürfen. Hellingrath selber gebrauchte noch nicht den Begriff ,Spätlyrik'."

48 Walter Müller-Seidel, *Hölderlin in Homburg. Sein Spätwerk im Kontext seiner Krankheit*. In: Ch. Jamme – O. Pöggeler (Hg.), *Homburg vor der Höhe in der deutschen Geistesgeschichte*. Stuttgart 1980, S. 161–188, insb. S. 161.

49 Martin Walser, *Hölderlin zu entsprechen*. Biberach 1970, S. 15; bei Müller-Seidel, S. 162.

50 Hölderlin, *Gedichte*. a. a. O., S. 1129.

51 Vgl. Wolfram Schmitt, *Gesang aus der Ferne – Friedrich Hölderlins ,Späte Gedichte'*. In *Von Schillers ,Räuber' zu Shelleys ,Frankenstein': Wissenschaft und Literatur im Dialog um 1800*. Stuttgart 2006, S. 57–71, insb. S. 61. „Ebenfalls in die ersten Tübinger Jahre (1806–1811)" platziert Schmitt die alkäische Ode *Wenn aus dem Himmel*, wobei er mit Sattlers Datierung übereinstimmt, die – wie Reitani bemerkt (S. 1871) – auf keinem Textelement beruht. Eine reine Konjektur ohne jeglichen Nachweis ist auch die Datierung von *Der Spaziergang* und von *Das fröhliche Leben* „wenig später, nach 1810" (ebenda S. 62).

52 Später, in seiner *Lebensbeschreibung* vom August 1846, behauptet Schwab, *Das fröhliche Leben* sei die dichterische Schilderung eines Spaziergangs, den Hölderlin mit seinem Hausvater Zimmer in den ersten Jahren seines Aufenthalts im Turm machte; und er leitet es aus einem Brief Zimmers an die Mutter des Dichters vom 14. Oktober 1811 (StA 7, 2, 419) ab. Schwabs Behauptung ist bedeutungslos,

mir erscheint sie sogar unwahrscheinlich. Abgesehen von den textimmanenten Gründen, von denen ich noch sprechen werde, ist zu sagen, daß der Tischler auf seine *Felder* unweit seines Hauses ging. In demselben Brief ist auch die Rede von Conz, der in der Nähe wohnte. Wenn der gute Zimmer aufs Feld gehen mußte, nahm er den armen Kranken mit. Ihre Ausgänge waren keine Ausflüge (Schwab spricht von *Wanderungen*) in die Wälder, die Bäche entlang oder auf die Hügel hinauf, wie sie in *Das fröhliche Leben* vorkommen. Man muß sich fragen, warum Schwab sich auf diese unwahrscheinliche Verknüpfung versteift, um dann hinzuzufügen, er könne nicht sagen, wann dieses Gedicht geschrieben worden sei.

53 Vgl. Carl C. T. Litzmann, *Friedrich Hölderlins Leben*. Berlin 1890, S. 666.

54 Martin Anderle, *Das gefährdete Idyll (Hölderlin, Trakl, Celan)*. In „The German Quarterly", Bd. XXXV, 1962, S. 455–463, insb. 457.

55 Das Vorkommen Hölderlinscher Schlüsselwörter in *Der Spaziergang* und insbesondere des Substantivs *Bild* wurde auch von Ulrich Häussermann bemerkt: *Hölderlins Späteste Gedichte*. In „Germanisch-Romanische Monatsschrift", 1961, S. 99–117, insb. S. 103.

56 Duden, *Grammatik der deutschen Gegenwartssprache*. Nr. 968.

57 Ulrich Engel, *Deutsche Grammatik*. Heidelberg 1988, S. 238.

58 Aber vor kurzem wollte man sogar eine Verwandtschaft zwischen *Der Spaziergang* und Gottfried Benns Dichtung sehen: sie hätten *eine typisch Bennsche Nonchalance* gemeinsam. Vgl. Norbert Hummelt, *Jena*. In „Text + Kritik", *Gottfried Benn*, Heft 44 (April 2006), S. 180–190. Hummelt verwechselt offenbar Hölderlins katatonischen Zustand mit Benns Apathie und *taedium* in den schwierigen zwanziger Jahren: „Hölderlin schrieb dieses Gedicht im Tübinger Turm, wo er Benns Symptomatik von 1926 – ‚körperlich und seelisch äußerst apathisch und abgekämpft, von geradezu krankhafter Menschen-Unterhaltung- und Eindrucksflucht' – als Dauerzustand erlebte. Wenn man so will: ein lebenslänglicher Reha-Aufenthalt im Turmzimmer des Schreiners, der ihm Quartier gab und ihn pflegte. Ein Zauberberg für Arme. Es wird deutlich, daß Benn für sein Gedicht bei Hölderlin, der nicht zu seinen erklärten Favoriten gehörte, mehr als nur eine Wendung entlehnt hat." (ebd. S. 185)

59 Giacomo Leopardi, *Opere*, hg. von Giuseppe De Robertis, Mailand-Rom, 1937, Bd. 1, S. 360.

60 Vgl. Anselm Haverkamp, *Laub voll Trauer. Hölderlins späte Allegorie*. München 1991, S. 100 und S. 97ff.

61 Bart Philipsen, „*Worin Inneres bestehet"*: *Landschaft in den spätesten Gedichten*. In HJb. 2002/2003, S. 122–129, insb. 124. Sehr gut gesagt. Scharfsinnige Analyse, aber allerdings nur in Bezug auf die Texte des beschränkten ‚Korpus', das in Betracht gezogen wird. All das läßt sich nicht auf die mit Scardanelli unterzeichneten Texte anwenden; und somit kann man nur mit dieser Einschränkung von einem *Nachklang* der Gedichte von vor 1806 sprechen, der in den spätesten Gedichten spürbar ist; gewiß nicht im Sinne von Otto Pöggeler, *Vollkommenheit ohne Klage? Der Nachklang von Hölderlins Hymnen und Elegien*. a. a. O.

62 Eugen Gottlob Winkler, *Der späte Hölderlin*. Dessau 1943, S. 48f.

63 Friedrich Sengle, *Biedermeierzeit. Deutsche Literatur im Spannungsfeld zwischen Restauration und Revolution 1815–1848*. Stuttgart 1971, Bd. 1, S. 364.

64 Vgl. das Stichwort *Apocryphes* (von Brunetière) in *La grande Encyclopédie*, Bd. 3, S. 344.

65 Siehe z. B. *Lied der Weihe*: zuerst Waiblingers Original und dann Mörikes neue Fassung: „Drum hofft der Sänger auch willkommen / Mit seinem Herzensgruß zu sein: / Denn ob ihm schon das Glück genommen, / Was mild und zart was groß und klein / Das heiße Herz ihm einst erfreute, / Der Heimat wie der Liebe Lust – / Ach Wonnen, die er nie bereute, / Die Sehnsucht jeder Menschenbrust." „Drum hofft willkommen auch der Sänger / Mit seinem Herzensgruß zu seyn; / Es mische sich nun auch nicht länger / Verlorner Tage Gram darein. / Schüchtern verhüllt er selbst der Freude / Erinn'rung sich und Lieb' und Lust – / Ach, Wonnen etc." (*Mörike*, Marbach am Neckar, Deutsche Schillergesellschaft 1990, S. 406 (Auflage des Katalogs der Ausstellung von 1975).

66 „Dichtung und Volkstum", 39. Jahrgang, Stuttgart 1938, S. 341–345, insb. 342.

67 *Vollkommenheit ohne Klage?* a. a. O., S. 290.

68 „Dichtung und Volkstum", a. a. O., S. 343.

69 Mittlerweile – d. h. nach dem Erscheinen der italienischen Ausgabe meines Buches haben ich dazu kurz Stellung genommen. Vgl. Hölderlin – Jahrbuch 2008/9, S. 369f.

70 Jochen Bertheau, *Hölderlins französische Bildung*. Frankfurt am Main 2003, S. 185.

71 „Philosophisches Jahrbuch", a. a. O., S. 85.

72 Vgl. Fragment Nr. 55 (StA 2, 1, 331) und die Erklärungen Beißners (StA 2, 2, 946).

73 *Katalog der Hölderlin-Handschriften*. Auf Grund der Vorarbeiten von Irene Koschlig-Wiem bearbeitet von Johanne Autenrieth und Alfred Kelletat. Stuttgart 1961, S. 152, Nr. 72,3 a/b und 72, 4b. Im folgenden angegeben mit KHH.

74 Die grundlegende Studie über Hölderlin als Briefschreiber ist immer noch: Paul Raabe, *Die Briefe HölderlinS*. Stuttgart 1963. In unserem Zusammenhang von besonderer Bedeutung der *Excurs: Reste des Bewußtseins in den Briefen aus der Wahnsinnszeit* (S. 185–192).

75 Kurt Schneider, *Klinische Psychopathologie*. Stuttgart 1950. S. 131.

76 W. Böhm, *Hölderlin*. a. a. O., Bd. 2, S. 731.

77 Vgl. auch *Hölderlin: Der Pflegesohn*. Texte und Dokumente 1806–1843 mit den neu entdeckten Nürtinger Pflegschaftsakten. Hg. von Gregor Wittkop, Stuttgart 1993, S. 351.

78 Vgl. U. Supprian, *Schizophrenie und Sprache bei Hölderlin*. a. a. O., S. 617: „Bezüglich Hölderlin herrscht bei vielen Untersuchern Einigkeit darüber, daß er vor der offenkundigen Psychose (die im folgenden als ‚große Psychose' bezeichnet wird) ein schizoider Psychopath war."

79 American Psychiatric Association (italienische Ausgabe), *DSM-IV Manuale diagnostico e statistico di disturbi mentali*. Mailand 1996, S. 351 ff.

80 Karl Jaspers, *Strindberg und van Gogh*. Berlin 1998, S. 163.

81 W. Böhm, *Hölderlin*. a. a. O., Bd. 2, S. 725.

82 Miguel de Cervantes, *Don Quijote*. München 1979, S. 550ff. Im Irrenhaus von
    Sevilla lebt sei Jahren ein ‚Lizenziat', der den Erzbischof in einem Brief flehent-
    lich gebeten hat, ihn freizulassen, wozu er die vernünftigsten Gründe anführt.
    Der Prälat schickt einen Kaplan, der die Sache überprüfen soll. Der Narr unter-
    hält ihn lange, ohne je ein Zeichen geistiger Verwirrung zu geben. Der Kaplan
    verfügt, der Mann möge sofort entlassen werden. Aber nachdem dieser schon
    seine normalen Kleider angezogen hat und weggehen soll, beginnt er so verrück-
    tes Zeug zu reden, daß ihn der Kaplan im Narrenhaus lassen muß.

83 Karl Jaspers, *Strindberg und van Gogh*, a. a. O., S. 163.

84 Wilhelm Lange, a. a. O., S. 83.

85 Arthur Schopenhauer, *Sämtliche Werke*. Wiesbaden 1966, Bd. 3, S. 269 f.

86 Außerhalb des Textzusammenhangs möchte ich in Kürze erneut meine alte
    Überzeugung zum Ausdruck bringen, daß die *Friedensfeier*, das heißt die tief-
    gehende Änderung und Vervollständigung der Fragmente von 1801, in jeder
    Hinsicht durch Hölderlins Teilnahme am Reichstag von Regensburg in ihrer
    endgültigen Gestalt entstehen konnte. Von allen dichterischen Werken, die er
    nach dem Aufenthalt in Bordeaux verfaßte, ist dies das unversehrteste und aus-
    geglichenste. Das ist dem wohltuenden Einfluß des Zusammenseins mit Sin-
    clair und anderen Gleichgesinnten zuzuschreiben. Die Probleme, die seinerzeit
    den wohlbekannten philologischen Zwist unter den zahlreichen Interpreten
    der *Friedensfeier* auslösten, lassen sich zum großen Teil lösen; man braucht nur
    einige Betrachtungen zu akzeptieren, die ich hier mit gefestigter Überzeugung
    noch einmal vorbringen möchte. In der Fassung von 1801 war in der idealisie-
    renden Perspektive, die sich durch die jüngsten, glücklichen historischen Er-
    eignisse aufgetan hatte, Christus die zentrale Gestalt des Gedichts gewesen. Als
    aber der Dichter in Regensburg mit einer wirklicheren und greifbareren Äuße-
    rung dieser Ereignisse in Berührung kommt, tritt eine andere Gestalt in den
    Vordergrund: Napoleon Bonaparte. Der Dichter macht Christus, den ‚Unver-
    geßlichen', zu einer sublimen Gestalt im Hintergrund, die alles, was in der Ge-
    schichte an Göttlichem war und ist, in sich vereint, „...denn darum *rief* [das
    einzige Präteritum in der ganzen Hymne] ich *dich* [...] zum Fürsten des Fe-
    stes...". Napoleon aber beherrscht ideell und als Fürst die Szene. Wenn man
    die Niederschrift der *Friedensfeier* eng mit Regensburg verbindet, bedeutet das
    auch, man legt die Datierung mit stichhaltigen Gründen auf eine genaue Zeit
    fest, eben auf die Zeit unmittelbar nach dieser außergewöhnlichen Erfahrung
    oder nur wenig später. Und schließlich bedeutet es vor allem, meinen Hinweis
    ernst zu nehmen, daß die erste Strophe die beinahe realistische und folgerichti-
    ge Darstellung einer Zeremonie vielleicht zum Abschluß des Reichstags ist, die
    gewöhnlich im Reichssaal von Regensburg stattfand: Dort wurden zu der Ge-
    legenheit grüne Wandteppiche (*Teppiche*, die in Wirklichkeit *Tapeten* sind) mit
    ländlichen Szenen angebracht, festlich gedeckte Tische standen da, der feier-
    lichen Stunde gemäß hallten die Stimmen der vielen Delegierten wider, die auch
    aus fernen Gegenden eingetroffen waren. Dieser mein Interpretationsvor-

schlag, auf wirkliche Daten gegründet, bei den historischen Quellen in Regensburg und den diesbezüglichen Archiven nachprüfbar, wurde von keinem der Interpreten angenommen (zum Beispiel nicht von Jochen Schmidt in seiner angesehenen Edition im Deutschen Klassiker-Verlag). Aber sie wurde bis jetzt auch von niemandem stichhaltig widerlegt. Freilich wird sie denen, die im ‚Allbekannten‛ Saturn, Dionysos, Helius, den Genius des deutschen Volks erblikken, als allzu ‚materialistisch‛ erscheinen. (Vgl. Giuseppe Bevilacqua, *La ‚Celebrazione della Pace‛ di Hölderlin.* In „Belfagor", Bd. XI, 1956, S. 337–344, dann wiederaufgenommen und beträchtlich erweitert in *Studi di Letteratura Tedesca.* Padua 1965, S. 75–113.)

87 Über den wohltätigen, wenn auch vorübergehenden Einfluß des Aufenthalts in Regensburg teilt Müller-Seidel unsere Meinung und stellt diesen Einfluß in *Patmos* fest. (Walter Müller-Seidel, *Hölderlin in Homburg*, a. a. O., S. 178f.).

88 Helm Stierlin, *Hölderlins dichterisches Schaffen im Lichte seiner schizophrenen Psychose.* In „Psyche. Zeitschrift für Psychoanalyse und ihre Anwendungen", XXVI, 1972, S. 547.

89 a. a. O., S. 169.

90 Es braucht nicht zu verwundern, wenn ein so scharfsinniger Denker wie Blanchot die Bedeutung dieser Entwicklung klar vor Augen hat und sie als einen wahren Sturz betrachtet: „Quand la folie eut tout à fait recouvert l'esprit de Hölderlin, sa poésie, elle aussi, se renversa. Tout ce qu'il y avait de dureté, de concentration, de tension presque insoutenable dans les derniers hymnes, devint repos, calme et force apaisée. Pourquoi? Nous ne le savons pas." Blanchot versucht trotzdem eine Antwort, die aber ihre Grenze darin hat, daß sie sich auf rein spiritualistische Kategorien und Begründungen stützt: „C'est comme si, ainsi que le suggère Allemann, brisé par l'effort pour resister à l'élan qui l'emportait vers la démesure du Tout, pour resister à la menace de la sauvagerie nocturne, il avait aussi brisé cette menace, accompli le retournement, comme si, entre le jour et la nuit, entre le ciel et la terre, s'ouvrait désormais, pure et naïve, une région où il pût voir les choses dans leur transparence, le ciel dans son évidence vide et, dans ce vide manifeste, le visage du lointain de Dieu." (Maurice Blanchot, *L'espace littéraire.* Paris 1955, S. 373f.)

91 a.a. O., S. 175f.

92 Wolfgang Klein, *Sprache und Krankheit. Ein paar Anmerkungen.* In „Zeitschrift für Literaturwissenschaft und Linguistik", LILI, 1988, Nr. 69, S. 8–20, insb. S. 10.

93 J. Schmidt, in F. Hölderlin, *Gedichte*, a. a. O., S. 512.

Zweiter Teil

Der Vorschlag einer Lösung

1. Marbach 53

Der Text von WadF ist uns in Hölderlins Handschrift erhalten; das Manuskript besteht aus zwei gefalteten Doppelblättern aus grobem, gräulichem Papier, es mißt 16,5 cm x 21,5 cm und hat ein komplexes Wasserzeichen, das aus drei Zeichen zusammengesetzt ist; zwei bestehen aus Bildern und eines aus Buchstaben: ein Wappen in Form einer Hacke, das *pastorale baculum*, den Hirtenstab, enthaltend, der das bischöfliche Emblem der Stadt Basel ist; dann über einem Monogramm in S-Form ein Kreuz mit zwei horizontalen, zugespitzten Balken und einem breiten Sockel, einer Art von an den Enden abgerundeter Stange, die an ihrem linken Ende die Buchstaben J und G trägt, während sich direkt über dem Kreuz eine Krone befindet, die ihrerseits von einer Schlange gekrönt wird; schließlich in Kursivschrift *nburg*, offensichtlicher Bruchteil des Ortsnamens *Rothenburg*.

Auf den letzten Seiten von Marbach 53 (5–8) steht WadF, während die vier ersten von Fragmenten eingenommen werden, die sich auf den Briefroman *Hyperion* beziehen lassen (wie ich schon gesagt habe, will ich alle Probleme, die mit diesem Textmaterial von problematischer Kollokation verknüpft sind, unbeachtet lassen).[1]

Das Manuskript befand sich im Besitz von Eduard Mörike, wie aus der schon zitierten Stelle aus *Erinnerungen an Erlebtes* hervorgeht, die aus dem Jahr 1832 stammt. Daß er es von Waiblinger bekommen hat, wird als sicher angenommen. Dann gehen die Spuren verloren. Wir wissen nicht, ob Mörike es jemandem geschenkt, es verkauft oder bis zu seinem Tod (1875) behalten hat. Im Katalog der Auktion (in Berlin 1891 beim Antiquariat Leo Lipmanns Sohn), in der die Manuskriptsammlung Mörikes veräußert wurde, erscheint es jedenfalls nicht. Es erscheint aber in den Katalogen des Leipziger Antiquars O.A. Schulz, insbesondere bei der Auktion vom 9. Mai 1905, auf der es vom Schiller-Nationalmuseum erworben wurde, wo es sich noch heute befindet.

Aber erst 1921 wird die Ode in Potsdam veröffentlicht, im ersten Band der *Gesammelten Werke*, herausgegeben von Friedrich Seebaß und Hermann Kasack. Seebaß nimmt sie zwei Jahre später in den

sechsten Band der Ausgabe von Hellingrath auf, wobei er sie mit dem
kurzen Kommentar versieht, den ich eingangs zitiert habe. Zuletzt
gelangt WadF, nun auch mit den wenigen Varianten, in zwei kritische
Ausgaben, StA und die HA (in letzterer auch im Faksimile). Eine
Strophe jedoch, und zwar die erste, war schon lange Zeit veröffentlicht. Man konnte sie schon 1831 in dem Werk Wilhelm Waiblingers
lesen, das mit dem Titel *Friedrich Hölderlins Leben, Dichtung und
Wahnsinn* zunächst in einer Art von biographischem Jahrbuch jenes
Jahres erschien: *Zeitgenossen, Biographisches Magazin für die Geschichte unserer Zeit* (jetzt in StA 7, 3, 50–80, im folgenden als ‚Biographie‘ erwähnt).

2. Waiblinger als Biograph

Dieses erste und bedeutende biographische Werk über Hölderlin,
knapp dreißig Seiten lang, hatte Waiblinger in den letzten Jahren seines kurzen Lebens konzipiert und niedergeschrieben, das heißt während seines Aufenthalts in Rom vom 20. November 1826 bis zum
17. Januar 1830, dem Tag seines frühen Todes. In welchem Zeitraum
genau er die Monographie verfaßt hat, wissen wir nicht. Wahrscheinlich hat er schon 1827 damit angefangen (vgl.Hofmann in StA 7, 2,
80); wann er sie beendet hat, ist noch schwieriger zu sagen. Die Tatsache, daß er auf der letzten Seite dem 1770 geborenen Dichter ein
Alter von 57 Jahren zuschreibt, ist kein ganz glaubwürdiges Indiz, da
Waiblinger über Hölderlins Leben vor der Turmzeit zum Teil über
falsche Informationen verfügte.
   Diese Schrift ist jedoch insgesamt in unserem Zusammenhang
von grundlegender Bedeutung. Insbesondere selbstverständlich, weil
darin die erste Strophe von WadF zitiert wird. Hier sind einige sym-
ptomatische Seltsamkeiten zu bemerken. Waiblinger schreibt:

> „Von seinen schriftlichen Sachen und dem Vielen, was er während seines
> traurigen Lebens geschrieben, besitz' ich eine Menge in Deutschland,
> und würde gerne davon etwas mittheilen, wenn es mir möglich wäre. Ich
> erinnere mich nur einer Ode in alkäischem Versmaas, die mit folgenden

rührendschönen Zeilen beginnt: [es folgt der Titel *An Diotima* und die erste Strophe, dann fährt Waiblinger fort:] In der letzten Zeile sieht man schon, wie er den Gedanken nicht mehr erfassen konnte, und wie es ihm gerade gieng, gleich einem angehenden oder schlechten Dichter, der sich nicht ins Klare darüber bringen kann, was er sagen will, und nicht Meister genug darüber ist, um es so stark auszudrücken, als er es empfindet." (StA 7, 3, 72 ff.)

Die erste Seltsamkeit ist, daß Waiblinger der Ode einen Titel gibt, während sie in dem uns erhaltenen Manuskript keinen hat; und daß er einen Titel angibt, der nicht stimmt. Diotima ist nicht die Empfängerin, sondern die Absenderin. Beißner vermutet, das geschehe „wohl in unbewußter Angleichung an den Typus der Diotima-Oden" (StA 2, 2, 898). Das heißt eine rein zufällige Assoziation. Man braucht nicht in die Psychoanalyse abzuschweifen, aber es ist trotzdem gerechtfertigt, wenn man sich fragt, welcher *unbewußte* Trieb Waiblinger zu diesem Fehler veranlaßt haben mag. Ich glaube, in seinem unsicheren Geist und seinem wackeligen Gedächtnis der turbulenten und ausschweifenden römischen Zeit wirkte eine keineswegs zufällige Verknüpfung zwischen den Liebes-Oden vom Typus *An Diotima* und seinem persönlichen Verhältnis zur Ode WadF. Um welche Verknüpfung es sich handelte, werden wir in der Folge zu verstehen suchen.

Eine zweite Seltsamkeit besteht in den zwei einander widersprechenden Urteilen, die er über die zitierte Strophe abgibt; er zitiert zwar aus dem Gedächtnis, aber genau dem Manuskript entsprechend, außer der Hinzufügung eines Kommas am Ende des zweiten Verses und dem verständlichen Tausch von *Leiden* und *Schmerzen*. Waiblinger findet die ersten drei Verse von anrührender Schönheit, was man offenbar vom vierten nicht behaupten kann, wenn er ein beredtes Zeugnis für den zerstörerischen Schwachsinn des Dichters ist. Weder das eine noch das andere ist wahr. Es fällt sehr schwer, das erste Urteil, wie diskutierbar es auch sein mag, zu akzeptieren, aus den Gründen, die wir eingangs dargelegt haben. Die krude Tatsache, daß eine Frau, die ihrem einzigen und unvergleichlichen Geliebten durch den Tod entrissen wurde, ihn aus dem Jenseits fragt, ob er sich noch an sie erinnert, mag vielleicht manche ergreifen, aber anderen wird sie eher komisch erscheinen. Bei dem zweiten Urteil brauchen wir uns nicht aufzuhalten, denn über die angeprangerte Verszeile wie über die ganze Ode kann man alles sagen, aber nicht, daß man in ihr die typischen Zeichen des Wahnsinns entdecken kann, die in geringerem oder größerem Ausmaß an allen in der Turmzeit entstandenen Gedichten zu bemerken sind. Auch A. Beck urteilt – gegen Waiblingers Aussage –, daß WadF keineswegs „in einem schrecklichen Stil" geschrieben sei (StA 7, 3, 27). Die Ode unterscheidet sich im Gegenteil durch eine platte Vernünftigkeit; der erzählerische Duktus ist freilich auf dilettantische Weise schlampig, aber es fehlen die unvorhersehbaren logischen Abweichungen, die Stürze ins Absurde, die bei einem Schwachsinnigen die Unfähigkeit anzeigen, ‚seinen Gedanken auszudrücken' und den Faden der Rede nicht zu verlieren. Waiblinger scheint einerseits am hohen dichterischen Wert der Ode festhalten zu wollen, andererseits durch die Spuren der geistigen Verwirrung deren Echtheit beweisen zu wollen. Warum?

3. Wer war Wilhelm Waiblinger?

Nun ist es nötig, daß wir uns über Waiblinger ausführlich ins Bild setzen, wobei wir vor allem auf eine Rekonstruktion seiner geistigen Persönlichkeit achten müssen, denn diese interessiert uns hier in erster Linie. Die Aufgabe wird dadurch erleichtert, daß wir über eine große Menge autobiographischer Schriften, Briefwechsel und Zeugnisse verfügen: das Ganze leicht erreichbar dank der äußerst gewissenhaften Ausgabe und dem wertvollen kritischen Kommentar von Hans Königer.[2] Waiblingers Werk ist mengenmäßig eindrucksvoll, wenn man seine kurze Lebenszeit bedenkt, aber es ist auch unrettbar mittelmäßig. Schwerlich läßt sich aus den Tausenden von Seiten ein zusammenhängendes Stück von beachtlicher Konsistenz und Länge isolieren, das auch insgesamt einen dichterischen Wert hätte. Zu seinen Gunsten spricht der jugendliche Überschwang, mit dem er in verschiedenen literarischen Formen seine chaotischen Gefühle, die Pläne und Flüge seiner fieberhaften Phantasie zum Ausdruck bringt; er versucht sich in der Tragödie mit klassischen und modernen

Themen oder er sammelt mit vertrauensvoller lyrischer Willkürlich-
keit Reiseeindrücke, menschliche Begegnungen und Beziehungen,
Bemerkungen über Sitten und Gebräuche, Beschreibungen auch exo-
tischer Landschaften (besonders italienischer)[3]. Die lebhafte Prosa
seiner Briefe ist schätzenswert. Teilen kann man in einiger Hinsicht
seinen Nonkonformismus, vor allem was die rückständige Kultur
und die Disziplin betrifft, mit denen er sich im Tübinger Stift herum-
zuschlagen hatte, und auch den Widerwillen, sich der Mentalität und
der üblichen Moral seiner Zeit anzupassen, da es sich um die fünf-
zehn Jahre der Restauration handelte. Zudem ist im Umkreis der
Zeugnisse über Hölderlin gewiß die Beachtung verdient, die man seinem Bericht über seine Beziehung zu dem wahnsinnigen Dichter
schenkt. Das Bild, das sich daraus ergibt, ist ein großenteils glaubwürdiges und somit wertvolles Dokument, ein Text, der von einer
lebendigen und stellenweise liebevollen Anteilnahme durchzogen ist.
Waiblingers Monographie wird ergänzt durch einige bedeutende Tagebucheintragungen, die mit der Beziehung zu Hölderlin zu tun haben. Aber in unserem Zusammenhang ist das Tagebuch[4] als Ganzes
weitaus wichtiger, das heißt als Spiegel der Persönlichkeit und der
privaten Erlebnisse Waiblingers, denn es reicht von 1821 bis 1826 und
handelt somit von der gesamten Zeit im Tübinger Stift, in die auch
der intensive Verkehr mit Hölderlin fällt.

Was aus dem Tagebuch – und auch aus den Briefen und den uns
überlieferten Werken – hervorgeht, ist eine – zumindest – eigenartige
Persönlichkeit mit positiven, aber auch vielen negativen Eigenschaften. Und mit den letzteren müssen wir uns in unserem Zusammenhang befassen. Sie wurden zunächst von zahlreichen Zeitgenossen
und dann von den Literarhistorikern nach und nach erkannt, nachdem sie seinen Charakter, sein Leben und seine Moral unter die Lupe
genommen hatten. Insbesondere wurden Waiblinger nachgesagt: Un-
zuverlässigkeit, maßloser Ehrgeiz, ausschweifende Lebensführung,
manchmal auch körperliche Gewalttätigkeit, eine mimetische Unterwürfigkeit den verschiedensten literarischen Vorbildern gegenüber.
Vielleicht werden wir Gelegenheit haben, diese Zeugnisse oder Urteile im einzelnen zu belegen. Ich nehme nur einige vorweg. Bonaventura Tecchi, der uns auch eine umfangreiche und wohlwollende Studie
über diesen ‚kleineren Schwaben‘ hinterlassen hat, schrieb:

„Waiblinger ist ein *Sonderling*, ein Original *par excellence*, der Luftikus,
der ‚schwäbische Luzifer' [...]. Die gesamte Konstellation seines Lebens
dreht sich um das *Streben nach Sonderbarkeit* [...]. Als Junge zwischen
sechzehn und achtzehn Jahren, gelang es ihm schon in alle kulturellen
und künstlerischen Kreise der schwäbischen Hauptstadt einzudringen,
aus Ungeduld, alle berühmten Persönlichkeiten kennenzulernen und
aus übertriebener Ruhmsucht [...] Die Nachahmung ist Waiblingers
anhaltende Krankheit, von der er sich selbst als die originelle Gestalt, die
er war, im Grunde niemals befreien konnte."[5]

Was Tecchi seine ‚Krankheit' nannte, zeigte sich auch in den persönlichen Beziehungen als chamäleonhafte Eigenschaft, von der wir ein
genaues Zeugnis besitzen in dem harten Brief vom 13. Dezember
1824, einer Abrechnung nach allen Regeln der Kunst, den Waiblinger von seinem Freund Ludwig Bauer bekam und in dem ihm vor-
geworfen wurde, er würde sich, um Hölderlin nachzuahmen, als
Verrückter aufführen, was bei jedem Menschen mit gesundem Verstand *Eckel und Abscheu* erregen würde (StA 7, 3, 24). Im allgemeinen handelt es sich um Betrachtungen, die sich auf die Eigenartigkeit der Person im Vergleich zur Norm beziehen; so wie jeder seinen
eigenen Charakter mit Licht- und Schattenseiten hat. Manche
schrieben Waiblingers Eigenartigkeit dem Zeitgeist zu. So etwa
Friedrich Sengle, der in seinem umfangreichen Werk über das Biedermeier Waiblinger sehr wenig Aufmerksamkeit widmet und der
Meinung ist, dieser sei vor allem ein Opfer der „Zerrissenheit, die
sich in der Kultur der Epoche auffallend und greifbar entfaltet".
Sengle sieht in Waiblinger sogar einen *Weltschmerzpoeten* und
glaubt in seiner Lebensgeschichte „einen Zusammenhang zwischen
Weltschmerz und Italienkult"[6] zu erblicken. Mir kommt es ehrlich
gesagt nicht so vor, als hätte Waiblinger an die ‚Welt' und seinen
Schmerz gedacht, als er sich nach Italien aufmachte. Es wurde sogar
vermutet, er habe sein Land vor allem deshalb verlassen, um vor der
verbreiteten Antipathie zu fliehen, von der er umgeben war: „War
doch Waiblinger, sechsundzwanzigjährig, nach Rom dahingegangen
als ein in seiner engeren Heimat Geächteter und sittlich Gebrand-
markter." So wird er von Franz Schultz, einem Germanisten von
Anfang des 20. Jahrhunderts, eingeschätzt, der Waiblingers freche
Versuche, sich an Goethe heranzumachen, anhand der Korrespon-

denz untersucht und nicht mit strengen moralischen und psychologischen Urteilen spart. Nachdem er ihn als einen „haltlosen und sich übernehmenden Menschen" bezeichnet hat, faßt er das Thema seiner Studie mit folgenden Worten zusammen:

> „An ständiger Selbstbespiegelung *krankend* (kursiv von mir, G.B.) und an zuviel Bewußtheit, frühreif und ohne eigentliche Entwicklung bemüht, die Anerkennung zu erzwingen, die ihm nicht ward und nicht werden konnte, war Waiblinger von dem Kunst- und Lebensevangelium des angebetetsten Deutschen trotz aller äußerlichen Nachahmung durch eine Kluft geschieden. Darin liegt das Tragische seiner Bemühungen, Goethen persönlich näher zu kommen, von denen die hier abgedruckten Briefe zeugen."[7]

Lassen wir ruhig die Meinung derer gelten, die hauptsächlich moralische und geschichtliche Argumente ins Feld geführt haben. Aber Waiblingers ‚Schattenseiten' können von einer anderen extremen Warte aus gewertet werden, nicht als eine mehr oder weniger verzerrte Normalität, sondern vom Standpunkt der Psychopathologie aus.

4. Ein Borderline-Fall

Beide Perspektiven sind gleichermaßen legitim. Denn Waiblingers Fall kann als ein Borderline-Fall betrachtet werden. Der Begriff wurde umfassend in der Psychopathologie verwendet und fällt großenteils zusammen mit dem, was vorher – schon von Eugen Bleuler und dann von Karl Jaspers und vielen anderen – als eine dysthymische oder egopathische Persönlichkeit, eine paranoia-ähnliche Konstitution bezeichnet wurde: wohl auch mit der Erklärung, daß es keine genauen und eindeutig definierbaren Grenzen zwischen einer irgendwie abweichenden Normalität und Erscheinungen gibt, die als Symptom einer wirklichen geistigen Erkrankung zu betrachten sind. So schreibt Nicola Lalli:

> „Die Borderline-Störung, die ein pathologisches Universum ‚an der Grenze' zwischen Psychoneurose und Psychose umfaßt, ist ein undefinierbarer und nicht stabiler Begriff."[8]

Sich auf Jaspers berufend behauptete Johann Jó 1935 auf einer Konferenz mit dem Titel „Die Psychopathen" vorsichtig:

> „In der psychiatrischen Nomenklatur bedienen wir uns solcher Ausdrücke, die wissenschaftlich nicht definiert sind. Ein solches allgemein übliches Wort ist ‚Der Psychopath', welches solche zwischen Gesunden und Kranken stehenden Individuen bezeichnet, bei denen auf konstitueller Grundlage, im Gebiete des Triebes, des Gefühles und des Willens geringe krankhafte Abweichungen vorhanden sind."[9]

Beinahe zur selben Zeit schrieb Kurt Schneider mit etwas größerer Genauigkeit:

> „*Abnorme* Erlebnisreaktionen weichen vom Durchschnitt normaler ab vor allem durch ungewöhnliche Stärke, wozu man auch die Inadäquatheit im Verhältnis zum Anlaß rechnen muß, oder durch die Abnormität der Dauer. Fließende Übergänge gibt es zwischen solchen abnormen und den normalen Erlebnisreaktionen.
> [...] Man nehme typologische Erfassungen von psychopathischen Persönlichkeiten mit allen den hier ausgeführten Vorbehalten und in der Erinnerung an die Problematik, die sich hinter einer jeden dieser Typenbeschreibungen öffnet. Tut man das, ist derartige Typologie trotz ihres begrenzten Erkenntniswertes auch heute noch nützlich und brauchbar."[10]

Dem entsprechend, was Schneider schon in den dreißiger Jahren vorbrachte, ist eine Typologie der Borderline-Persönlichkeiten nicht nur wünschenswert (und viele Fachgelehrte haben sich bereits damit befaßt), sondern sogar notwendig.

Grob gesehen ist die wichtigste Unterscheidung – die sich auch als Gegensatz auffassen läßt – die zwischen Hypothymikern und Hyperthymikern. Die ersteren kennzeichnet ein Rückzug in sich selbst, melancholischer Autismus, übertriebene Schüchternheit und Unsicherheit, Anfälle krankhafter Depression, Mangel an Selbstvertrauen und Selbstbezichtigung etc., letztere kennzeichnet überschäumender Aktionismus und Karrieresucht, Selbstverherrlichung, lästige Aufdringlichkeit, Prahlerei; ihre hochfliegenden Pläne sind jedoch oft von Unbeständigkeit in der Ausführung, Verlogenheit und Skrupellosigkeit in der Werbung für ihr eigenes Image begleitet, etc. Die Neigung zu dem einen oder anderen Exzeß ist von Fall zu Fall auf die Konstitution oder die Biographie zurückzuführen. Jedenfalls handelt es sich bei beiden Varianten um *eine* Störung; so braucht es nicht zu verwundern, daß es selbst auffallende und größtenteils plötzliche Schwankungen von der einen zur anderen geben kann, das heißt das, was man Zyklothymie nennt. Für diese sind nach Ansicht der Psychiater „besonders Borderline-Persönlichkeiten anfällig"[11].

Offenbar gehört der Fall Waiblinger zur zweiten Kategorie, der der Hyperthymiker, die im übrigen nicht frei sind von gelegentlichen zyklothymischen Äußerungen: zum Beispiel, wo die Tagebucheintragungen einen totalen Umschwung in der Bewertung eines eigenen literarischen Werkes zeigen, das bald übertrieben hochgelobt und bald als nichtig abgetan wird, oder die desolate Exhibition seiner geistigen Misere während der letzten römischen Zeit. Nur ein Beispiel: Wir wissen, welche übertriebene Vorstellung Waiblinger von seinem durchaus mittelmäßigen Roman *Phaëthon*[12] hatte, den er im Sommer 1822 im Lauf von acht Wochen an einem Stück geschrieben hatte; lesen wir nun, wie er ihn acht Monate später beurteilte:

> „Unvollkommener, fehlerhafter, unvollendeter konnt ich nichts schreiben als diesen Phaëthon. Fehler im Großen wie im Kleinen, im Ganzen wie im Einzelnen, in der Materie wie in der Form, reichen sich zu höllischem Bunde die Hand.[13]" (Tgb. 275)

Augenblicke mitleidloser Selbstkritik, sowohl des Werkes als auch der Person, echte Anfälle von Hypothymie kommen episodisch auch andere Male vor. In unserem Kontext sind sie von geringerer Bedeutung, während wir uns ausführlicher damit befassen müssen, wie sich bei Waiblinger die deutlich überwiegende hyperthymische Tendenz bildet und äußert.

In der Psychiatrie wurde eine umfassende Typologie zu den verschiedenen „Spezifischen Persönlichkeitsstörungen"[14] ausgearbeitet. Einer der dort zitierten und eingehender untersuchten Typen – da er vielleicht der häufigste ist – ist der, zu dem auch unser Autor gehört, nämlich der narzißtische. Die systematischste Analyse auf dem Gebiet stammt von Kernberg[15], der endlich den Begriff auf den Punkt gebracht hat, wobei er sich einer angemessenen Lehre, einer umfassenden Kasuistik und klinischen Praxis bediente. Es ist nützlich, aus seinem Werk längere Passagen zu zitieren, um verschiedene Aspekte zu beleuchten, die wir bei der Persönlichkeit, mit der wir uns befassen, antreffen können.

„… Das Wort ‚narzißtisch‘ als deskriptiver Terminus [ist] vielfach miß-
braucht, nämlich in unzutreffender Weise und vor allem zu pauschal
verwendet worden. Nichtsdestoweniger gibt es eine Gruppe von Patienten, deren Hauptproblem in einer Störung des Selbstwertgefühls im
Zusammenhang mit spezifischen Störungen in ihren Objektbeziehun-
gen zu bestehen scheint und bei denen man geradezu von einem pathologischen Narzißmus in Reinkultur sprechen könnte. Für diese Kategorie von Patienten sollte meines Erachtens der Begriff ‚narzißtische
Persönlichkeit‘ vorbehalten bleiben […]. Narzißtische Persönlichkeiten fallen auf durch ein ungewöhnliches Maß an Selbstbezogenheit im
Umgang mit anderen Menschen, durch ihr starkes Bedürfnis, von anderen geliebt und bewundert zu werden […]. In bestimmten künstlerischen Bereichen können sie gelegentlich Hervorragendes leisten. Betrachtet man jedoch ihre Produktivität genauer und über einen längeren
Zeitraum hin, so stößt man auf Anzeichen von Oberflächlichkeit und
Flüchtigkeit in ihrer Arbeit und auf einen Mangel an Tiefe, so daß die
Leere und Substanzlosigkeit hinter der glänzenden Fassade schließlich
nicht mehr zu übersehen sind. Oft handelt es sich um ‚vielversprechen-
de‘ Talente, die später durch die Banalität ihrer weiteren Entwicklung
überraschen.“[16]

Das erweiterte *Selbstwertgefühl* des Narzißten zeigt sich nach außen
hin häufig als erfindungsreiche Annäherung seiner selbst an große
Gestalten – der Vergangenheit oder auch der Gegenwart – desselben
Handlungsbereichs, besonders wenn dieser in die künstlerische Sphäre fällt; und als mimetische Projektion des *Ich* auf berühmte Persönlichkeiten, zu denen er einen persönlichen Kontakt gehabt hatte. Das
bringt zunächst eine scheinbar gegensätzliche Haltung der *Idealperson* (Kernberg) gegenüber mit sich, während es sich in Wirklichkeit um das doppelte Gesicht desselben Phänomens handelt: einerseits fetischistische Bewunderung, andererseits einen verschwommenen Besitzerinstinkt, der Wille, sich das Vorbild untertan zu machen
oder auf jeden Fall dessen Fügsamkeit auszunutzen, was, wenn die
Absicht sich nicht erfüllt, womöglich dazu führen kann, daß sich die
anfängliche, unbedingte Bewunderung des Narzißten in eine zur
Schau getragene Verachtung umwandelt.

Schon Freud hatte 1914 in seinem Aufsatz *Zur Einführung des
Narzißmus* vier verschiedene Kategorien aufgestellt, um zu verste-
hen, welchem instinktiven Trieb der Narzißt in der Auswahl der
Menschen gehorcht, denen sich seine Aufmerksamkeit und Vorliebe

zuwendet. Nach der dritten dieser Kategorien wird der Narzißt von einem angezogen, der in auffallender Weise das darstellt, „was man selbst sein möchte".[17] Noch mehr ins einzelne geht Kernberg in der Beschreibung dieses Aspekts, besonders in folgendem Abschnitt:

> *„Frühformen der Projektion, insbesondere die projektive Identifizierung.* Starke projektive Tendenzen sind ein häufiger Befund bei Patienten mit Borderline-Persönlichkeitsstruktur, wobei aber nicht nur die quantitative Ausprägung sondern auch die besondere Qualität dieser Projektion charakteristisch ist […]. Denn im Grunde behandelt der Patient diese idealisierte Person ziemlich rücksichtslos und possessiv, quasi als ein Anhängsel seiner selbst. Insofern lassen sich selbst in den Phasen scheinbarer Unterwerfung unter das idealisierte äußere Objekt die verborgenen Allmachtsphantasien des Patienten nachweisen, die seinem Verhalten zugrunde liegen. Das Bedürfnis, diese idealisierten Objekte zu *beherrschen* und zu benutzen […], verbindet sich mit einem maßlosen Stolz über den ‚Besitz' dieser idealen Objekte, die dem Patienten so völlig ergeben sind. Hinter Gefühle von Unsicherheit, Minderwertigkeit und Selbstkritik, wie sie bei Borderline-Patienten häufig vorkommen, stößt man oft auf verborgene Größen- und Allmachtsphantasien, beispielsweise in der Form, daß der Patient unbewußt an der Überzeugung festhält, er habe einen rechtmäßigen Anspruch darauf, daß andere seine Bedürfnisse befriedigen und ihm ergeben sind, einen Anspruch auf besondere Privilegien und bevorzugte Behandlung."[18]

Die oben angegebenen Klassifizierungen sind allgemein und handbuchmäßig. Halten wir sie uns jetzt vor Augen in ihrer wissenschaftlichen Objektivität, um zu überprüfen, ob und in welchem Ausmaß sie auf Wilhelm Waiblinger anwendbar sind. Das hauptsächliche Dokument dafür ist außer den Briefen und den uns überlieferten Werken ohne Zweifel das Tagebuch, das er zwischen dem 21. März 1821 und dem 31. August 1826 führte. Der Charakterzug, der sich vor allen anderen einprägt, ist genau die narzißtische Einbildung auf sich selbst, auf seine Fähigkeiten, sein Schicksal als Schriftsteller. Goedeke stellt in dem Porträt Waiblingers, das er seiner Bibliographie voranstellt, außer „einem ungezügelten Hang zu ausschweifenden Genüssen"[19] auch seine „maßlose Selbstüberschätzung" fest.

Wir wollen nun eine Reihe von Zitaten anführen, die nicht im einzelnen kommentiert zu werden brauchen. „Ich habe viel von Byron in meinem Wesen … im Leben! wenn ich Lord wäre!" (Tgb. 269) „Sollt ich nicht Byron schreiben und meinen Phaëthon senden?"

(Tgb. 293) Aber zehn Monate darauf ist es für diese Sendung zu spät: „Ich fühle mich Beethoven nahe, auch dem großen Rubens, dem Maler des Weltgerichts, vor allem dem kurzgestorbenen Byron!" (Tgb. 300). Aber der Verfasser von *Childe Harold's Pilgrimage* ist nicht der einzige große Engländer, dem sich Waiblinger verwandt fühlt, wenn auch infolge eines gemeinen Scherzes der Natur nicht ganz ebenbürtig. Am 1. Juni 1821 schreibt er an seinen Freund Matthias Schneckenburger: „Warum hat Gott mich nicht zum Shakespeare gemacht! O Natur, du bist eine Hure!" (WB 5, 1, 65) Auf jeden Fall: „Shakespeare! du bists, dem ich nachstrebe! Shakespeare! klingt's den ganzen Tag vor meinen Sinnen!" (Tgb. 147) Die beleidigte Frage an die stiefmütterliche Natur war schon im Tagebuch aufgetaucht – nur mit einem älteren und etwas vulgäreren Wort – hinsichtlich des großen Autors, an dem sich Waiblinger lange Zeit inspirierte: „Warum bin ich kein Goethe? Natur, du bist eine Metze!" (Tgb. 46) Nachdem sein Roman veröffentlicht ist, den er nach seinen Worten „für die Welt" geschrieben hat, plant er, mit dem Freund Sigel nach Weimar zu gehen, um ihn Goethe persönlich zu überreichen (Tgb. 54 ff.). Die Reise kommt aus Geldmangel nicht zustande, aber Waiblinger möchte ihn dann Goethe widmen und versucht ihn durch Sulpiz Boisseré überreichen zu lassen, den er auch darum bittet, ein Begleit- und Vorstellungsschreiben beizulegen. Im übrigen erscheint ihm diese absurde Aufdringlichkeit durchaus legitim, wenn er sich mit dem Verfasser des *Götz* vergleicht:

> „Ich habe immer gedacht, wenn ich den Berlichingen wieder lese, werde ich verzweifeln. Ich habe mich getäuscht. Statt daß er mich hätte niederdrücken, und an die Unbedeutendheit meines Talents erinnern sollen, gibt er mir Feuer, Begeisterung, Mut, Hoffnung. Ich denke bei jedem Wort: hättest du das auch wohl sagen können: wenn ich dann mit einem Ja antworten kann, bin ich selig. Wenn ich aber gar vollends denke, ich hätte hier das und das Gute gesagt, was Goethe nicht sagte, werde ich fast toll vor Freude." (Tgb.47 f.)

Auch Schiller bewundert er aufs höchste und denkt, er sei in der Lage, ein ,Seitenstück' zu den *Räubern* zu schreiben. Im übrigen „hat Schiller mit 18 Jahren nichts Besseres geschrieben, als mein *Phaëton* ist" (Tgb. 249). Die Selbstverherrlichung entbehrt jeglicher Ironie und erreicht paradoxe Extreme:

„Allmächtiger Gott, an den ich in diesem Augenblick glaube, warum erscheinst du mir nicht? warum sendest du keinen der unbekannten Bewohner jener wundersamen Feuerwelten, die in seltenen Gestalten vor meinem Blicke schweben, zu mir herunter, daß er mir die hohen Gesetze verkünde, die du in deinem königlichen Walten befolgst? warum hebst du mich nicht empor zu dir, der weit über all den glänzenden Erscheinungen thront?" (Tgb. 59)

Und etwa ein Jahr später schreibt er fast im Delirium nieder:

„Dichten kann ich, und werd ich doch. Gott, der in mir ist, der durch mich spricht, mich begeistert, Gott stärkt mich." (Tgb. 227)

Diese Zeilen können selbstverständlich nach der doppelten Perspektive gewertet werden, von der wir gesprochen haben. Von einem einfachen ‚psychologischen' Standpunkt aus kann man darin das egozentrische Phantasieren des Halbwüchsigen sehen, der sich seinem Tagebuch anvertraut. Aber ebenso legitim ist es, sich an das andere Ende zu stellen, von dem aus das Stück als der Beleg eines den Psychiatern wohlbekannten Symptoms erscheint; in den Beschreibungen der pathologischen Störungen der Persönlichkeit wird es als eine *megalomane narzißtische Überhöhung* und eine *Überkompensation*[20] definiert, als eine Allmächtigkeitsphantasie, die ihrerseits die überkompensierte Antwort auf ein Gefühl der Frustration, auf Augenblicke der Hypothymie und schwere, erduldete Niederlagen sein soll: zwei Bedingungen, die in jenen Jahren in Waiblingers persönlicher Geschichte auftauchen. Wir sind allerdings nicht bei dem paranoischen ‚Aug in Auge mit Gott', das uns vom Fall des Präsidenten Schreber[21] bekannt ist (an den sollten wir uns im Falle Hölderlins erinnern, der ausrief: *Ich bin der Herrgott!*), sondern haben es mit einer pathologischen Hypertrophie des Ich, mit einer abnormen Selbstüberschätzung zu tun, das heißt mit der ‚Übertreibung', die von Kurt Schneider bei den Borderline-Fällen beobachtet wurde; all das ist leicht zu belegen. Scharfetter notiert sich die entschiedene Erklärung eines Patienten, der an einer schweren schizophrenen Psychose litt: „Ich muß etwas ganz Besonderes werden."[22] Eigenartig das Zusammenfallen mit nicht wenigen Äußerungen Waiblingers. An den Freund Friedrich Eser schreibt er am 8. August 1822:

„Ich nehme mir vor, ein weltberühmter Mann zu werden." (WB 5, 1, 154)

„Donnerwetter ich muß *einmal ein Kerl* werden, *drob die Welt* erstaunen soll. Feuer hab ich die Erd auszubrennen." (Tgb. 197)

„Es ist wahr, was die Leute sagen, ich mag da nicht seyn, wo ich nicht glänzen kann." (Tgb. 208)

„Dem Ehrgeiz könnt ich alles, alles aufopfern. Schon der Gedanke, daß ich irgendwo glänzen, vor andern mich auszeichnen könnte, beflügelt alle meine Geister so sehr, daß ich wie in einem Meer von Empfindungen schwimme." (Tgb. 196)

„All mein Blut schießt mir ins Gesicht, ich werde feuerroth, wenn man mich ein Genie nennt [...]. Ich fühle mich ungeheuer vorgerückt. Ein ganz neuer Sinn ist mir aufgegangen. Verdamme mich Gott, wenn ich nicht der originalste Kerl werde." (Tgb. 141)

Unvorstellbar, wer den jungen Waiblinger ein Genie genannt haben kann. Sein Lehrmeister Gustav Schwab, der ihn gern mochte, und die wohlwollenden väterlichen Freunde Ludwig Uhland und Friedrich Matthisson (der sich aber weigert, ein Vorwort für den Phaëton zu schreiben) gewiß nicht; was aber bei Waiblinger nur entrüstete Ungläubigkeit erregt.

„Es ist verflucht unnöthig, daß mir Schwab schon ein paarmal gesagt hat, er halte mich für kein Genie." (Tgb. 152)

Die Neugier, die Zuneigung, die Erwartung, mit der diese älteren und damals berühmten Schriftsteller den vulkanischen Jungen betrachten, hindert sie keineswegs daran, alles, was er bis dahin geschrieben und unter Mühen veröffentlicht hatte, erbarmungslos zu kritisieren. Waiblinger selbst wird es bisweilen angstvoll bewußt, daß er von seinem Größenwahn besessen und dessen Opfer ist.

„In meinen Eingeweiden brennt ein Feuer, das mich nicht ruhen läßt. Die Begierde nach Verdiensten verfolgt mich, wie Neron die Furien, wie große und unmäßige Dinge den Catilina." (Tgb. 118)

„… Mein Gemüth verliert sich taumelnd, besinnunglos in unbegränzten Höhen und Tiefen. Darum wird mir so schwer, mich beyden häufiger zu nähern: ich fürchte diesen Zustand, diese zerflossene, gänzlich aufgelöste Existenz." (Tgb. 248)

Das ist die typische innere *Spaltung* der Borderline-Persönlichkeiten, von der Kernberg[23] spricht. Von Waiblinger wird sie als ein bedrohliches Schwanken empfunden, das ihn vor zwei verschiedene extreme Lösungen stellt, sollte sein glühendes Streben nicht zum Ziel gelangen:

> „Kann ich aber kein Dichter werden – doch wollen wir das nicht hoffen, so stürze ich mich entweder in alle ersinnlichen Lüste der Welt, ich saufe, hure, ich lebe nur in Genüssen – oder ich tödte mich. Also entweder ein Dichter, oder ein schlechter Kerl, oder todt." (Tgb. 161)

Das Bewußtsein seiner Lage, die immer wiederkehrende Selbstanalyse und Selbstkritik (siehe z. B. das erbarmungslose *Bekenntnis*, das im Tagebuch mit roter Farbe niedergeschrieben ist, Tgb. 182) ändern das Bild nicht. Wenn es sie nicht gäbe, könnte man nicht mehr von psychopathologischem Egotismus sprechen, sondern von regelrechter paranoischer Psychose oder von Schizophrenie. Ersterer ist vollkommen kompatibel mit einem großenteils angstvollen Bewußtsein, dazu gehören auch episodische Reueakte und eitle Besserungsvorsätze. Das führt gewöhnlich, und Waiblinger bildet auch darin keine Ausnahme, zu Todesgedanken, vagen Selbstmordabsichten und zur Furcht vor dem Irrewerden.

> „Niemand kann mich retten, als ich selbst! Niemand könnte mich verderben, als ich selbst. Fürchterlich! Ich buhle mit meinem Verderben! Ich schaffe mit Bewußtsein dafür! Ich will verderben. Ich werde auf diesem Wege verderben. Wehe! / Ich lachte diesen Nachmittag über Mörikes Spässe… Ich lachte! Bald schwindet es mir. Mir kam der Gedanke: ich will sterben. Ach ich dachte an Selbstmord." (Tgb. 256)

> *„Wenn ich nicht wahnsinnig werde, wird etwas aus mir.* Aber leider, ich habe alle Anlagen zu jenem. Gott schütze mich! Mich schauderts, wenn ich jemand über die Narrheiten eines Wahnsinnigen lächeln sehe." (Tgb. 205)

Waiblinger beging weder Selbstmord, noch wurde er verrückt; aber vielleicht fehlte ihm die Zeit dazu. Doch die im vorletzten Zitat vorausgesehene Alternative erwies sich als falsch, wenn wir bedenken, daß sein früher Tod, mit 25 Jahren, in großem Maß von den besinnungslosen, hemmungslosen und frühzeitigen Lastern verursacht wurde.

> *Meine Brust schwillt ebenso in Sehnsucht nach wilden schrankenlosen Genüssen, nach einem alle Nerven durchbebendem Schwelgen, wie nach Ruhm, Ehre, Wahrheit und reiner Liebe. Einmal zu rasen, in Wollust zu schwelgen, auszusaufen bis auf den Boden den Becher des wildesten*

Genusses, allen meinen Trieben, der tollsten Sinnlichkeit freien Lauf zu lassen… das wünscht ich!" (Tgb. 245)

Daß Waiblinger ein chronischer Alkoholiker war, wird von Dutzenden von Zeugnissen bestätigt. Im übrigen erinnert er selber in kindlicher Unschuld daran. Hier eine Tagebucheintragung vom 13. Februar 1823:

> „Ich trinke erstaunlich viel Bier, und kneipe gewaltig. Des Tags komm ich immer auf meine 6 Schoppen." (Tgb. 266)

Seine Betrunkenheit war aggressiver Art. Auch dafür können wir uns an sein aufrichtiges Tagebuch halten, ohne auf andere Bestätigungen zurückgreifen zu müssen, an denen es im übrigen nicht fehlen würde. Zudem dürfen wir glauben, daß die Dinge, von denen er mit Genauigkeit und Detailreichtum berichtet, echt sind und keine Frucht eines erfinderischen Exhibitionismus. Am 29. April 1823:

> „… Wir gingen zusammen ins Wirtshaus. Ich weiß nicht mehr, was mich wild machte. Ich war eben plötzlich weg. An der Gartenthüre knirscht ich, stampft ich, weint ich […]. Ich schlug wütend um mich." (Tgb. 285)

Anfang September desselben Jahres erzählt er von einem Tobsuchtsanfall bei einem üppigen Trinkabend mit den gewohnten Freunden aus dem Stift.

> „… Ich sprang wüthend auf: alles mir nach: Zeller hielt mich um den Leib fest, ich raste wie ein Tier, er ließ mich los, ich ergriff ein Messer, wollte auf ihn zu […] alles wollte mich halten, ich schlug und stieß um mich; zum Glück gabs nur einige leichte Ritze." (Tgb. 297 ff.)

Die Gewalttätigkeit und die Hartnäckigkeit seines Temperaments ist ihm bewußt, aber er gibt es beinahe mit einer Herausforderung zu: „Ich sey über die Maaßen gewaltthätig, halsstarrig, ganz und gar unbiegsam, sagen die Leute. Es ist wahr, ich bins." (Tgb. 177) Auch die frühreifen verwegenen Liebesabenteuer Waiblingers stechen durch maßlose Ausschweifung hervor. Mit 18 Jahren, im letzten Gymnasialjahr in Stuttgart, beginnt er unter den Augen der Verwandten ein Liebesverhältnis mit der Schwägerin seines Vetters, bei dem er wohnt (seine Liebe *ist nicht beim Platonischen geblieben*, vgl. Tgb. 114) und er wird schroff vor die Tür gesetzt. Eine finstere Geschichte bindet ihn zwei Jahre später an Julie Michaelis, eine junge Jüdin aus Tübingen, durch die er viele Freundschaften verliert, in der kleinen Universitätsstadt, wo das Mädchen und ihre Familie sehr bekannt sind. Von seinen späteren Liebschaften in Rom mit unehelichen Vaterschaften berichtet auch Bonaventura Tecchi in seiner trotz allem wohlwollenden Biographie. Tecchi berichtet auch von der zweideutigen Beziehung zu August von Platen.[24] Unser Held macht kein Geheimnis daraus, nach welchen Prinzipien sich sein Verhalten in der Liebe richtet. Er schreibt es in sein Tagebuch:

> „Zum Henker, ich möchte wirklich nichts als einem schönen Kind die Kleider vom Leibe thun, von oben an bis zu den Strümpfen. So einen vollen, weißen Busen mir auf einmal entgegenschwellen sehen! den zarten Bau der Glieder, die vollen runden Hüften!" (Tgb. 183)

Von Reutlingen aus schreibt er seinem Freund Johann Krebs am 18. Oktober 1822: „Ich kann in keiner Sache Maas halten, am wenigsten in der Liebe. Mit Schranken und Grenzen ist meine Liebe dahin" (WB 5,1, 164). Maßlosigkeit herrscht auch in seinen Studien. Er liest ungeheuer viel und nicht selten äußert er intelligente literarische Urteile: über Goethe und Schiller, die er mit Scharfsinn vergleicht; aber auch über Jean Paul, Ludwig Tieck und andere. Aber sein völlig unregelmäßiges Verhalten beim Lernen und seine Mißachtung der Forderungen der Schule und später der Universität bewirkt, daß er das letzte Gymnasialjahr wiederholen muß und vier Jahre später aus dem Stift hinausgeworfen wird, bevor er in Theologie promoviert hat, was ihm im übrigen als Agnostiker und Antiklerikaler nicht sonderlich am Herzen lag. Der narzißtischen, übertrieben hohen Meinung von sich selbst steht eine häufige, beinahe systematische Heruntersetzung oder Verachtung der Studienkollegen, Dozenten, Freunde, angesehener Schriftsteller oder Gelehrter spiegelbildlich gegenüber. Man kann sagen, daß fast alle Personen, mit denen Waiblinger verkehrt oder die er kennt, früher oder später von ihm als lästig empfunden werden, was er oft in überaus groben Ausdrücken von sich gibt. Keine Freundschaft hält auf die Dauer. Sogar der sanfte, liebevolle Mörike teilt ihm in einem schmerzvollen Brief vom 8. April 1825 mit, er wolle nichts mehr mit ihm zu tun haben.[25] Genau einen Monat vorher hatte Waiblinger seinen Ekel und seine *Wuth* über das gezierte Getue in seinem ganzen Freundeskreis, Mörike inbegriffen, geäußert (Tgb. 312). Aber schon am 11. Dezember 1821, als die Freundschaft zwischen den beiden noch neu war, hatte er schon an Schneckenburger geschrieben, er halte Mörike nicht für seiner würdig.

> „[...] dem Mörike möchte ich schwerlich sobald wieder einen Brief zu schreiben mich bemühen, und am allerwenigsten in der Vertraulichkeit fortfahren, in der ich unbesonnener Weise begonnen habe. Aber Eines hab ich draus gewonnen, ich biete mich und mein Herz nicht mehr so leicht einem Menschen an, den ich des Besitzes jenes Schatzes noch nicht würdig erachtet." (WB 5, 1, 103)

Wir haben uns ziemlich lange damit aufgehalten, einige grundlegende Aspekte der Persönlichkeit Waiblingers nachzuzeichnen. Aber es war notwendig, denn das ist die Figur des jungen Mannes, der am 3. Juli 1822 auf Friedrich Hölderlin stieß: Die Begegnung dauerte nicht länger als fünf Minuten, gewinnt aber eine große Bedeutung. Für ihn. Und für uns in Bezug auf das Ziel der vorliegenden philologischen Untersuchung. Die ganze Geschichte dieser einzigartigen persönlichen Beziehung ist bekannt, dank der Zeugnisse von Waiblinger selbst, von Zimmer und anderen. Wir wollen sie kurz zusammengefaßt wiederholen, wobei wir besonders die Aspekte hervorheben werden, die sich gut in unseren Diskurs einfügen.

5. Die erste Begegnung. *Phaëton*

Die erste Reaktion ist das unendliche Grauen Waiblingers, als er sieht, in welch tiefe Geistesgestörtheit ein Genie versinken konnte. Es ist eine Reaktion, die auf ihn selbst bezogen ist, wenn man bedenkt, wie oft er seine Furcht vor dem Verrücktwerden niedergeschrieben hat. Nun sieht er diese Furcht in der Gestalt des Dichters gespiegelt und sie verwandelt sich auch in ein tiefes Nachdenken über das Geheimnis des Wahnsinns: „Der Geist meines Hölderlin", schreibt er am 22. November 1822, „schwebte über mir [...] Ich fühlte mich ihm verbrüdert. Er führte mich an den schaudervollen Abgrund des unermeßlichen Geschiks der Menschheit, wo alles Rätsel, alles Ungewißheit ist." (WB, 5, 1, 173) Man kann sagen, daß niemand ein so schauerliches und doch so wahrheitsgetreues Bild des wahnsinnigen

Hölderlin gezeichnet hat wie Waiblinger in dem ausführlichen Bericht seines ersten Besuchs, der mit folgendem Satz schließt:

> „Wir schieden, wie wir die Treppe hinabgiengen, sahen wir ihn durch die offene Thüre noch einmal, wie er auf und ablief. Ein Grausen durchschauerte mich, mir fielen die Bestien ein, die in ihrem Käficht auf und ab rennen, wir liefen betäubt zum Haus hinaus." (Tgb. 203)

Es braucht also nicht zu verwundern, daß Waiblinger sich schon da vornahm, seinen Besuch oft zu wiederholen. Nicht zuletzt, um die schöne Lotte Zimmer wieder zu sehen, die natürlich sofort seine Aufmerksamkeit erregt hatte. Aber nachdem er den Schock überwunden hat, wird das Interesse für Hölderlin zu etwas, das es literarisch darzustellen gilt. Der wahnsinnige Dichter wird zu einer Figur: Waiblinger stürzt sich ohne Überlegungen in ein mimetisches Schreiben, das schon ein Akt neurotischer narzißtischer Identifikation auf erzählerischem Weg ist. So entsteht der Plan und geschieht dann die rasche Niederschrift (acht Wochen) des Romans *Phaëton*. Nicht von Bedeutung ist, daß er schon mehr als zehn Tage vor der Begegnung sich die Absicht notiert hatte, einen Roman zu schreiben; von Bedeutung ist dagegen, daß sich für diesen Plan das lebende Vorbild geradezu aufdrängt, verdoppelt durch die Gestalt des Hölderlinschen Hyperion. In den Tagebucheinträgen des Sommers 1822 wimmelt es von beinahe irren Vorsätzen in diesem Sinn:

> „Dieser Hölderlin regt mich auf, Gott, Gott! diese Gedanken, *dieser kühne hohe reine Geist und dieser Wahnsinnige Mensch!* – da bleib ich stehen. Der Hyperion ist voll Gehalt, voll Geist: Eine brünstige volle glühende Seele schwellt alles an. Die Natur ist seine Gottheit. Er ist unendlich originell, er ist ganz genial [...]. Hölderlin schüttelt mich. Ich finde eine unendl(ich) reiche Nahrung in ihm. Er schließt meinen ganzen Busen auf – ich fühle mich *dieser großen trunkenen Seele verwandt* – O Hölderlin – Wahnsinn –" (Tgb. 216)

Und zwei Tage später: „Nur einen Wahnsinnigen möchte ich schildern, – ich kann nicht leben, wenn ich keinen Wahnsinnigen schildre" (Tgb. 216).

Und am 10. August:

> „Der *Held meines Romans* [...] ist *ein Hölderlin*, einer, der da wahnsinnig wird aus Gottrunkenheit, aus Liebe und aus Streben nach dem Göttlichen." (Tgb. 217)

Trotz der Vorsätze, sich an das Vorbild zu halten, verleiht Waiblinger seinem Phaëton auch einige Züge, die dem wirklichen Hölderlin kaum gleichen: insbesondere die vage und rein emphatische Religiosität, die aus dem letzten Zitat ersichtlich ist, und – man könnte sagen das Gegenteil davon – eine hemmungslose Sinnlichkeit. Bei einer Zusammenkunft, die eine ganze Nacht dauert, scheint seine Geliebte Atalanta keinen Wunsch offen gelassen zu haben. (WB 2, 58). Bei seiner psychopathologischen Projektion und Identifikation mit Hölderlin ließ Waiblinger in diese Ausgeburt seiner Phantasie die Beweggründe, die Liederlichkeiten und die wahnwitzigen Erwartungen seiner eigenen Existenz eingehen. An mehreren Stellen behauptet er, Hölderlin sei wegen seines lasterhaften Lebenswandels und der Enttäuschungen, die sein Stolz und seine Ruhmsucht erlitten, wahnsinnig geworden. Es bleiben aber im Roman einzelne genaue Übereinstimmungen, zum Beispiel:

> „(Phaëthon) verlor immer den Faden wieder, machte die wunderbarsten Kombinationen, und schien oft das Vergangene von dem Gegenwärtigen nicht mehr unterscheiden zu können." (WB 2, 126)

> „Er spielte auf dem Klavier, aber lauter verwirrte Phantasien. Schrecklich war's, den Wahnsinnigen spielen zu hören." (WB 2, 138)

Die Sekundärliteratur hat alle diese Übereinstimmungen aufs genaueste registriert; sie bestehen aus einer krausen Mischung von eigenen, beim Besuch des Dichters gesammelten Eindrücken und Nachrichten über ihn einerseits und aus der Lektüre des *Hyperion* andererseits: die Berufung des Künstlers, der Hintergrund des um seine Freiheit kämpfenden Griechenland, die Ferne der Geliebten, die tragisch endende Liebe und der sich daraus ergebende Wahnsinn des Helden.[26] Wie sich später genauer zeigen wird, gewinnen gewisse Details und Situationen ausschlaggebende Bedeutung, insbesondere bei dem Versuch zu erkennen, wie viel und was Waiblinger vom Leben und den Schicksalsschlägen seines Vorbilds Hölderlin wußte. Schließlich ist auch darauf hinzuweisen, daß im *Phaëton* außer dem Inhalt auch die Form (Briefroman), die Lexik (romantischer Prägung) und die Satzbildung (rhetorisch sublim) nachgeahmt wird. Mygdales hat den Text Schritt für Schritt mit den Quellen verglichen, insbesondere mit *Hyperion* und den griechischen und lateinischen Schriftstellern, wobei er auf Parallelen stieß, die mitunter eher wie Plagiate aussehen. Diese Feststellung bringt uns bei der Rekonstruktion der Beziehung zwischen Waiblinger und Hölderlin einen Schritt weiter.

6. *In lieblicher Bläue*

Ich nehme nun Bezug auf die zwei Seiten von *In lieblicher Bläue*, die in den Roman eingefügt sind (StA 2, 1, 372–375 und WB 2, 138–140). Zuallererst ist festzustellen: Waiblinger teilt uns mit, daß er einen Text in Versen, sogar einen von hohem pindarischen Flug, in Prosa umgewandelt hat, als sei dies eine vollkommen legitime Initiative. Heute wäre es absolut undenkbar, und es ist ein ausreichendes Indiz für das, was damals, und insbesondere für den Verfasser des *Phaëton*, das Kriterium und die Grenzen eines Eingriffs in das Gedicht eines anderen waren. In Wirklichkeit hat Waiblinger einen zusammengepfuschten Text eingesetzt, den er ganz Hölderlin zuschreibt, abgesehen von der Erklärung, daß er die metrische Einteilung weggenommen hat. Ich glaube nicht, daß dem so ist. Im übrigen sind die Zweifel an der Authentizität von *In lieblicher Bläue* nichts Neues. Ich möchte vor allem Ottmar Rutz (1913) zitieren, der behauptet, Norbert von Hellingrath persönlich habe ihm gesagt, er solle auf der Hut sein, was *solch zweifelhaftes Material bei Hölderlin* betreffe, und der ungefähr zwanzig Zeilen des Einschubs als unmittelbare Erfindung Waiblingers bezeichnet.[27] E. Bach weist, ausgehend von syntaktischen und lexikalischen Erhebungen, auf Analogien zwischen *In lieblicher Bläue* und *Phaëton* hin, die so weit gehen, daß er den ganzen Einschub als eine simple Imitation betrachtet, die Waiblinger als eine Transkription ausgibt.[28] Und ich glaube nicht, daß das Problem der Authentizität von so geringfügiger Bedeutung sei, wie D. E. Sattler, ohne es zu beweisen, sagt, nämlich daß der Verfasser des *Phaëton* ‚dokumentarisch' verfuhr.[29] Ohne auf Folgerichtigkeit zu achten – die logische und thematische Unordnung wäre ohnehin durch die Behauptung der Geisteskrankheit gerechtfertigt –, mischte Waiblinger, wie mir scheint, in *In lieblicher Bläue* Fragmente eines oder mehrerer vermutlicher authentischer Handschriften mit Zitaten aus bereits veröffentlichten Texten Hölderlins mit banalen Gesprächsfetzen, sogar mit Stellen aus seinem Roman. Sehen wir uns all das im Einzelnen an.

In verschiedenen Syntagmen hört man den Stil und den Rhythmus heraus, von denen die hölderlinschen Hymnen geprägt sind. Ich denke zum Beispiel an die ersten drei hochgerühmten Worte, die gewöhnlich als Titel des ganzen Stücks verwendet werden. (Aber schon in der zweiten Zeile beargwöhne ich den Gebrauch des abgenutzten und pathetischen Wortes *rührend*, das später noch einmal vorkommt, aber nicht zum poetischen Wortschatz Hölderlins gehört). Dann denke ich an „Voll Verdienst, doch dichterisch wohnet der Mensch auf dieser Erde". Diesen Satz wählte Heidegger ja als Ägide, um seine erfinderische Lektüre des ganzen Stückes im philosophischen Sinn zu entwickeln; er scheint das ganze Stück als authentisch und in Verse aufteilbar zu betrachten.[30] Ich denke auch an „Größeres zu wünschen, kann sich der Mensch nicht ermessen" oder auch: „Es ist die Wesenheit, die Gestalt ist's". Es ist legitim zu vermuten, daß dieses gefälschte Fragment aus Manuskripten stammt, die in der berühmten Rolle (StA 7, 3, 5) enthalten waren, in deren Besitz Waiblinger nach seinen eigenen Angaben gelangt war (Tg. 202) und die möglicherweise Texte aus der letzten Zeit vor dem Turm enthielten, wie zum Beispiel *Was ist Gott?*, das sich in Zimmers Händen befand. Waiblinger kann das, was in dieser späten Phase der Auflösung der Form reines Fragment war, mit freien Rhythmen Pindarischen Vorbilds verwechselt haben. Daß Waiblinger etwas, das direkt von den Manuskripten herkam, in seinen Text aufgenommen und kontaminiert hat, ist mehr als wahrscheinlich.

Aber der Satz „...im Winde aber oben stille krähet die Fahne..." scheint ein beinahe genaues Zitat aus *Hälfte des Lebens* zu sein, das 1805 veröffentlicht worden war. Offensichtlich eingeschoben erscheinen mir einige Redewendungen aus der gesprochenen Sprache, die zu dem lyrischen Ansatz des Textes deutlich in Widerspruch stehen: „wenn ich so sagen könnte", „wie ich glaube". Aber wir lesen auch: „Diese Leiden dieses Mannes, sie scheinen unbeschreiblich, unaussprechlich, unausdrücklich": Wir stehen vor einer schlampigen Wiederholung, unvereinbar mit dem Sinn für das semantische und syntaktische Gleichgewicht und die richtige syntaktische Verteilung, der Hölderlin angeboren war und der ihm nicht einmal durch die geistige Zerrüttung abhanden kam, wie alle spätesten Gedichte beweisen. Ebenso unwahrscheinlich sind in *In lieblicher Bläue* einige bizarre Vergleiche wie etwa der zwischen dem metaphysischen Schmerz des Herkules, der mit der Gottheit kämpft, und einem, der von Sonnenflecken bedeckt ist (?). Beim späten Hölderlin lassen sich zahllose Seltsamkeiten finden, aber nie lächerliche und wackelige Vergleiche. Zuletzt verdient noch eine andere Stelle dieses zweifelhaften Einschubes Beachtung. In den Roman, und zwar in den langen Brief Phaëtons an Theodor, der mit dem Satz „Der Schlaf floh mein Auge" beginnt, hatte Waiblinger bereits eine konventionelle idyllisch-erotische Szene eingefügt: ein lieblicher Garten, in dem sich drei schlanke Säulen erhoben und „das schöne Mädchen" Atalanta thronte, um deren Schläfen sich ein Kranz aus Rosen windet. Etwas sehr Ähnliches kehrt am Ende des Romans wieder, in den letzten Zeilen des zweiten Einschubs von *In lieblicher Bläue*: die mit einem Blumenkranz geschmückte „schöne Jungfrau", der Garten, die drei Säulen. Ist das Zufall? Schließlich ist der Spruch, mit dem der Einschub endet: *Leben ist Tod, und Tod ist auch ein Leben,* der Hölderlinschen Welt absolut fremd. Aber er spiegelt Waiblingers Zwangsvorstellung des Todes, der man in seinen Schriften insbesondere vor seiner Reise nach Italien begegnet.

Ich habe bereits gesagt, *In lieblicher Bläue*, das von Waiblinger Hölderlin zugeschrieben wird, stellt nach meinem Dafürhalten die zweite Phase in der komplexen Beziehung zwischen den beiden dar: von der einfachen Imitation, von der der gesamte Phaëton-Text durchzogen ist, bis zur willkürlichen Manipulation des Fragments. Ich vermute jedoch einen weiter fortgeschrittenen, noch schwerwiegenderen Übergang, das heißt von der Manipulation zum Apokryph. Nur müssen wir, um ihn in Angriff zu nehmen, unsere Aufmerksamkeit erneut dem Gast im Turm zuwenden.

7. Eine einzigartige, privilegierte Beziehung

Es ist hinlänglich bekannt und braucht deshalb hier nicht eigens belegt zu werden, daß Hölderlin in den langen Jahren seiner Geisteskrankheit seine Freunde und Bekannten von früher, selbst seine nahen Verwandten durch eine Wand der Gleichgültigkeit, der Apathie und eines stuporähnlichen Verhaltens von sich fernhielt, wenn er nicht sogar wütende Abneigung gegen Menschen und Ereignisse aus seinem früheren Leben äußerte. Genau das, was man in der Psychiatrie den *autistischen Rückzug* nennt[31]. In diese verhängnisvolle Isolierung konnten die Menschen, die ihn pflegten, sich einen Zugang verschaffen. Hölderlin schenkte und widmete Ernst Zimmer Verse, begleitete ihn manchmal ins Freie, nahm mit Heiterkeit an dessen Pflaumenernte teil. Er schätzte Christianes und noch mehr Lottes Aufmerksamkeiten und verhielt sich mit ihnen meist fügsam. Aber man kann, glaube ich, sagen, all das ging nicht hinaus über die intensive, aber elementare Zuneigung, die jeder Lebende dem entgegenbringt, der ihm Nahrung, ein Dach über dem Kopf gibt und für ihn sorgt, wenn es ihm schlecht geht. Im letzten Lebensabschnitt akzeptierte der Dichter die Unterhaltungen mit Schwab *junior*, wie wir aus den ausführlichen Berichten des letzteren wissen. Der beinahe friedliche Ablauf dieser Begegnungen ist wahrscheinlichen zwei Faktoren zu danken. Vor allem dem ersten Eindruck, als der im Hause Zimmer klavierspielende Hölderlin einige Tränen in den Augen des unbekannten jungen Besuchers entdeckte und vielleicht dachte, er habe ihn mit seinen irren Variationen auf dem Klavier gerührt (StA 7, 3, 203); außerdem pflegte Hölderlin jüngere Besucher – auch Studenten, die wie er im Turm wohnten, oder Studenten aus dem Stift – freundlicher zu empfangen, vermutlich weil diese aufgrund ihres jugendlichen Alters unmöglich zu tun gehabt hatten mit seinem früheren Leben, das für ihn immer noch Gegenstand psychotischer, bisweilen wütender Verdrängung war. Es ist also gesichert, daß Hölderlin Christoph Schwab „glimpflich" empfing und behandelte, wie Lotte Zimmer ihm von Anfang an, aber auch auch noch später bestätigte, als sie ihm 1870 schrieb: „… wo Sie aber auch meistens gnädige Aufnahme bey ihm fanden, was nicht jedem bei ihm glückte" (StA 7, 3, 250).

Nichts mehr als das für Christoph Schwab. Aber im trostlosen Panorama der Beziehungen des irren Dichters sticht eine einzigartige Ausnahme hervor: die Beziehung zu Wilhelm Waiblinger, bei weitem intimer und überraschender.

Auf den ersten Besuch vom 3. Juli 1822 folgten zahllose andere. Das Außergewöhnliche liegt darin, daß diese Begegnungen ohne die Gegenwart Fremder auf den Spaziergängen zum Österberg und dem Aufenthalt in dem Gartenhaus stattfanden, das Waiblinger dort gemietet hatte. Die Besuche im Gartenhaus wurden im Jahr darauf häufiger, besonders als die warme Jahreszeit zum Ausgehen verlockte. Hölderlin selbst hatte im Frühjahr 1823 Lust darauf, was er in Bezug auf andere Personen oder Situationen nie hatte, soviel wir wissen. Das wissen wir aus einem Brief von Ernst Zimmer an Hölderlins Mutter, der in der Abschrift von Gustav Schlesier erhalten ist:

> „Mit meinem Christian spricht er französisch, u. er spricht es noch ziemlich gut. Er sagte meinem Christian letzthin auf französisch: wenn das Wetter gut sei, so wolle er öfters auf den Österberg spazieren gehen." (StA, 7, 2, 565)

Man braucht nicht eigens daran zu erinnern, daß der Österberg Waiblinger und sein Gartenhaus bedeutet. Hölderlin hätte weder allein hingehen können noch dürfen. Im übrigen wurde der Wunsch des Dichters von seinem jungen Freund vollkommen erwidert, der ihn in der geflügelten Hymne *An Hölderlin* innigst aufforderte, mit ihm auf den Hügel über dem Neckar zu steigen (vgl. StA 7, 3, 483 ff.): *Komm herauf, / Jammerheiliger!*

Die Dokumente, die uns zur Verfügung stehen, bezeugen, daß der Dichter seinem Begleiter und Mentor gegenüber von außergewöhnlicher Nachgiebigkeit war, was Ernst Zimmer zu seiner großen Verwunderung sofort bemerkte:

> „Der Tischler verwunderte sich bald, daß ich soviele Gewalt über ihn ausüben könnte, daß er mit mir gieng, sobald ich wollte, und daß er sich auch in meiner Abwesenheit soviel mit mir beschäftigte." (StA, 7, 3, 66)

Es stimmt zwar, daß ehrerbietige Formen für Hölderlin in jeder Situation gewöhnlich geworden waren, aber Waiblinger gegenüber sind sie noch ausgeprägter. Natürlich registriert sie Waiblinger mehrmals selbstgefällig in seinem Narzißmus, zum Beispiel in der langen

Eintragung in sein Tagebuch vom 9. Juni 1823. Reine Prahlerei? Das könnte man denken, gäbe es nicht die unanzweifelbare Bestätigung Zimmers und seiner Angehörigen. An dem Tag – es war wunderschönes Wetter – wollte Hölderlin nicht vom Bett aufstehen, vielleicht war er auch müde von seinem nächtlichen und frühmorgenlichen Umhergehen im Zwinger. Aber dann:

> „Der junge Zimmer brachte ihn endlich zum Aufstehen. Ich folgte nach: Hölderlin kannte mich gleich, und entschuldigte sich in lauter Unsinn. Es ist schrecklich, wie sich dieser einst so große Geist nun in leeren Wortformeln umdreht. Man hört ewig nur: Eure Majestät, Eure Heiligkeit, Euer Gnaden, Euer Excellenz, der Herr Pater! Sehr gnädig, bezeuge meine Unterthänigkeit! Ich brachte ihn dazu, daß er in mein Pantheon gieng. Die Aussicht, der herrliche Frühlingsmorgen schienen doch auf ihn zu wirken. Ich fragt ihn tausenderley, bekam meistens unverständige oder unsinnige Antworten. Als ich ihn fragte: wie alt sind Sie, Herr Bibliothekar? antwortete er unter einem Schwall französischer Worte: bin mir nicht mehr bewußt, Euer Gnaden. Ich erinnerte ihn vergeblich an vieles. Zimmer wunderte sich schon, daß er das Häuschen betrat, aber unbegreiflich seys ihm, als Hölderlin gar eine Pfeife rauche, die ich ihm füllte und anzündete, und die ihm recht zu schmecken schien: Und vollends – Auf mein Vorbringen setzt er sich an meinen Pult, fieng an ein Gedicht zu schreiben: der Frühling, schrieb aber nur fünf ungereimte Zeilen und übergab sie mir mit einer tiefen Verbeugung. Vorher hatte er nie aufgehört, mit sich zu sprechen und immer: Schon recht! Nun nein! Wahrheit! Bin Euer Gnaden sehr ergeben, bezeuge tief meine Unterthänigkeit für Ihre Gnaden – ja, ja, mehr als ich reden kann – Euer Gnaden sind allzu gnädig – Als ich ihm sagte, auch ich habe das Bestreben eines Dichters, und ihm mein Manuscript zeigte, sah ers starr an und neigte sich und sagte: So! So? Eure Majestät schreiben! Schon recht – [...] Er scheint ein großes Zutrauen zu mir zu haben; sein heutiges Betragen zeugt davon. Ich will ihn öfter auf meinen Berg nehmen, und auf alle Weise ihm beyzukommen suchen." (Tgb. 291)

Man muß hervorheben, daß Waiblinger Sorge trägt, ihm seine Schriften vorzulegen, die den Dichter zur Verwunderung hinreißen. Wir haben es mit einer einzigartigen Verbundenheit zu tun. Zwischen den beiden, dem Achtzehnjährigen und dem Dreiundfünfzigjährigen, entsteht ein intensiver Austausch auf menschlicher und literarischer Ebene, der im Leben des wahnsinnigen Hölderlin und des stürmischen jungen Dichters ohnegleichen ist. Schon am 13. Februar 1823

hatte Waiblinger notiert: „Weder mit Goethe noch mit Schiller noch
irgend einem anderen größern Dichter fühl ich eine Verwandtschaft,
bloß mit … Hölderlin (Tgb. 266)". Und am 9. Juni:

> „Hölderlin war in meinem Gartenhaus, las mir vor aus seinem Hyperi-
> on. O auch ich bin noch ein Kind in der Fremde. Hölderlin ist mein
> liebster Freund! Er ist ja nur wahnsinnig. O ich möchte sie küssen, diese
> abgehärmten zuckenden Lippen." (Tgb. 292)

Dann lesen wir am Ende des Eintrags vom 1. Juli 1823 den ‚offenen'
Satz, der am meisten zu denken gibt: „Hölderlin ist viel bey mir –"
(Tgb. 293). Man muß bedenken, daß ein Gedankenstrich am Ende
eines Satzes ohne Punkt bei Waiblinger eine Auslassung bedeutet.
Was wurde in diesem Fall und anderen ähnlichen (wie etwa dem
und vollends beim Eintrag vom 9. Juni) von Waiblinger unterdrückt:
in einem Tagebuch, in dem er so viele intime Dinge, oft sogar unein-
gestehbare, aufschreibt, die mit seinen Lastern, seinen Liebschaften,
seinen Wutausbrüchen, seinen Mißerfolgen zu tun haben? Vielleicht
hat er etwas verschwiegen, das in einem vertraulichen Brief an seinen engen Freund Friedrich Eser durchscheint, den er eine Woche
später schrieb:

> „Hölderlin ist viel in meinem Gartenhause, hat ein unbegreiflich Zu-
> trauen zu mir, tausend sonderbare Auftritte mit ihm. Er liest in meinem
> ‚Phaëthon', prophezeit mir: ‚Sie werden ein großer Herr werden, Eure
> Heiligkeit!', schreibt Gedichte bei mir." (WB 5, 1, 192)

Die Nachgiebigkeit dessen, den wir in seinem ganzen Verhalten doch
als einen armen Schwachsinnigen betrachten müssen, erscheint
Waiblinger sogar *unbegreiflich*. Wird er sie ausgenutzt haben? Und
wie? Und was waren zudem diese *Auftritte*? Schon das Wort allein
bedeutet auch bei den Klassikern nach Grimm: ‚auffallend herbeige-
führter hergang und handel'. Was für eigenartige Ereignisse mögen in
der Einsamkeit des Gartenhauses auf dem Österberg geschehen sein?
Kurz gesagt: Wie können oder müssen wir uns die Beziehung zwischen diesen zwei Persönlichkeiten vorstellen, die beide psychisch
gestört waren, wenn auch in verschiedener Form und unterschiedli-
chem Grad? Die eine hatte die Psychopathologie eines Borderline,
die andere eine schwere, chronische schizophrene Psychose. Betrachten wir zuerst gesondert die beiden Haltungen.

8. Zwei verschiedene, aber einander ergänzende Psychopathologien

Der Impuls des Narzißten, der ‚Idealperson' durch Nachahmung ähnlich zu werden, indem er schließlich die Idealperson zu beherrschen versucht, wird in der psychiatrischen Lehre bestätigt, wie wir bei den oben zitierten Stellen aus dem grundlegenden Traktat von Kernberg (S. 51, 54, 56) gesehen haben. Umgekehrt kann dies alles aber mit einer Art Entfremdung des Narzißten von seinem Vorbild zusammenfallen:

> „Eine schwerere Form narzißtischer Störung tritt dort auf, wo das Selbst pathologische Identifizierungen in einem derartigen Ausmaß entwickelt hat, daß es überwiegend nach dem Vorbild eines pathogenen verinnerlichten Ojekts gebildet ist […]. Diese schwere Form narzißtischer Pathologie gilt für alle Fälle, in denen das Individuum (mit seinen inneren Objektbeziehungen wie auch im äußeren Leben) sich mit einem bestimmten Objekt identifiziert und Objekte liebt, die projektiv für sein (gegenwärtiges oder früheres) eigenes Selbst stehen."[32]

Dem ist hinzuzufügen, daß all das sich voll entfalten und paradoxe Handlungen hervorrufen kann, das heißt auch Überlagerungen der Persönlichkeiten und gegenseitigen Austausch der Identität, wenn es bei der ‚Idealperson' auf die entsprechende Bereitwilligkeit stößt.

Im allgemeinen läßt sich beim kranken Hölderlin gewiß nicht von einer leichten Bereitwilligkeit sprechen. Abgesehen von einer Art Gehorsam den Menschen gegenüber, die für ihn sorgten, reagierte Hölderlin mit seinen paradoxen unterwürfigen Formen, doch auf oberflächliche Weise auf die Leute, die mit ihm sprechen wollten, aber beinahe immer negativistisch denen gegenüber, die ihn zu einer Stellungnahme zwingen, ein Interesse, eine Erinnerung oder einen Vorsatz in ihm wachrufen wollten: „Pallaksch! Pallaksch!" Bei der Beziehung zu Waiblinger jedoch steht alles in einem völlig anderen Licht. Wir hätten also mit zwei einander deutlich entgegengesetzten Verhaltensweisen zu tun. Auch hier kann uns die psychiatrische Literatur über die Schizophrenie weiterhelfen. Scharfetter beschreibt beide Verhaltensweisen, die negativistische Ablehnung und die totale Ergebung: er weiß und hat in seiner klinischen Tätigkeit erlebt, daß sie bei einem

Schwerkranken koexistieren können, je nach den Personen und den Situationen, mit denen er in Berührung kommt. Der Begriff, den Scharfetter erarbeitet hat und der auf unseren Fall anwendbar ist, nennt sich eine ‚Störung der Ich-Demarkation‘, eine ‚Störung der Ich / Nicht-Ich Unterscheidung‘, die den Patienten zu einer Art ‚Transitivismus‘ führen kann, das heißt das Überfließen der eigenen Identität in die Identität eines anderen. Wenn das geschieht, dann ist

> „die Abgrenzung des Ich vom anderen, vom Du unsicher oder aufgehoben, so daß das Ich jedem Außeneinfluß zugänglich ist, beeinflußt, gesteuert, manipuliert werden kann. Grenzstörung bedeutet Störung des Grenzverkehrs, also auch Interaktionsstörung [...]. Die Unterscheidung innen- und außenbestimmter Erfahrungen ist geschwächt oder aufgehoben [...]. Eigenes wird als außerhalb des nicht mehr gewissen Eigenbereichs sich ereignend erfahren: Transitivismus.“[33]

Es handelt sich also um einen völligen Schwund der Identität, dem sich der Psychotiker nicht zu entziehen vermag, auch wenn er eine schmerzhafte Wahrnehmung davon haben kann. Scharfetter gibt oft erschreckende Erklärungen schizophrener Patienten wieder:

> „Ich fühle mich zerrissen, bin keine Einheit... Das Zerrissenheitsgefühl hängt davon ab, mit wem ich rede.“ „Mein Gehirn ist durchlöchert.“ „Ich kann mich nicht mehr abschirmen.“ „Der Rumpf ist halbiert. Ich bin vier Menschen.“ „Mein Gehirn ist außer mir.“ „Ich bin ungeschützt. Alles dringt in mich ein.“ „Ich kann innen und außen nicht unterscheiden.“ „Meine Gedanken verbreiten sich überall hin.“ „Ich kann mein Denken und Handeln nicht mehr selbst bestimmen.“ „Ich bin mechanisiert.“ „Ich bin gesteuert durch Hypnose, Magie.“ „Die Finger, die Hände, die Arme sind nicht mehr.“ „Was andere tun, überträgt sich auf mich...“ „Meine Gedanken sind gemacht, gelenkt, eingegeben, werden gestoppt, abgezogen.“[34]

Im übrigen wurde diese doppelte Reaktionsweise bei Hölderlin, sich zu verweigern oder sich hemmungslos hinzugeben, schon von einem Autor ganz richtig festgestellt, der kein Psychiater war. In dem Kapitel mit dem Titel „Die Krankheit“ schrieb Wilhelm Böhm:

> „‚Autismus‘, ein von der Beziehung auf die Umwelt sich abkehrendes Fühlen, ein sich Abriegeln, – ‚Negativismus‘, ein den Einflüssen der Umwelt widerstrebendes Handeln und Denken, treten unvermittelt neben eine ‚Befehlsautomatie‘, eine widerspruchslose Abhängigkeit von fremden Befehlen, und neben Echopraxie und Echolalie, äffisches Nachahmen von Handlungen und Reden der Umwelt.“[35]

Es ist also klar, daß eine Störung der ,Ich-Demarkation' vollkommen abnorme Gesten, Haltungen, Verhaltensweisen hervorrufen kann, weil diese mit einer uneingeschränkten Herrschaft seitens der Person verknüpft sind, mit der sich der Transfer vollzogen hat. Diese Person kann zu Handlungen verleiten, die sonst hinsichtlich der Natur und den Neigungen des gefügig gemachten Subjekts unerklärlich wären.

9. Den ,Felsblock' wegwälzen

Wir kommen jetzt zur logischen Schlußfolgerung (die der aufmerksame Leser gewiß schon vorweggenommen hat). Dazu ist es nützlich, die hauptsächlichen Ergebnisse der vorhergehenden Seiten noch einmal so kurz wie möglich zusammenzufassen.
1. WadF ist nach Form und Inhalt ein Fremdkörper in Hölderlins Werk, läßt sich nirgends einreihen und somit auch nicht glaubwürdig datieren.
2. Die Handschrift stammt jedoch beinahe sicher aus den frühen zwanziger Jahren, wie die Untersuchung des Schreibpapiers gezeigt hat.
3. Das heißt, aus der Zeit des intensiven Verkehrs mit dem Menschen, der während der Turmzeit den größten Einfluß auf Hölderlin ausübte.
4. Es handelt sich um eine psychisch abnorme Persönlichkeit mit einem ausgeprägten Narzißmus, der sich unter anderem durch den Versuch äußert, dem nahezu süchtig verehrten Dichter durch Nachahmung gleichzuwerden
5. Und die letzte Bemerkung: In den in Frage kommenden Jahren war die Praktik der Manipulation und der Fälschung literarischer Texte eines anderen gang und gäbe und erregte keinerlei Aufsehen.

So kann man nun endlich sagen, der ,Felsblock' des Autographen läßt sich entfernen, durch die Vermutung, *Waiblinger habe sich die einundfünfzig Verse von WadF ausgedacht und dann von dem wahnsinnigen Dichter niederschreiben lassen.* Es ist nicht immer gesagt, daß

eine eigenhändige Niederschrift einen unbedingten Beweis für Echtheit darstellt. Die Kunsthistoriker und -kritiker zögern nicht, den
Ergebnissen einer sehr detaillierten und gut begründeten Stilanalyse
mehr Wert beizumessen als den dokumentarischen Zeugnissen, auch
wenn diese direkt von dem vermuteten Urheber stammen. Dieses
Verfahren ist – zumindest unter so außergewöhnlichen Umständen
wie in unserem Fall – auch auf literarischem Gebiet mehr als legitim.
Die erfahrene und angesehene Philologin Rosanna Bettarini behauptet das ausdrücklich, wobei sie ironisch von „dem Fetischismus des
Autographen um jeden Preis, als sei die Hand des Autors die einzige
Garantie für die Authentizität"[36], spricht.

Aber wie sollte diese zweifellos ungewöhnliche Tat rein materiell
geschehen sein? Die glaubwürdigste Hypothese ist, daß es sich um
eine Art Diktat handelte, unter dem der Kranke die Verse nieder-
schrieb, vielleicht zu der Annahme verleitet, ein Stück als Zusatz zu
seinem *Hyperion* zu schreiben, das ihm ein junger genialer Freund
eingab. „Ich wollt etwas herausschreiben aus diesem *Hyperion*, aber
ich kann nicht… Ach wer kann den heiligen Äther trennen?" (Tgb.
217) Er kann nichts *herausschreiben*; also wird er wahrscheinlich etwas *hinzuschreiben* wollen. Für die Niederschrift eines vorgesagten
Textes sprechen einige einfache Feststellungen. Das Manuskript weist
einige Widersprüche und Unsicherheiten auf, die jedem unterlaufen
können, wenn er nach Gehör schreibt. Vor allem ist bezeichnend, daß
Hölderlin bei dem zweiten Elfsilbler der ersten Strophe nicht ein-
rückt. In dieser Hinsicht ist eine äußerst bezeichnende Tatsache zu
bemerken: Hölderlin rückt in seinen alkäischen Oden *immer* ein,
Waiblinger macht es in den seinen *nie*. Das heißt, dem Schreibenden
war nicht gesagt worden oder er wußte es nicht oder hatte es zunächst
nicht gemerkt, daß er eine alkäische Strophe schrieb. Aber bei der
zweiten Strophe ist es ihm schon klar geworden, und er rückt ein. Daß
er ,vergessen' habe es zu tun, wie vermutet wurde (FHA 9, 58), ist eine
ziemlich wackelige Erklärung und kommt sonst in keinem der zahlreichen Manuskripte mit Oden vor. Sattler schreibt diesen für mich so
bedeutsamen Widerspruch *einer Nachwirkung der Prosa-Diktion* zu,
als Folge der Tatsache, daß der Dichter gerade einen Prosatext, nämlich die wohlbekannten Hyperion-Fragmente, geschrieben hatte. Der
Vorschlag ist jedoch kaum stichhaltig, wenn man wie Beißner WadF

nicht als eine direkte Fortsetzung des Romans betrachtet. Man kann
sich nur schwer vorstellen, daß Hölderlin als Verfasser so vieler alkäischer Strophen diesen Fehler macht, während er eine eigene Ode in
diesem Versmaß schreibt oder abschreibt und ins Reine schreibt. Noch
etwas Merkwürdiges: Vers 5 hat im Manuskript kein Fragezeichen,
Beißner hat es mit Recht gesetzt. Unter Diktat kann eine fragende
Intonation vom Schreibenden nicht sofort erkannt werden; oder in
unserem Fall: Hölderlin hätte erwarten können, daß die Frage nicht
mit Vers 5 endet, sondern sich noch über die folgenden Verse hinzieht.
Aber auch sein Mißverständnis von *Im* und *In* in Vers sechs und von
an und *als* in Vers 10 ist in Betracht zu ziehen: Hatte sich Hölderlin
bei den zwei grammatikalischen Formen und den zwei kurzen Präpo-
sitionen verhört? Zudem verrät das Manuskript eine Unsicherheit des
Schreibenden hinsichtlich der Verslänge; man sieht es daran, daß er oft
wegen eines kurzen Wortes die Zeile wechseln muß, wozu er sich
beim Abschreiben den nötigen Platz genommen hätte, was man an
den nicht wenigen uns erhaltenen Autographen in Reinschrift feststel-
len kann. Diese Bemerkung gilt auch und sogar noch mehr für die
gesamte Ode, für ihren abrupten Abbruch. Der in Vers 51 abgebro-
chene Satz muß im Kopf des Verfassers fertig gewesen sein. Es ist
nicht vorstellbar, daß das Subjekt des Gedichts nicht wußte, was es
sich anschickte, in dem Moment dem Geliebten mitzuteilen. Es erscheint somit offensichtlich, daß das Schreiben aus anderen Gründen
abgebrochen wurde. Diese können verschiedenster Art gewesen sein
und für uns nicht leicht zu verstehen. Der Platz für den letzten Vers
der dreizehnten Strophe wäre jedenfalls da gewesen. Aber man kann
sich auch denken, daß Hölderlin im Schreiben innehielt, um zu sagen,
daß die Seite gleich voll sei.

Ich weiß: daß Waiblinger sich die Ode ausdachte und sie Hölderlin niederschreiben ließ, ist nur eine Hypothese. Es gibt keine Beweise, aber viele gravierende Indizien. Das erste und wichtigste wurde
schon ausführlich dargestellt anhand der Analyse der einzigartigen
persönlichen Beziehungen, die zwischen den beiden Beteiligten bestanden, in den kurzen Jahren, vielleicht genau im Sommer 1823, auf
den – nach meinem Dafürhalten – das Manuskript zu datieren ist. Wir
bringen im folgenden noch weitere Indizien, die nicht weniger glaubwürdig sind. Später werden wir möglichen Einwürfen entgegnen.

10. Was Waiblinger wissen oder sich vorstellen konnte

WadF enthält, wie viele Kommentatoren festgestellt haben, ziemlich ausdrückliche Bezugnahmen auf die Liebe zwischen Susette Gontard und Friedrich Hölderlin. Einmal mehr möchte ich behaupten: Ich halte es für unmöglich, daß der Dichter in irgend einem Augenblick seines Lebens dazu imstande war, in einem Gedicht, also einem potentiell zur Veröffentlichung bestimmten Text, mit konkreten Episoden und Details von seiner Liebe zu berichten und dabei sich selbst als einen mürrischen Mann mit finsterem Aussehen darzustellen, der in einem ehebrecherischen Verhältnis geheime Zeichen und Küsse tauscht.

Aber dann entsteht das Problem: Wußte Waiblinger hinreichend Bescheid, um aus der Geschichte das ins einzelne gehende Sujet jenes rosaroten Romans zu machen, der WadF ist? Er wußte gewiß Bescheid. Zuallererst sei daran erinnert, daß Waiblingers obsessiv sinnliches Temperament, das von vielen Dokumenten bezeugt wird, Grund für eine beinahe krankhafte Neugier über das vergangene Liebesleben des Mannes sein mußte, den er zu seinem unübertroffenen Vorbild erhoben hatte. Aber außerdem wird dieses Wissen auch von seiner Biographie, seinen Tagebucheintragungen und Briefen direkt bestätigt. Waiblinger glaubte, zwischen den beiden habe eine Beziehung *bis auf den höchsten Grad*, eine *genußvolle*, von einem *Sinnenrausch* gekennzeichnete Liebe bestanden; was auch jenes grobe *Ich war die deine* erklärt.

Waiblinger war der Ansicht, daß die ersten zwei Homburger Jahre für Hölderlin eine *entsetzliche und dunkle Zeit* waren, weil die schroffe Verweisung aus dem Hause Gontard und die Trennung von seiner Diotima *einen Riß in seinem Inneren, der immer gefährlicher wurde*, verursacht hatte und weil der gleichzeitige Mißerfolg als Gelehrter *einen entscheidenden Schlag für Hölderlins ganzes Wesen* bedeutet hatte. Waiblinger wußte, daß sie in der Zeit Briefe tauschten und sich zumindest einmal *auf einem Gute Diotimas* trafen, was so viel heißt wie *in jenen Gärten*. Er mußte von Susettes sanftem Verhalten wissen, die sich mit der Trennung abgefunden hatte (*...wie still /*

war meine Seele...) und er wußte von den Briefen und er konnte vermuten, daß sie eine pathetische Erinnerung an die ersten glücklichen Zeiten ihrer Liebe enthielten, die auf den Parkwegen des *Weißen Hirsch*, der üppigen, weiträumigen Residenz der Gontards,[37] oder auch in den hohen, schattigen Alleen Frankfurts erblüht war.

Auf diese Erinnerung des vergangenen Glücks folgt eine ganz andere, das heißt eine schmerzhafte und dramatische. Unserem Dafürhalten nach sind die Verse 33–42 eine Erinnerung an den Aufenthalt in Bordeaux, denn es ist die Rede von Gestaden, fremden Namen, Höhen, von denen aus man den furchtbaren Ozean sehen kann. Der Aufenthalt in Frankreich, der dann ohne einen erkennbaren Grund abgebrochen wurde, die dramatischen Umstände der Rückkehr waren in Tübinger Kreisen bekannt. Außerdem kannte Waiblinger höchstwahrscheinlich das Gedicht *Andenken*, das 1808 in dem weit verbreiteten „Musenalmanach" veröffentlicht wurde. Die Parallelen sind leicht erkennbar und im übrigen zum Teil schon festgestellt worden. In der Hymne kommen drei geographische Bezeichnungen vor: *Bourdeaux, Garonne, Dordogne*, alle drei bezogen auf Orte von außergewöhnlicher Schönheit. In WadF lesen wir: *Aber die Nahmen der seltnen Orte // Und alles Schöne hatt' er behalten.* Aber sehen wir nach weiteren Parallelen zwischen *Andenken* und WadF. *Luftiger Spitz / An Traubenbergen* an der Mündung der Dordogne, von wo aus einer nach Indien abreist, kann als eine Anhöhe verstanden werden, von der man eine *hohe Aussicht* auf das Meer hat. Das Meer mit seinen Gefahren ist ein Ort, wo die Menschen *einen geflügelten Krieg* kämpfen und lange allein sein müssen und wo also *keiner seyn will.* Aber da ist es etwas Gutes... *zu hören viel / Von Tagen der Lieb' / Und Thaten, welche geschehen,* so wie es plötzlich richtig ist, zum Trost zurückzudenken *An die, die vergnügt ist, darum, / Weil der entzückende Tag uns anschien,* der Tag, an dem sich gewisse liebevolle ,Gesten' zutrugen, die ihre Liebe besiegelten.

Waiblinger wußte also Bescheid über den Aufenthalt in Bordeaux. Aber was wußte er sonst oder konnte er sich von diesem bedeutenden Augenblick im Leben seines Hölderlin vorstellen? In den Versen von WadF, die das heraufbeschwören, beeindruckt am meisten der rasche Hinweis auf Diotimas Umarmung, die den Geliebten wieder aufleben ließ, als er aus fernen Landen zurückgekehrt war. Man muß vermuten, daß Waiblinger zumindest Stimmen gesammelt hatte, die davon sprachen, daß der Dichter auf der Rückreise aus Frankreich nach Frankfurt gekommen sei. Das gibt uns Gelegenheit, um das Thema der wohl bekannten These von Bertaux wieder aufzunehmen. In dieser Hinsicht scheint mir eine (unanzweifelbare) Information nie hervorgehoben worden zu sein, die ein weiteres Argument zur Bestätigung von Bertaux' These liefern kann.

11. Eine nicht sehr teure Reise, ein kostspieliger Aufenthalt

Am 2. März 1813 schrieb Ernst Zimmer an die Mutter Hölderlins:

> „Hölderlin ist sehr Braf und immer sehr Lustig. Die Pfeifenköpfe haben ihn gefreut die Sie die güte hatten mir zu schüken. Er kannte sie gleich und sagte. Ich habe sie in Frankfurt gekauft. Auch setzte Er hinzu in Frankfurt habe ich viel Geld gebraucht und auf meinen Reisen aber habe ich nicht viel gebraucht." (StA 7, 3, 428)

Der Brief enthält Auskünfte, die nicht so nebenbei kommentiert werden dürfen. Adolf Beck behauptet in seinem Kommentar (StA 7, 2, 430), daß der Dichter in Frankfurt viel Geld brauchte „u. a. für Geschenke an die Seinigen", und zitiert die fünf Briefe an seine Verwandten, die von diesen kleinen Geschenken sprechen: es handelt sich um *Halstücher* (StA 6, 1, 240), um *etwas Weniges aus der Messe* (StA 6, 1, 240), um *Kleinigkeiten* (StA 6, 2, 275). Es ist nicht bekannt, daß Hölderlin Geschenke von größerem Aufwand nach Nürtingen geschickt hätte. Was für andere finanzielle Verpflichtungen (*ich brauchte...*), was für schwerwiegende und unvermeidliche Ausgaben hätte er in der Zeit seines Dienstes im Hause Gontard haben können, wo er alles frei hatte und eine angemessenme Bezahlung von 400 Gulden im Jahr bekam? Auf diese Frage antwortet Beck nicht. Der kostspielige Aufenthalt in Frankfurt muß ein anderer gewesen sein, notwendigerweise *nach* dieser Zeit, da aus den Jahren vor 1796 nicht die geringste Spur für einen Frankfurter Aufenthalt vorhanden ist.

Über die Reisen stellt Beck keinerlei Vermutungen an. Aber wir
können es tun. Die längsten und somit wohl auch kostspieligsten
Reisen in seinem Leben waren die Reise nach Bordeaux und eventuell die Rückkehr von dort. Die Hinreise muß viel gekostet haben:
Hölderlin war durch die bekannten bürokratischen Komplikationen
gezwungen, sich zwei Wochen in Straßburg aufzuhalten. Die kalte
Jahreszeit und die unwegsamen Gegenden, durch die die Reise führte, die Kürze der Wintertage und die Notwendigkeit in Gasthäusern
zu übernachten, sowohl während des Aufenthalts in Lyon wie an-
derswo (im Gegensatz zur Rückreise, wie wir noch sehen werden)
lassen vermuten, daß der Dichter keinen Grund dazu gehabt hätte,
zu behaupten, er habe auf dieser Reise (die zudem vom 10. Dezember bis zum 28. Februar dauerte) nicht viel Geld gebraucht. Wenn
wir die Rückreise betrachten, ergibt sich eine entgegensetzte Situation; so daß man nicht ausschließen darf, daß der Dichter bei seiner
Unterhaltung mit Zimmer von einer *Reise* und nicht von *Reisen*
sprach. Bertaux weist darauf hin, daß Hölderlin im Mai 1802 die Reise antrat, nachdem er dafür „eine nicht unbedeutende Summe", das
heißt 77 Gulden abgehoben hatte[38]. Die Auskunft wird auch von
Zimmer in seinem ‚Brief an einen Unbekannten' gegeben: „Er verließ Bordeaux reichlich mit Geld ausgestattet." (StA 7, 3, 133). Daß
Hölderlin auf der Rückreise wenig Geld ausgegeben hat, wird vor
allem von der glaubwürdigen, von vielen Seiten vorgebrachten Vermutung unterstützt, daß er, um Geld zu sparen, lange Strecken zu
Fuß zurücklegte, was im übrigen seiner Gewohnheit entsprach; außerdem wissen wir (StA 7, 2, 234), daß er einen *Nachtsack* bei sich
hatte und ihm vielleicht die warme Jahreszeit einige Übernachtun-
gen unter freiem Himmel gestattete (vgl. StA 7, 2, 234).
Bringen wir diese sichere Tatsache in direkte Beziehung zu einer
anderen, die sich aus einem wohl bekannten und oft zitierten Passus
von Waiblingers Biographie entnehmen läßt:

„Auf eine unerklärliche Weise, plötzlich und unerwartet, *ohne Geld und
ohne Habseligkeiten* (Kursivschrift von mir, G. B.), erschien er in seinem Vaterlande. Herr von Matthisson erzählte mir einmal, daß er ruhig
in seinem Zimmer gesessen, als sich die Thüre geöffnet, und ein Mann
hereingetreten, den er nicht gekannt. Er war leichenbleich, abgemagert,
von hohlem wildem Auge, langem Haar und Bart, und gekleidet wie ein

Bettler. Erschrocken hebt sich Herr von Matthisson auf, das schreckliche Bild anstarrend, das eine Zeitlang verweilt, ohne zu sprechen, sich ihm sodann nähert, über den Tisch hinüberneigt, häßliche, ungeschnittene Nägel an den Fingern zeigt, und mit dumpfer geisterhafter Stimme murmelt: Hölderlin. Und sogleich ist die Erscheinung fort, und der bestürzte Herr hat Noth, sich von dem Eindruck dieses Besuches zu erholen. In Nürtingen bei seiner Mutter angelangt, jagte er sie und sämmtliche Hausbewohner in der Raserey aus dem Hause." (StA 7, 3, 60)

Ohne Geld und ohne Habseligkeiten. Da kann man sich fragen: Wo und wie hat Hölderlin ausgegeben, was ihm von der ‚nicht unbedeutenden Summe‘, welche die Bedürfnisse seiner Reise überstieg, übrig geblieben war? In den von Zimmer wörtlich wiedergegebenen Sätzen haben wir eine plötzliche, enge Assoziation zwischen zwei Erinnerungen: Die Erinnerung an nicht sehr teure Reisen (oder eher *eine* Reise?) und die Erinnerung an einen kostspieligen Aufenthalt in Frankfurt, lassen an eine Verknüpfung zwischen den zwei Ereignissen denken: das eine wie das andere im Mai/Juni 1802 zu datieren.

Bertaux behauptet, stichhaltige Argumente anführend, daß Hölderlin seine kranke Diotima besuchte oder es zumindest zu tun versuchte und sich die zwei Wochen in Frankfurt aufhielt, die sonst eine unerklärliche leere Stelle zwischen dem belegten Grenzübertritt in Straßburg und dem entgeisterten Erscheinen in Stuttgart und der Rückkehr nach Nürtingen bilden würden. Mit dem Satz …*erschien in seinem Vaterlande…* drückte Waiblinger offenbar Matthissons Überzeugung aus, daß Hölderlin aus dem Ausland kam oder jedenfalls aus der Ferne, und nicht aus dem nahen Nürtingen. Was den Tobsuchtsanfall bei seiner Ankunft in Nürtingen betrifft, so darf man annehmen, daß er bei seinem *ersten* Zusammenstoß mit einer neuen, unerwarteten, seinen Jähzorn erweckenden und erniedrigenden Wirklichkeit der Familie geschah.

Daß Hölderlin erst Anfang Juli plötzlich in Nürtingen auftauchte, wird von Ch. Th. Schwab als sicher hingestellt (StA 7, 2, 223), außerdem in einem Aufzug „der die Aussage, daß er unterwegs beraubt worden sey, zu bestätigen schien" – das schon von Matthisson bemerkte Bettlerkleid? –. Auch dieses Detail ist interessant. Es sieht so aus, als hätte er diese Erklärung, die sonst nirgends bestätigt wird, seinen Angehörigen gegeben, bei denen er in diesem Zustand erschien.

Wollte er damit den Aufenthalt in Frankfurt und die damit verbunde-
nen großen Ausgaben verbergen?

In dem 1972 veröffentlichten Band der Stuttgarter Ausgabe (StA 7,
2, 223) wird die These, die Bertaux schon in seiner Monographie von
1936 aufgestellt hatte, von Adolf Beck rasch abgekanzelt. Als der
französische Germanist sie jedoch in seinem Vortrag in Heidelberg
im Juni 1976 wiederholte (HJB., 19/20, 1975–1977, S. 94–111), machte sie Beck zum Gegenstand einer ausführlichen Erwiderung, zuerst
in dem gerade zitierten Hölderlinjahrbuch (S. 458–475) und darauf
im „Jahrbuch des Freien Deutschen Hochstifts" (1977, S. 169–195).
Die von einem so maßgeblichen Hölderlinforscher vorgebrachten
Argumente verdienen es einzeln untersucht zu werden.

Beck fragt sich, warum Hölderlin, wenn sein Ziel Frankfurt war,
über Straßburg reiste, anstatt den kürzeren Weg über Reims zu nehmen. Also: abgesehen davon, daß unser Wanderer vielleicht mit dem
Straßennetz der nördlichen Gegend nicht besonders vertraut war,
sieht es auch so aus, als wäre der Weg über Reims nicht viel kürzer.
Zweite berechtigte Vermutung: Bevor Hölderlin nach Frankfurt wei-
terreiste, wollte er sich von einem großen Teil des Gepäcks befreien,
das er auf der langen Reise von Bordeaux bei sich gehabt hatte und er
wollte es von Straßburg nach Stuttgart schicken, wo er seine ‚Habseligkeiten', das heißt seine Kleidung, den Nachtsack und wahrscheinlich noch einige andere Dinge bei seinem zuverlässigen Freund Landauer unterstellen konnte. Er wußte wohl von Diotimas Krankheit,
aber nicht von deren äußerstem Ernst, denn sie hatte sich verschlimmert, als er schon von Bordeaux abgereist und unterwegs nicht erreichbar war; so hatte er vor, sich nur einige Tage in Frankfurt aufzuhalten; während er dann zwei Wochen dort bleiben mußte und in
einem Gasthaus der teuren Stadt am Main wohnte. Das erklärt die
Behauptung, er habe in Frankfurt viel Geld gebraucht, so viel, daß er
schließlich in Stuttgart in Lumpen und ohne Geld in der Tasche erschien. Er wird wohl nicht durch den Kauf von zwei Pfeifen so her-
untergekommen sein.

Es ist nirgends belegt, daß sich Hölderlin in Straßburg länger aufgehalten hätte, was bedeutet, daß das Gepäck nicht nach dem 7. Juni
abgeschickt wurde. Deshalb fragt man sich: Warum hätte er beinahe
am Ende der langen Reise das Gepäck von Straßburg abschicken sol-

len, wenn er beabsichtigte, sofort nach Hause zu reisen, wo er, wie Beck sagt, gegen Mitte des Monats angekommen wäre? Und außerdem: Warum schickte er es nur bis Stuttgart? Logischer ist die Vorstellung, Hölderlin habe alles, was er für den Abstecher über Frankfurt nicht brauchte, vorausschicken wollen, um es dann auf dem Rückweg abzuholen. Beck meint, man habe von Straßburg aus nichts in „das kleine Nürtingen" schicken können (HJB., 1975–77, S. 471). Dem war nicht so; über Stuttgart konnte die Post sehr gut nach Nürtingen gelangen. Eher könnte man denken, Hölderlin habe in sein Gepäck auch etwas eingeschlossen, das nicht vor ihm zu Hause ankommen durfte. Da er länger als vorgesehen in Frankfurt geblieben war, weil die Krankheit sich verschlimmerte und schließlich zum Tod führte, landete der Dichter bei Matthisson und gleich darauf bei Landauer, als dieser das Gepäck schon nach Nürtingen weitergeschickt hatte, da Hölderlin so lange ausgeblieben war. So kam es, daß die Mutter beim Auspacken die berühmten Briefe fand und den Sohn dann mit den Vorwürfen empfing, die seine wütende Reaktion auslösten. Wahrscheinlich wußte die Mutter nicht, daß Susette gerade gestorben war, und so fielen ihre Worte wie kochendes Öl auf eine frische Wunde.

Auch folgendes läßt sich Bertaux entgegnen: Wenn Hölderlin nach Frankfurt ging, warum meldete er sich dann nicht bei Sinclair, um ihn wieder um Gastfreundschaft zu bitten? Die Antwort ist einfach (auch Beck stellt sie dar). Man braucht nur ein ziemlich bedeutsames Stück aus Sinclairs wohl bekanntem Brief vom 30. Juni aus Homburg zu lesen, der über Landauer nach Bordeaux geschickt wurde und die Nachricht von Susettes Tod enthielt.

> „Seit du mich verlassen hast, hat mich mancherlei Schicksal betroffen. Ich bin ruhiger und kälter geworden, und ich kann Dir versprechen, daß Du an der Brust Deines Freundes ausruhen kannst. Du kennst alle meine Fehler, ich hoffe, keiner soll mehr eine Mißhelligkeit zwischen uns hervorbringen. Ich lade Dich also ein, zu mir zu kommen, und bei mir zu bleiben, so lange ich hier bin." (StA 7, 1, 170f.)

Es ist klar, daß die Freunde sich zwei Jahre vorher wegen eines tiefgehenden Zerwürfnisses getrennt hatten. Wenn Sinclair seinen Brief Landauer zum Weiterschicken anvertraute, dann hatte er nicht einmal Hölderlins Adresse in Bordeaux. Dieser ungelöste Zwist hielt Hölderlin wohl davon ab, sich bei seinem Freund zu melden, im

übrigen wissen wir nicht einmal, ob er sich an den in Frage kommenden Tagen in Homburg aufhielt (... *so lange ich hier bin.*). Doch zudem ist es vor allem klar, daß Hölderlin der geliebten Frau so nahe
wie möglich sein wollte.

Beck beschränkt sich nicht darauf, die nicht erfolgte Begegnung
mit Sinclair festzustellen, und weist darauf hin, daß Hölderlin, wäre
er in Frankfurt gewesen, sich sicherlich mit Johann Gottfried Ebel
getroffen hätte, denn dieser war einer der Ärzte, die Susette behan-
delten, und außerdem ein Vertrauter der Familie, da er seit langer Zeit
mit Gredel, der Schwester Gontards, liiert war. Zur Stützung seines
Einwands führt Beck die letzten Zeilen des oben zitierten Briefes an:
„Freund *Ebel* läßt Dich grüßen, er ist seit dem *Januar* in *Frankfurt*.
Er war bei der G. in ihrer Krankheit und ihr Trost in ihren letzten
Stunden." Beck sagt: Wenn Hölderlin noch wenige Tage vorher in
Frankfurt war und daher sicher mit Ebel Kontakt aufgenommen hat-
te, wieso läßt dieser ihn dann am 30. Juni durch ihren gemeinsamen
Freund in einem Brief grüßen, der nach Bordeaux geschickt werden
soll? Alles richtig, doch unter einer Bedingung, die keineswegs sicher
ermittelt ist. Denn wir wissen nicht, ob Sinclair den Auftrag hatte, die
Grüße *vor* oder *nach* Hölderlins Ankunft in Frankfurt zu übermit-
teln. Und wenn wir als sicher annehmen, daß der Dichter sich bei
Ebel gemeldet hat, dann ist noch lange nicht gesagt, daß er es sofort
gemacht hat. Es geht um Tage. Schließlich kann es sein, daß Sinclair
– der immerhin nicht in Frankfurt lebte, sondern in Bad Homburg –
Ebels Grußauftrag schon früher erhalten hatte, und daß Sinclair die
Nachricht vom Beistand, den er der Sterbenden leistete, aus einer anderen Quelle hatte.

Beck wirft Bertaux zudem vor, er habe die auf Gok und über ihn
auf die Schwabs zurückgehende Information nur unvollständig ge-
nützt, nach der Hölderlin schon in Bordeaux die Nachricht von
Susettes Krankheit bekommen habe und deshalb von dort abgereist
sei. Nach Becks Meinung verschwieg Bertaux absichtlich, was Gok
weiter schrieb:

„... und ohne Zweifel erreichte ihn noch auf der Reise ein Schreiben von
seinem Freunde Sinclair vom 30. Juni worin er ihm die traurige Nachricht gab daß seine Diotima am 22. d. M. gestorben sey." (Jahrbuch des
Freien Deutschen Hochstifts, 1977, S. 175)

Wenn das, was Gok niedergeschrieben hat, wirklich als ganz glaubwürdig zu betrachten wäre, so wären diese Zeilen der Beweis, daß
Hölderlin sich nicht in Frankfurt aufgehalten hat, da eine Reise dorthin nach Susettes Tod nicht vorstellbar gewesen wäre. Aber die zwei
Zeilen sind falsch, behauptet Beck. Richtig. Er zitiert sie, um Bertaux
zu widerlegen, aber sie wenden sich in Wirklichkeit gegen ihn, denn
sie beweisen, daß Hölderlin Mitte Juni noch nicht nach Hause zurückkam. Gok mußte doch wissen, wann sein Bruder wieder nach
Hause gekommen war, wenn auch nicht auf den Tag genau. Wie
konnte er dann ‚ohne Zweifel‘ behaupten, daß er, als er noch unterwegs war – wo? wann? wie? –, einen am 30. Juni abgeschickten Brief
erhalten hatte? Übereinstimmend äußert Gok an anderer Stelle auch
die Überzeugung, Hölderlin habe Bordeaux im Juni verlassen. Wie
wir wissen, stimmt auch das nicht, aber es ist ein weiterer Beweis
dafür, daß der Dichter erst im nächsten Monat in Nürtingen auftauchte. Wie konnte Gok denn denken, sein Bruder habe in zwei Wochen oder noch weniger Zeit die 1200 km von Bordeaux nach Nürtingen zurückgelegt? Hundert Kilometer am Tag, inbegriffen der
Aufenthalt in Paris?

Wenn man die Entfernungen und die Zeiten betrachtet, kann man
auch die Behauptung widerlegen, Hölderlin habe sich auf seiner Reise nicht im geringsten beeilt, nach Beck aus dem einfachen Grund,
daß seine Abreise aus Bordeaux nicht durch besorgniserregende
Nachrichten, die Susette betrafen oder von ihr kamen, verursacht
worden sei: „Es rief und trieb ihn ja nichts." (HJB., 1975–1977, S.
460) Die Behauptung prallt auf eine Tatsache: Straßburg, wo Hölderlin am 7. Juni registriert wird, das ist etwa 1000 Kilometer von Bordeaux entfernt. Da er gegen Mitte Mai abgereist ist, legte er also
durchschnittlich am Tag 50 km zurück. Dies heißt er war zu Fuß
nicht weniger als zehn Stunden pro Tag unterwegs; und mit der Postkutsche zumindest einen halben Tag, wenn man die damaligen Reisebedingungen und die zahlreichen Rasten berücksichtigt. Man muß
freilich einen Durchschnitt ausrechnen, aber auch so stellt sich heraus, daß Hölderlin es auf seiner Reise eilig hatte.

Zuletzt führt Beck ein noch weniger stichhaltiges Argument an.
In den Aufzeichnungen für eine späte Biographie Hölderlins (1840)
behauptet Gustav Schlesier, Landauer habe am 3. Juli 1802 an die

Mutter geschrieben, „H.s Zustand werde allmählich ruhiger, u. er sei lebhaft überzeugt, daß er sich schnell vollends bessern werde" (StA 7, 2, 229). In demselben Brief habe Landauer seine Absicht mitgeteilt, Hölderlin vorläufig beim Pfarrer von Bothnang, einer kleinen Stadt in Südwürttemberg, unterzubringen. Das sieht nach einem Plan aus, der eher die Mutter als den Sohn beruhigen sollte, der schon immer jegliches Pfarramt abgelehnt hatte. Nach Beck ist dieser später nicht verwirklichte Plan ein weiterer Beweis dafür, daß an diesem Datum Hölderlin bereits in Nürtingen gewesen war, da es undenkbar sei, daß er, den Posten annehmend, sich nach Bothnang begeben hätte, ohne daß er nach so vielen Monaten der Abwesenheit vorher nach Hause zurückgekehrt wäre. Dagegen wende ich ein: Es ist durchaus nicht undenkbar, wenn man bedenkt, wie problematisch die Beziehung des Dichters zu seiner Mutter geworden war, bei der er absolut nicht wohnen wollte und der er schon seit Monaten nicht mehr geschrieben hatte, was im übrigen auch während der zweiten Homburger Zeit geschehen wird.

Es bleibt zu fragen, warum ein so gewissenhafter und zugleich so vorsichtiger Fachgelehrter wie Beck sich dermaßen erhitzte, um die These von Bertaux zu entkräften, ohne stichhaltige Argumente ins Feld führen zu können. Stand vielleicht für ihn wie für viele andere Interpreten die Vorstellung eines so von der Liebesleidenschaft gepackten Hölderlin, daß er ans Krankenbett der Geliebten eilte, in zu krassem Widerspruch zur Sublimierung der Gestalt, die schon gänzlich zur Ikone des großen Dichters verklärt war?

Ich hielt es für wichtig, meine bejahende Meinung hinsichtlich der Hypothese des *Abstechers nach Frankfurt* ausführlich darzulegen, weil sie mit WadF zusammenhängt. Ich brauche hoffentlich nicht mehr zu betonen, daß in dieser Ode – obwohl sie im Manuskript eng bei den auf *Hyperion* beziehbaren Fragmenten steht – die Diotima von Frankfurt sich über die Diotima aus Kalaurea legt und schließlich sogar an deren Stelle tritt, wie schon Errante erkannte und mit ihm Pierre Bertaux, Werner Kraft, Jochen Bertheau und andere. Implizit auch Beißner. Unter diesem Gesichtspunkt – das muß wiederholt werden – sind vor allem die Strophen neun bis elf zu betrachten: Der männliche Protagonist hat eine Gegend, mit exotischen Namen und von der aus man auf das Meer blicken kann, verlassen und eilt zu der

Geliebten (die noch *nicht* gestorben ist, im Gegensatz zu Diotima von Kalaurea), die ihn in ihren Armen aufnimmt. Mit anderen Worten, mir scheint in diesen Versen eine Begegnung vom Juni 1802 in Frankfurt angedeutet zu sein. Aber wenn es so ist, dann wird man sagen können: Wie soll die Umarmung einer todkranken Frau den verlassenen und traurigen Jüngling wieder aufleben lassen? Dies ist ein weiterer Beweis dafür, daß WadF kein Werk Hölderlins sein kann, der sich gewiß nicht auf diese Weise an die dramatische Begegnung erinnert hätte. Waiblinger dagegen konnte – im Abstand von vielen Jahren und auf der Grundlage von mehr oder weniger ungenauen Gerüchten – sich eine solche Szene sehr wohl vorstellen, die vollkommen in die trivialromantische Rekonstruktion paßte, die er für die unglückliche Liebe seiner Bezugsperson, seiner *Idealperson* zusammengebastelt hatte. Hölderlins Beziehung zu Susette Gontard war seit ihrem Bestehen Gegenstand von vielem und zum Teil bösem Geschwätz gewesen. Doch dürfte sie in der Folge angesichts des grausamen Geschicks der beiden auch Nuancen einer nachsichtigen Legende angenommen haben, die Waiblinger rezipierte. Spuren davon finden sich auch in seiner Biographie des Dichters.

12. Weitere Betrachtungen zu *Andenken*

Kehren wir noch einmal zu der schon erwähnten Möglichkeit zurück, daß Waiblinger die Hymne *Andenken* gut im Gedächtnis hatte und daß ihn dies beim Verfassen des Apokryphs beeinflußte. Vor allem in einem allgemeinen Sinn stellen wir eine Verknüpfung fest. Die Ode ist eine Botschaft aus dem Jenseits; die zentrale Achse der Hymne sind der *duftende Becher* und die berühmten *sterblichen Gedanken* in den Versen 27 und 31f. Das heißt eine Todesperspektive, vorausgesetzt man versteht die dritte Strophe in diesem Sinn. Um diese Interpretation zu rechtfertigen, müssen wir uns erneut, wenn auch in großen Zügen, mit dem Gedicht auseinandersetzen, das einer der umstrittensten Texte Hölderlins ist, und dabei annehmen, auch Waiblinger habe es in dem Sinn gelesen, wie wir vorschlagen werden.

Abgesehen von vielen verschiedenen, zum Teil abstrusen Interpretationen muß *Andenken* auch im Licht der schweren geistigen Störung gelesen werden, die Hölderlins unaufhaltsamen Sturz in den Abgrund des Wahnsinns kennzeichnet. Das verhindert aber nicht, daß sich ein tiefer Sinn durch den Text zieht, der durch Bilder von hinreißender, abbildender Schönheit hindurchscheint. Aber dieser Sinn muß auf seinen wesentlichen Kern zurückgeführt werden, ohne daß man jedoch zwangsläufig alle logischen Risse, Umschwünge der Laune, die in ihren Übergängen nicht zu rekonstruierenden Assoziationen, kurz, alle dunklen Stellen ausgleichen will. Die grundlegende Inspiration erscheint von einer mächtigen Phantasie überwältigt, die dem Dichter an verschiedenen Stellen gerade durch ihre Kraft entgleitet.

Was ist aber die grundlegende Inspiration des Gedichts? Es wundert mich, daß Interpreten, die dazu neigen, bei Hölderlin eher das Symbolische zu sehen als das Wörtliche und Konkrete, in diesem Fall umgekehrt vorgehen: Sie halten den duftenden Becher von Vers 27 nicht für den einladenden Trank von Freund Hein, sondern für ein Glas guten Médoc oder Saint-Émilion, und der Dichter genießt nach ihrer Meinung leicht berauscht einen süßen Schlummer unter den idyllischen *Schatten* der Ulmen bei der Mühle oder des Feigenbaums im Hof. Hier scheint der bereits von mir angezeigte Versuch, zwischen den verschiedenen Teilen des problematischen Textes eine direkte Verbindung herzustellen, die in Wirklichkeit nicht besteht, erneut gemacht zu werden: Da Bordeaux mit seinen berühmten Weinbergen den Rahmen bildet, muß ein plötzlich auftretender Becher notgedrungen mit Rotwein gefüllt sein. Schwer haltbar erscheint mir auch die hybride Interpretation Beißners, nach der das Licht zwar das „des dunkelroten, *duftenden* Bordeauxweins (ist), dessen Dunkelheit doch das *Licht* der Freude und des Andenkens in sich birgt" (StA 2, 2, 803), aber die *Schatten* nicht von dem lieblichen Wäldchen stammen, sondern die der Toten sind. Wer schlummert, ist das Subjekt des Gedichts, das ihrer gedenkend sich von den Sorgen des Tages ausruht. Geradezu grotesk könnte diese Auslegung erscheinen, wenn man bedenkt, daß der Wein nur schläfrig macht, wenn in ziemlich großen Mengen getrunken. Außerdem läßt sich kaum vorstellen, worin die logische Beziehung zwischen den Gedanken an die Toten und dem dunklen freudigen Licht bestehen soll, das ein Glas

Wein beschert und versinnbildlicht. Man muß akzeptieren, daß der Text von *Andenken* in hohem Maße dunkel bleibt. Was aber nicht daran hindert, daß man zur der erwähnten grundlegenden Inspiration gelangen kann, wenn man sich die Lebenslage vorstellt, in der das Gedicht entstanden ist.

Nach einer verbreiteten Meinung ist das Gedicht auf das Jahr 1803 datierbar, zwischen *Patmos* und *Der Ister*. Reitani neigt dazu, ein späteres Datum anzunehmen, das dem Absturz in den Wahnsinn näher liegt. Es handelt sich auf jeden Fall um eine Zeit schwerer Hypochondrie und psychischer Verstörtheit. Die Psychiatrie stellt in Theorie und klinischer Erfahrung einhellig fest, daß der Kranke in dieser Phase so stark leidet, daß ihm der Gedanke an den Tod als ein erholsamer Schlaf und eine Erlösung erscheint. Nicht selten kommt es in dieser Phase zum Suizid. Sehr menschlich und zartfühlend ist es, daß hier der Dichter nicht daran denkt, *Hand an sich zu legen* (die Worte sind von Jean Améry, dem unerbittlichen Theoretiker des Suizids), sondern daß ,einer' barmherzig dafür sorge, ihm den fatalen Becher zu reichen. Einen ähnlichen Gedanken enthält wahrscheinlich der erste Kern einer Idee zu dem Gedicht. Ich glaube, *Andenken* beginnt seiner Entstehung nach mit der dritten Strophe. Im übrigen ist es hinreichend bekannt, wie oft ein dichterischer Text von einer Idee seinen Ausgang nimmt, die später keineswegs seinen Anfang bildet. Mir erscheint es also klar, daß der vom Dichter angerufene duftende Becher den dunklen Trank enthält, der ewige Ruhe spendet und die Todesfinsternis erleuchtet durch das Licht der erhofften Vereinigung mit den Schatten der anderen Abgeschiedenen. Die *sterblichen Gedanken* sind die Gedanken eines Menschen, der in tiefster Angst sich das Ende seiner Leiden wünscht. Soviel ich weiß, wurde diese Interpretation bis jetzt nur von Michael Franz vorweggenommen.[39]

Aber sowohl in der Psychologie als auch in der Psychiatrie weiß man, daß die niederdrückenden Gedanken an einen erwünschten oder bevorstehenden Tod fast immer von herzzerreißenden Erinnerungen an das vergangene Leben, vor allem an ferne oder nahe glückliche Zeiten begleitet oder gefolgt sind. Für Hölderlin waren die jüngst vergangenen glücklichen oder zumindest sorglosen Tage wohl die seines Aufenthalts in der gastlichen Hauptstadt der Gironde, wie aus den wenigen Zeugnissen hervorgeht, über die wir verfügen (einige

Briefe des Dichters und das Abschiedszeugnis des Konsuls Meyer).
Das Zurückdenken an eine glückliche Vergangenheit, das in einem
Zustand der Untröstlichkeit geschieht, ist häufig von einer Erinnerung an viele Details, durch besonders genaue Rückblicke gekennzeichnet. Und so wird die Hymne eingeleitet mit den Namen eines
stürmischen Windes und eines Frühlingslüftchens, von Flüssen und
Bäumen; da sehen wir braune Frauen an einem Festtag im Frühling
schreiten: ein Bild von malerischer Deutlichkeit, das vielleicht eroti-
sche Sehnsüchte wieder aufleben läßt. Freilich wird einer, der so sehr
leidet, zur Beute *sterblicher Gedanken*, Todesgedanken, aber es ist
nicht gut, wenn diese nur ein stummes, elendes Sichergeben sind:
seellos. Der Akzent liegt auf diesem Wort, das – am ersten Platz ste-
hend – als Adverb zu *seyn* und nicht zu *sterblichen* zu betrachten ist.
Wenn uns das Geschick dazu verleitet, den Tod anzurufen, dann ist es
gut, wie Sokrates bis zum Ende mit Menschen zu plaudern, seine
Meinung zu äußern und sich als Gegengewicht zum jetzigen Augenblick an die Tage der Liebe und der edlen Taten zu erinnern.

Der letzte Vers der dritten Strophe löst einen der schon erwähnten abrupten Übergänge aus. Plötzlich rufen *die Thaten, welche geschehen* die Freiheitskämpfe ins Gedächtnis, aber auch die Feststellung, daß die Freunde und Gefährten vergangener Hoffnungen und
Unternehmungen verschwunden scheinen. Wo ist Bellarmin und die
anderen? (Auch ich neige zu der Auffassung, daß es sich bei *Gefährten* um einen Plural handelt. Sonst müßte man denken, daß sich hinter Bellarmin Sinclairs Gestalt verbirgt, in diesem Fall hätte sich der
Dichter mit Hyperion identifiziert und sich selbst in der 3. Person als
Bellarmins ‚Gefährten‘ angeführt). Die Helden in *Hyperion*, Sinclair
und die anderen Gleichgesinnten haben die revolutionären Unternehmungen und Anwandlungen aufgegeben und schließlich die Waf-
fen gestreckt, denn nicht alle haben die unbeugsame Willenskraft, den
Mut, auszuharren und bis zur ersten Quelle des aktiven Lebens zu-
rückzugehen, die emblematisch vor allem bedeutet, sich dem Meer
anzuvertrauen, die Ferne und den Hinterhalt herauszufordern, dem
man in entlegenen Ländern, in Indien begegnet, wohin kühne Män-
ner vordringen, welche den Weichheiten des städtischen Lebens
entsagen. Die Vision eines solchen humanistischen Wagnisses erhält
Hölderlin von seiner klassischen Kultur, die von der Gestalt des ho-

merischen Odysseus beherrscht wird. Diese Verse sind eine Art von *navigare necesse est,* das Plutarch, ein Hölderlin wohl bekannter Autor, dem Gnaeus Pompeius Magnus zuschrieb. Diese Seefahrer sind wie Künstler, die in einem großen Fresko die verschiedensten Aspekte der Welt verbinden und deren unterschiedliche Schönheiten zeigen können, so wie – das werden wir weiter vorne lesen – die Ausweitung des Horizonts das Gedächtnis an das Vergangene verringert, aber den Geist um neue und größere Dinge bereichert, wenn die Liebe darauf blickt. Diese letzte Anspielung auf *Ge-dächtnis* führt uns zu dem Begriff *An-denken* zurück. Aber man beachte den feinen Unterschied zwischen den beiden Termini, auf den die verschiedenen Präfixe verweisen. Das Gedächtnis ist nun nicht mehr der Vergangenheit zugewandt, der Erinnerung an das glückliche Stück Erde in Frankreich; es ist eher eine visionäre Vorwegnahme dessen, an das man sich in Zukunft erinnern wird, was der Erinnerung wert sein wird. Das Meer – hier das Symbol des großen Theaters der Geschichte – läßt das Gedächtnis alles Zufälligen beiseite, aber es wird die Erinnerung an die großen Taten bewahren, das heißt dessen, was die kühnsten ,Seefahrer‘ vollbracht haben. Aber wie lange noch? Im Finale der Hymne geschieht wieder ein Kurzschluß. Hölderlins gestörter Geist vollführt hier wie an vielen anderen Stellen in den Texten dieser Jahre eine Abkürzung, überspringt einen Übergang, verdunkelt eine Assoziation, die in einem expliziten Diskurs nötig gewesen wäre. Das *aber* im letzten Vers benennt einen Widerspruch, ist nicht einfach eine Redensweise wie oft bei Hölderlin. Das *Gedächtnis,* welches das Meer der Geschichte den Protagonisten gewährt, ist dauerhaft. Das einzige, was immer bleibt, ist das Werk der Dichter. Der Verfasser des *Hyperion,* das heißt des Romans, der das Scheitern des Handelns zum Thema hat, betont und bewahrt die ewige Gültigkeit seines dichterischen Werkes.

Zum Abschluß dieses Exkurses, der uns zu einer summarischen Lektüre von *Andenken* geführt hat, können wir sagen, daß Waiblinger die Hymne, wenn er sie gelesen hat, auf dieselbe Weise verstand; das heißt als eine Anamnese über die Grenze zwischen Leben und Tod, in deren Verlauf die vergangenen Tage der Liebe wieder auftauchen, wie auch die Schönheit entfernter *seeliger Gestade* und der Eindruck, den der Blick auf das Meer vermittelt, das die wenigsten zu befahren wagen.

13. Wie es geschehen konnte

Nun brauchen wir nur noch ein paar der möglichen Einwände zu entkräften, die man gewiß erheben wird, denn die hier vorgelegten Thesen werden die konsolidierten Überzeugungen und Wertungen angesehener Herausgeber in Frage stellen. Erster Einwand: Hölderlin hatte bekanntlich einen von Schwab und anderen bezeugten Widerwillen dagegen, seine Vergangenheit und seine unglückliche Liebe auszugraben. Wie hätte er ertragen sollen, daß ihm diese Liebesgeschichte leicht erkennbar in den stumpfen Versen eines jungen Studenten vorgeführt wird? Wie hätte er sich dazu bequemen sollen, sie abzuschreiben? Der Einwand ist wohl begründet. Aber man kann ihn auf der Grundlage objektiver und somit glaubwürdiger Betrachtungen entkräften, die man vor allem aus den Schriften Waiblingers gewinnt, insbesondere durch die Stellen, an denen er über Hölderlins Verhalten bei ihren abgeschiedenen Zusammenkünften berichtet, wo sie einander abwechselnd vorlasen und schrieben.

Hölderlin widmet sich häufig der Lektüre seines *Hyperion*, dessen zweite Auflage 1822 erschienen und ihm von Waiblinger geschenkt worden war. Er liest vor und deklamiert; von selbst oder von Waiblinger aufgefordert. Aber mit welchem Ausgang?

> „Womit er sich tagelang beschäftigen kann, das ist sein Hyperion. Hundertmal, wenn ich zu ihm kam, hörte ich ihn schon außen mit lauter Stimme declamieren. Seyn Pathos ist groß, und Hyperion liegt beinahe immer aufgeschlagen da. Er las mir oft daraus vor. Hatte er eine Stelle weg, so fing er an mit heftigem Gebärdenspiel zu rufen: „O schön, schön! Eure Majestät!" – Dann las er wieder, dann konnte er plötzlich hinzusetzen: „Sehen Sie, gnädiger Herr, ein Komma!" Er las mir auch oft aus andern Büchern vor, die ich ihm in die Hand gab. Er verstand aber nichts, weil er zu zerstreut ist, und nicht einmal einen eigenen Gedanken, geschweige denn einen fremden verfolgen kann. Jedoch lobte er seiner gewöhnlichen Artigkeit zu Folge, das Buch über die Maaßen." (StA 7, 3, 65f.)

Also Hölderlin liest, aber versteht nicht, was er liest, denn die schizophrene Gestörtheit seines Geistes verursacht auch bei der Lektüre die schon belegte Unfähigkeit, der logischen Entwicklung des Gedankens eines anderen und selbst seinem eigenen schon geschriebenen Diskurs zu folgen.

> „Hölderlin ist unfähig geworden, einen Gedanken festzuhalten, ihn klar zu machen, ihn zu verfolgen, einen anderen ihm analogen anzuknüpfen, und so in regelmäßiger Reihenfolge durch Mittelglieder auch das Entfernte zu verbinden." (StA 7, 3, 74)

Dies ist die direkte und unausweichliche Folge der „Unstätheit seines Denkens und der Unmacht, einen Gegenstand festzuhalten" (StA 7, 3, 67). Es ist also ohne weiteres glaubwürdig, daß Hölderlin, als er den Text Waiblingers zu Papier brachte, nicht einmal merkte – oder nicht sofort merkte –, daß er über sich selbst und seine geliebte Susette schrieb.

Warum aber sollte er verleitet werden können, wie unter Diktat die 51 Verse von WadF zu Papier bringen? Dem, was seine Freunde/ Autoren von früher schrieben, stand er gleichgültig gegenüber. Berühmt ist sein erheiternder Ausspruch, mit dem er die Nachricht aufnimmt, Haug habe ein schönes Poem geschrieben: „Hat er eins gemacht?" (StA 7, 3, 65). Aber all das gilt nicht für Waiblinger. Im Gegenteil, wie wir schon gesehen haben:

> „Er vergaß nie, daß ich Dichter bin, und fragte mich unzähligemal, was ich gearbeitet hätte, und ob ich fleißig gewesen sey." (StA 7, 3, 69)

All das wird von Zimmer bestätigt. Bei ihren Zusammenkünften las ihm Waiblinger seine eigenen Schriften vor. Wir wissen, daß er ihm Papier zum Schreiben in die Hand gab. Und so stehen wir erneut vor der Frage: Ist es absurd, sich die Szene vorzustellen, die alle unüberwindlichen Aporien aufheben würde, die in unserer unwahrscheinlichen Ode festzustellen sind? Sie lesen zusammen den *Hyperion*, sie sprechen darüber, wahrscheinlich erinnern sie sich daran, daß die Heldin im Roman gestorben ist. Hölderlin fragt seinen jungen Freund, ob er fleißig gewesen ist und etwas geschrieben hat. Und der neunzehnjährige Narziß, der auf den Irren einen uneingeschränkten Einfluß ausübt, antwortet ihm, ja, er habe einen Brief Diotimas gedichtet, die aus dem Jenseits zu ihrem Hyperion spricht; und er schlägt vor, ihn nicht nur zu lesen, sondern ihn auch auf das Papier zu schreiben, das er, Waiblinger, mitgebracht hat. Der Brief zeigte sich als ein akzeptabler gedichteter Anhang zum Roman, der Gegenstand

so häufiger Lektüre und so vieler Gespräche war. In der langen Anmerkung zu seinem dithyrambischen Gedicht *An Hölderlin*, das auf
den Oktober 1823 datierbar ist, beklagt sich Waiblinger darüber, daß
die neue Auflage des *Hyperion*, die ein Jahr vorher erschienen war,
nicht die verdiente Beachtung erhalten habe (WB 1, 83). Es war damals eine Gewohnheit, das Werk eines anderen fortzusetzen, das un-
gerechterweise nicht beachtet worden war oder für das im Lesepubli-
kum die Erwartung einer Fortsetzung bestand (*Nächstens mehr*).
Jeder weiß, wie viele Fortsetzungen der *Faust* bekam. Das geschah
bald unter falschem Namen, bald indem man den Namen des ursprünglichen Autors mißbrauchte. Waiblinger schrieb sich ein obses-
sives Bedürfnis nach Imitation zu und gestand in seinem Tagebuch,
verschiedene Plagiat-Versuche von Texten Schillers, Goethes und
Matthissons und anderer gemacht zu haben: Hätte er nicht auch versucht sein können, unter dem Schein einer Fortsetzung des *Hyperion*
den hochverehrten Hölderlin in der poetischen Form nachzuahmen
und im Inhalt durch die Geschichte seiner Liebe pathetisch zu be-
schwören?

14. Affinitäten im Inhalt

Auf den vorhergehenden Seiten wurde behauptet, daß WadF im Hinblick auf die Behandlung des Themas, den Stil und die Form kaum
Hölderlin zuzuschreiben ist. Jetzt fragen wir: Kann WadF im Hinblick auf dieselben Aspekte Waiblinger zugeschrieben werden? Es
kann. Aber zuerst wollen wir, was den Inhalt betrifft, klar und auch
kontrastierend herausstellen, daß Hölderlin nicht im geringsten an
der romantischen Sehnsucht nach einem jenseitigen Leben teilge-
nommen hat, die – nach dem ersten hohen Beispiel bei Novalis – in
den folgenden Jahrzehnten in der Kultur des Biedermeier eine weite
Verbreitung fand, wie Friedrich Sengle deutlich gezeigt hat. Auch
darin bleibt Hölderlin in seiner klassischen Bildung verankert und
steht seinem Schicksal *post mortem* gleichgültig gegenüber. Lesen wir
dazu die Schlußstrophe von *An die Parzen* (StA 1,1,241):

„Willkommen dann, o Stille der Schattenwelt!
     Zufrieden bin ich, wenn auch mein Saitenspiel
     Mich nicht hinab geleitet; Einmal
     Lebt ich, wie Götter, und mehr bedarfs nicht."[40]

In Hölderlins Dichtung gibt es keine Spekulation über das Jenseits.
Als eine Ausnahme könnte *Menons Klagen um Diotima* erscheinen.
In Wirklichkeit ist es nichts anderes als ein Nachdenken über die
Hinfälligkeit und die Begrenztheit des Daseins und des Liebens und
läßt ein Elysium ahnen; doch in einer Atmosphäre klassischer Ge-
faßtheit, die am Vorbild der lateinischen Elegiendichter inspiriert ist.
Die Vorstellung, daß sich Hölderlin einen poetischen Brief aus dem
Jenseits, sogar den anrufenden Geist von Susette Gontard hätte aus-
denken können, klingt irreal; nicht einmal, als die geliebte Frau noch
am Leben war, hatte er sie je in der ersten Person sprechen lassen, wie
Beißner in der kleinen Anmerkung zur Ode lakonisch feststellt. Leider fragte sich Beißner nicht nach dem Grund dieser seltsamen Ausnahme. Die für Waiblinger nicht gilt.
     Im Gegenteil. Schon in seinen ersten dichterischen Versuchen ruft
der junge Waiblinger nach den abgedroschensten Schemata seiner Zeit
den Tod an (vgl. *An die Ruhe* und *Wenn ich einst von allem Erdenkum-
mer*, WB, 1, 22ff.). Besonders aber in den Tübinger Jahren und während
der Zeit der Freundschaft mit dem Dichter im Turm werden die Vers-
kompositionen sehr zahlreich, in denen Waiblinger mit dem Liebesmo-
tiv jenseitige Botschaften, Anrufe, Lockrufe und Gespräche zwischen
Liebenden verflicht, die der Tod zwar getrennt hat, aber die das trä-
nenreiche Bedauern der vergangenen Erlebnisse jenseits des Grabes
vereint. So verkündet die todgeweihte Atalanta im *Phaëthon* ihrem
Geliebten, sie werde sich aus dem Jenseits melden, in der Erwartung,
sich später mit ihm an jenen seligen Gestaden zu vereinigen (*Phaëthon,
Phaëthon, wir seh'n uns drüben!* WB 2, 132). Und die 1209 Verse der
Lieder der Verirrung – verfaßt im Sommer 1825 in Tübingen – sind eine
endlose Variation dieses Themas (WB 1, 123–160). Der Sprechende in
diesem düsteren kleinen Poem wünscht sich, die Geliebte möge ster-
ben, um dann mit ihr auf ihrem Grab Liebesgespräche zu führen. Dabei
wird er von ähnlichen Zweifeln befallen wie die Heldin unserer Ode
(am Anfang von WadF): „Wir sahen uns lang, so lang, / Süß Kind, nicht

mehr, und ich weiß nicht, / Ob du mich noch liebst..." (a. a. O., S. 128).
Es fehlt in einem etwas späteren Gedicht nicht einmal der Hinweis auf
das, was in WadF die „Ströme der heilgen Urwelt" sind, zum Beipiel
auf Lethe: „Alle Seelen finden Frieden / Hier in diesem Schattenland...",
aber wo auch die schmerzende Erinnerung an die Vergangenheit auftaucht, denn „... der traur'gen Welle / Die Vergangenheit entsteht".
(WB 1, 222 ff.) So lesen wir in *Lebewohl*, vermutlich aus dem Jahr 1827
oder wenig später: Hier sagt der Dichter seiner letzten Geliebten Lebewohl mit der Inszenierung einer makabren Phantasie. Er sagt nicht
Lebewohl an den lieblichen Orten Italiens, wo er mittlerweile hingezo-
gen ist, sondern vom Grab aus. Selbst seiner satirisch-humoristischen
Schrift gibt Waiblinger einen jenseitigen Namen: *Drei Tage in der
Unterwelt* (WB 3, 190–244). Friedrich Sengle hat mit Recht darauf hingewiesen, daß die Todeslust bei Waiblinger ‚herrisch aufklingt'.[41]
    In der Masse von Gedichten und ‚Erzählungen in Versen', die sich
um das abgenutzte spätromantische Motiv von Liebe und Tod dre-
hen, sind auch Ausdrücke zu finden, die augenblicklich an WadF erinnern. In *Der sterbende Korsar* sagt uns der sterbende und reuige
Protagonist, sich an verlorene Liebe erinnernd, daß er sich am Anfang „im Seelenblick, in Händedruck und Kuß" (WB 3, 175) erklärt
habe. *Händedruck und Kuß* ist auch die Formel, die Waiblinger am
Schluß einiger Briefe an seine Freunde verwendet (vgl. WB 5, 1, 79
und 97). Als Entsprechung beachte man in WadF nicht nur Vers 45
(*Der mit Geständnis oder der Hände Druck...*), sondern auch die
diesbezügliche Variante (*Der mit Geständnis oder den Küssen auch*).
Außerdem: In Hölderlins Lyrik erscheint der Terminus *finster* nie in
Bezug auf Personen, sondern nur im symbolisch-metaphorischen
Sinn, wie in den berühmten Versen von *Patmos* „...Im Finstern /
wohnen die Adler". Bei Waiblinger dagegen kommt das Adjektiv
sehr oft für einen Charakter oder als psychologische Angabe vor (wie
in WadF: *...mit finstrem / Aussehn*). Zum Beispiel in der langatmigen
‚historischen Erzählung in zwei Gesängen' *Die Rose von Farsistan*
stellt sich der Protagonist so vor:

> „O diese Menschen will ich fliehen, / mit finstrem Gespinst mein Herz
> umziehen [...] Mit finstrer Stirn und kalter Brust bewehrt, / Mit men-
> schenfeindlich düsterm Blick / Flieh ich in meines Herzens Nacht
> zurück." (WB 3, 169)

15. Affinitäten in der Form

WadF ist eine alkäische Ode: In dieser Form war Hölderlin ein un-
übertroffener Meister und dafür schon zu seiner Zeit bekannt und
bewundert.[42] Wie aus der Edition Königer hervorgeht, hatte Waiblinger vor seinem engen Verkehr mit Hölderlin im Sommer 1823 zwar
schon einige asklepiadeische Oden geschrieben, aber noch keine alkäische. Er beginnt, welch ein Zufall!, ausgerechnet im Herbst dieses
Jahres welche zu schreiben, und nicht wenige. Die erste ist *Küßnacht*,
vier Strophen Landschaftsbeschreibung in Erinnerung an einen Aufenthalt in der Schweiz zwischen dem 9. und 25. Oktober 1823. (Sehr
viele alkäische Oden wird er in seiner römischen Zeit verfassen.)
Auch darin geht unsere Rechnung auf. Nachdem Waiblinger mit
Hölderlin so vertraut geworden war, hatte er gewiß von dessen alkäischen Oden gelesen, die im Druck erschienen waren. Eine davon
trägt den Titel *Diotima*. Sein hemmungsloser Nachahmungsinstinkt
mußte notgedrungen diese Form und dieses Thema wählen: aber an-
gepaßt an seine Passion für einen düster transzendenten Rahmen.

Bekanntlich zitiert Waiblinger in seiner Hölderlin-Biographie die
erste Strophe von WadF. Es ist auch symptomatisch für unsere These,
daß er nach all den Jahren – es waren bewegte Jahre voller Ereignisse
– auswendig und beinahe vollkommen die ersten vier Verse ausgerechnet *dieses* Gedichts noch weiß, von den vielen, die er nach seinen
Worten besessen und in Deutschland gelassen hatte. Aber er gibt der
Strophe einen falschen Titel: *An Diotima*. Man kann sich fragen, wie
und warum das geschah. Einfach als unbewußter Reflex gewöhnlicher Lektüre oder eher durch die Wirkung einer ‚Aneignung‘, die ihrerseits so tief introjiziert war, um eine glaubwürdige Imitation her-
vorzubringen? Die engste *Angleichung* (nach einem Wort Beißners)
wäre in diesem Fall verwirklicht durch das Verfassen von WadF. Deshalb rutschte ihm später dieser Titel in die Feder. Waiblinger erinnerte sich in dem Moment genauer an sein Vorbild als daran, welcher
Person er selbst den sonderbaren Text in den Mund gelegt hatte.

In seinen über sechzig alkäischen Oden erreichte Hölderlin eine
formale Perfektion ohnegleichen. Wie Waiblinger selbst in seiner Biographie sagt und wie wir an den sporadischen alkäischen Strophen ab-

lesen können, die der Dichter noch nach 1806 verfaßte, wurde dieses Können nicht im geringsten von seinem geistigen Zusammenbruch beeinträchtigt. Es war etwas, das er sich in der Tiefe angeeignet hatte und daher unveräußerlich. Mir scheint nun, daß eine solche Meisterschaft in WadF nicht anzutreffen ist. Im Gegenteil. Man beachte die unangenehme Diskordanz zwischen metrischem Akzent und Wortakzent, zum Beispiel bei *Theilhàber* (Vers 3) und bei *Aussèhn* (Vers 13), die Mißklänge: *an die, die* (Vers 43), *oder der* (Vers 45), die ungewollten Assonanzen wie *Liede lebte* (Vers 22). Zu verweisen ist schließlich auch auf die vier Hiate: *die er* (Vers 35), *so ergeht* (Vers 19) und – wenn auch abgemildert durch *enjambement* oder Zäsur – *Hyacinthe Oder* (Vers 27/28) und *du alles* (Vers 17). Was den Hiat betrifft, ist auch festzuhalten, was Lausberg, sich auf die Autorität Quintilians beziehend, besonders unterstreicht: „Verpönt ist der Hiat zwischen gerundeten Vokalen (o, u) und dem größten Öffnungsgrad (a)."[43] Derlei Niveauverluste wären mit einem Text von Hölderlin absolut unvereinbar. Bekanntlich war Schiller, aber sogar Goethe, was die Dialephe betrifft, ziemlich lässig. Das dokumentierte schon Wilhelm Scherer sehr gewissenhaft in seinem Essay „Über den Hiatus in der neueren deutschen Metrik".[44] Hölderlin war dagegen immer sehr streng:

> „Hölderlin meidet den H(iatus) strenge, von den frühen gereimten Hymnen an bis in die Verse aus der Zeit der Umnachtung. Auch ein e-, das grammatische Funktion hat, muß bei ihm im H(iatus) fallen (fesselt' ein Zauber). Allgemein hindert Interpunktion oder Zäsur die Apokope nicht (‚O Mutter Erd', im Lichte …'; ‚Schon zu lange, zu lang / irr' ich …'); in den Oden wird auch von Zeile zu Zeile der H(iatus) möglichst gemieden (‚… Mutter Erd' / Und…'). Bei solcher Strenge ist eine Zeile wie ‚Du letzte und du erste aller / Musen …' (*Gesang des Deutschen*) eine erstaunliche Ausnahme."[45]

Beißner stimmt mit dieser Festsstellung überein: „Hölderlin vermeidet, wie Klopstock und wie die mittelhochdeutschen Dichter, den Hiat (bis auf wenige, nicht ins Gewicht fallende Ausnahmen)."[46] Die wenigen Ausnahmen könnten ausgerechnet die in der Ode WadF sein, die er nicht als besonders typisch beurteilte.

WadF enthielte noch mehrere stümperhafte Stellen, aber es ist überflüssig, davon zu sprechen; denn was mehr zählt, ist das Fehlen aller dieser spezifischen, sublimen Eigenschaften von Hölderlins alkäischer Strophe, die Binder mit Scharfsinn in dem oben zitierten Essay aufzeigt: an erster Stelle die *reiche Sprachmelodie und das musikalische undulierende Auf und Ab*, die selbst in den zwei kurzen alkäischen Oden der Turmzeit *Der Frühling (Wenn auf Gefilden)* und *Nicht alle* Tage, (weniger in *Wenn aus dem Himmel*, angefangen bei der merkwürdigen Inkongruenz zwischen Vers 6 und Vers 7) auftreten. Es braucht also nicht zu verwundern, daß Binder – und vor ihm Viëtor[47] in dem umfassenden Kapitel über Hölderlins Oden – bei der Fokussierung der oben genannten Eigenschaften niemals einen Vers aus jener alkäischen Ode zitiert, obwohl sie im Werk des Dichters, sagen wir es noch einmal, die zweitlängste ist: das heißt aus der Ode WadF, die unter anderem von angesehenen Germanisten in die Jahre der größten und schönsten Oden datiert worden wäre, gäbe es nicht Dokumente, die dieser Datierung im Wege stehen. Es ist nicht zu leugnen, daß sich Waiblinger später eine gute Fertigkeit in dem fraglichen Versmaß erwarb. Die andauernde Übung machte ihn zu einem braven Odenschreiber, was auch schon von verschiedenen Zeitgenossen anerkannt wurde. Aber dies könnte ein weiteres Argument dafür sein, wenn man WadF für seinen ersten, ungeschickten Versuch halten will, als er, von dem drängenden Vorbild Hölderlins angeregt, sich selbst beweisen wollte, daß er seinem Vorbild in dieser anspruchsvollen dichterischen Form gleichkam. Außerdem wollte er es vielleicht vor allem den anderen beweisen.

16. Psychologie und Praktik des Fälschens

Das muß auch die Absicht gewesen sein, mit der er die Ode an Mörike sandte und später als einziges Gedicht in der Biographie zitierte; so erachten wir es jetzt für nötig, kurz auf die Psychologie und die Verhaltensweise des Fälschers einzugehen.[48] Das Phänomen ist eher in den Bildenden Künsten anzutreffen, wo die Praktik des Fälschens seit eh und je aus selbstverständlichen Gründen in großem Ausmaß betrieben wird. Der Hauptgrund, das heißt die Suche nach dem materiellen Gewinn, ist in der literarischen Kasuistik ohnehin kaum präsent. Doch sind die psychologischen Motivationen beiden Bereichen weitaus gemeinsam. Mit besonderem Bezug auf zwei der berühmtesten Kunstfälscher, Van Meegeren und Elmyr de Hory, wurde geschrieben: „Der Ansporn, diese Laufbahn einzuschlagen und weiterzuführen, kam einerseits von der Gelegenheit, gewisse wirtschaftliche Ziele zu erreichen [...], entsprang aber andererseits einer Art Rache vor allem gegen die Experten und Kritiker, die nun ihre Fälschungen loben, während sie vorher unter den ersten waren, die ihre Werke verrissen...“[49] Der Fälscher ist fast immer ein unbefriedigter Narzißt, dem zyklothymischen Wechsel von hoher Selbsteinschätzung und Selbstverachtung ausgesetzt. Daher rührt der verzehrende Ehrgeiz, ein eigenes Werk als Werk eines großen Künstlers auszugeben, dabei unterstützt von hochgeschätzten Kritikern, die aber in der Vergangenheit seinem Werk feindlich oder gleichgültig gegenüber standen. Die für authentisch gehaltene Zuschreibung wird zu einer indirekten Bestätigung für die Fähigkeiten und Verdienste des Fälschers. (Selbstverständlich kann der Apokryph auch noch andere Motivationen haben, die aber für unseren Kontext nicht interessant sind. Der junge Leopardi machte sich bekanntlich einen Spaß daraus, einen falschen Text in klassischem Griechisch zu verfassen, weil er die Nachahmung als eine nützliche Übung empfand und vor allem weil er tückisch und scherzhaft beweisen wollte, daß die gesamte zeitgenössische italienische Altphilologie es an kritischer Gewissenhaftigkeit fehlen ließ und seinen Apokryph für echt halten würde, was in Wirklichkeit auch geschah.)

Waiblinger paßt, was Psyche und Situation betrifft, vollkommen in die Konstellation, die wir oben betrachtet haben. Sein Tagebuch quillt über von dem manchmal berauschenden Gefühl, außergewöhnliches Talent zu besitzen und von gelegentlichen, aber sehr harten Verurteilungen seiner Fähigkeiten und Werke, angefangen bei dem schon zitierten, das enger mit Hölderlin zusammenhängt, das heißt mit *Phaëton* (Tgb. 275). Im übrigen wäre es leicht zu zeigen, wieviel ihm an Mörikes Urteil lag und daß Mörike seinerseits kaum verhehlte, wie wenig er die literarischen Werke seines exzentrischen Freundes und Gefährten der Tübinger Jahre, angefangen bei den *Liedern der Griechen*, schätzte; während er dagegen das Werk Hölderlins bewunderte, abgesehen von den starken Vorbehalten gegen *Hyperion*. Waiblinger schickte ihm WadF mit dem Hintergedanken, den gerade erwähnten Zweck zu erreichen. Wahrscheinlich hoffte er auf eine Veröffentlichung, während, wie er wußte, Uhland und Schwab ihre Ausgabe vorbereiteten, die dann 1826 erschien.

In dem psychopathologischen Bild, das wir im Sinn haben, kommt auch die Tendenz des unsicheren Narzißten vor, von sich selbst in der dritten Person zu sprechen, sich zu objektivieren, als wollte er seine Identität und deren Unternehmungen unanfechtbar machen. Der banalste Fall, verzeihlicher und gewöhnlicher, ist der, wenn einer von sich spricht, als wäre er ein anderer, in Bezug auf eine Funktion oder ein Amt, das er innehat. Ein einzigartiges Dokument dieser Tendenz, das unserem kritischen Bild Waiblingers noch ein bedeutendes Stück hinzufügt, ist die apokryphe Autobiographie.

17. Der seltsame Fall einer apokryphen Autobiographie

Am 13. Juli 1826 schreibt Karl Winkler, der Herausgeber der Dresdner *Abend-Zeitung,* an Waiblinger: „Wollen Sie dem Publiko nicht etwas über sich selbst, Ihre Pläne, Hoffnungen, usw. sagen?" (WB 3, 733) Man braucht nicht eigens zu bemerken, wie schmeichelhaft der Vorschlag für den knapp zweiundzwanzigjährigen Dichter war, der sich eifrigst ans Werk machte und einen Monat darauf der Zeitung zehn dicht beschriebene Seiten zukommen ließ, die umgehend in der literarischen Beilage unter dem Titel „Über W. Waiblinger, dessen Schriften, An- und Aussichten" veröffentlicht wurden. Darunter standen die Buchstaben P.I.R., die als Abkürzung des Namens des Verfassers zu verstehen waren. Winkler schrieb ihm sofort auf die Sendung:

> „Theurer Freund! Es ist allerdings ein sonderbarer Versuch, den Sie mit Ihrer anonymen Selbstbiographie machen! So etwas ist noch nicht dagewesen." (a. a. O.)

In Wirklichkeit handelte es sich nicht um eine ‚anonyme Selbstbiographie', sondern um einen echten Apokryph. Noch dazu doppelt verfänglich, denn, während er den Text einem anderen zuschrieb,

gab er als Verfasser nur drei Anfangsbuchstaben an: P. I. R. Für einen
aufmerksamen Leser der damaligen Zeit mußten diese Buchstaben
unvermeidlich auf einen bestimmten Publizisten verweisen, der damals sehr bekannt und angesehen war, ohne daß es diesem möglich
gewesen wäre, mit sicherem Grund die Fälschung anzuzeigen. Doch
konnte es kein anderer sein als Philipp Joseph (von) Rehfues, den
Waiblinger kannte, beneidete und mit dem er auch wetteiferte. Er
war 1779 in Tübingen geboren, hatte im Stift studiert, aber er hatte
die geistliche Laufbahn nicht eingeschlagen und war lieber nach Italien gegangen, wo er vier Jahre geblieben war. Nach seiner Rückkehr veröffentlichte er zwischen 1804 und 1809 verschiedene Werke
in mehreren Bänden, die Italien gewidmet waren. Die gefälligen, di-
vulgativen Bücher erschienen in Tübingen und Zürich und waren
gewiß eine Pflichtlektüre für Leute wie unseren Waiblinger, der seinerseits ein abgesprungener Schüler des Stifts war und sich nach Italien sehnte, wobei er die Absicht hatte, sich literarischen Ruhm zu
verschaffen, indem er eindrucksvolle Werke über Italien eigens für
ein deutsches Publikum schrieb, das damals für derartige Schrift-
stellerei besonders empfänglich war. Als 1826 Waiblingers apokryphe Selbstbiographie in der *Abend-Zeitung* abgedruckt wurde, befand sich Rehfues auf dem Gipfel seines Ruhms und Erfolgs.
Während der ‚Befreiungskriege‘ 1814 wetteiferte er mit Fichte und
schwang hitzige *Reden an das deutsche Volk*. Man verlieh ihm dar-
aufhin verschiedene öffentliche Ämter, seit 1818 war er Präsident
der neu gegründeten Universität Bonn, 1826 erhielt er den vererb-
baren Adelstitel.

Waiblinger ging mit scharfsinniger Gerissenheit vor, um die Autorenschaft eines so berühmten und unparteiischen, strengen, aber
gerechten Richters glaubwürdig zu machen. Die Schrift nimmt, als
geschehe es von einem fremden, höheren Standpunkt aus, mehrmals
eine Selbstkritik auf, die in Waiblingers gleichzeitigem Tagebuch mit
bisweilen roher Bewußtheit erscheint. Dafür ragt die Gestalt des jungen Schriftstellers Waiblinger im trostlosen Panorama der deutschen
Literatur jener Jahre, das von dem großen P.I.R. mit großer Verachtung bloßgestellt wird, als eine große Hoffnung heraus, als ein Autor,
der viel verspricht und schon viel geschaffen hat, schon mit seinem
Erstling, dem Roman *Phaëton*. Dem Roman, so schreibt P.I.R., wur-

den mit Recht die Mängel eines stürmischen und unreifen Geistes zugeschrieben, aber andere sehen Platons Geist über ihm schweben und sie vergleichen *Phaëton* mit dem *Ardinghello* von Wilhelm Heinse und dem Werk Byrons,

> „...und [man] vermeinte, daß er griechischen Geist und griechisches Leben bis in die letzten Tiefen durchdrungen hätte. Um diese, wie wir unparteiisch gestehen müssen, ganz unreife, aber demungeachtet nichts weniger als wertlose Schöpfung zu würdigen, müssen wir auf den Zustand des Dichters selbst zurückgehen, in dem er sich wohl beim Niederschreiben jenes „Phaëthons" befunden haben mag." (WB 3, 486)

Es folgt eine sympathetische Rekonstruktion der mühevollen Existenz des jungen Talents, in der dessen Mängel erklärt und gerechtfertigt werden, sowie auch seine durchaus nicht passive Nachahmung der großen Vorbilder.

> „Auf Ton und Form in diesem Romane hatte gewiß Hölderlins *Hyperion* Einfluß, wiewohl wir deutlich sehen, daß der Hauptgedanke im Gemüte des Dichters gedacht und in seinem Leben gelebt worden ist. Daß der Umgang mit dem wahnsinnigen Unglücklichen sein für solche schauderhafte Verirrungen, für die schwarze Seite des Menschen überhaupt nur zu sehr empfängliches Gemüt noch mehr mit dieser Idee erfüllte, ist unzweifelhaft, so wie er bei der Schilderung seines Wahnsinns Hölderlin immer vor Augen hatte." (WB 3, 487f.)

Damit der übersensible junge Mann die schrecklichen Spannungen und Widrigkeiten überwinden kann, die das ‚arme Herz', „das über den Gräbern auch der letzten einzigen Geliebten weint", so sehr quälen, wird er einen ruhigeren, gesammelteren Gemütszustand erreichen müssen. Die Erwartung ist gerechtfertigt, da Waiblinger sich zu der Reise anschickt, die ihm selbst, P.I.R., den Weg zu einer Menge literarischer Arbeiten und zum Erfolg geöffnet hatte.

> „Mit dem Herbst reis't Waiblinger nach Italien und Sizilien! Wir zweifeln nicht, daß der südliche Himmel, der seiner südlichen Natur so sehr entspricht, und den er schon einige Male auf schwermütigen Wanderungen gekostet, den heilsamsten Einfluß auf seinen Geist ausüben werde [...]. Möchte er recht bald etwas Tüchtiges und Beruhigendes aus der Ferne hören lassen, so daß wir uns freuen können, wenn er seine südlichen Paradiese einmal verläßt, und uns ein deutscher Dichter geworden ist." (ebenda, 493f.)

Wie man sieht, erstreckt sich der freche Imitationstrieb nicht nur auf die literarische Tätigkeit, sondern auch auf lukrative editorische Initiativen. Den vom Erfolg verwöhnten Rehfues nachahmend, beschließt Waiblinger, nach Italien zu ziehen, um für reichen literarischen Lorbeer im Vaterland zu sorgen. Während wir mit diesen Zitaten aus Waiblingers apokrypher Selbstbiographie sein Bild als Plagiator vervollständigen, stimmt es doch traurig, wenn man bedenkt, wie anders seine italienische Unternehmung endete als die seines Vorbilds Rehfues. Das literarische Schaffen in Italien war zwar umfassend und auch von größerem Wert als seine vorhergehenden Werke, aber der *südliche Himmel* kam seinem liederlichen Lebenswandel nicht zugute, weswegen keine glorreiche Rückkehr nach Deutschland stattfand und auch kein darauf folgender *cursus honorum*. Ausgestoßen und in einer vollkommenen physischen Misere starb Waiblinger am 17. Januar 1830 in Rom. Er war fünfundzwanzig Jahre alt. Er ruht im evangelischen Friedhof bei der Cestius-Pyramide. Nachdem ich ihm einen in jeder Hinsicht tadelnswerten literarischen Trick zur Last gelegt habe, möchte ich mich mit einem leisen Satz menschlichen Erbarmens und Verständnisses von ihm verabschieden.

18. Vor dem Schluss einige Überlegungen zur Methode[50]

Die Ode WadF ist zweifelsohne ein äußerst problematischer, langer literarischer Text. Bis jetzt hat sich niemand mit den wesentlichen Gesichtspunkten seiner Problematik eingehend befaßt: Die Datierung (zwischen Jahrzehnten schwankend), die Beziehung zum übrigen Werk Hölderlins (besonders zu den Oden), die (mehr oder weniger verheimlichte) Verknüpfung mit den biographischen Daten, die Eigenartigkeit des Inhalts, der Sprache, der Form und des Stils, all das veranlaßte die größten Kenner nur zu flüchtigen Bemerkungen und Vermutungen. Obwohl wir diesen Text in Hölderlins eigener Handschrift haben, bewirkte seine geringe dichterische Bedeutung, daß alle

Fragen an den Rand gedrängt wurden, man kann ruhig sagen von allen bedeutenden Hölderlinforschern. Das wäre gewiß begreiflich gewesen, wenn die Ode zum Werk eines zweit- oder drittrangigen Dichters gehörte: als belangloses Problem oder müßiges Kopfzerbrechen. Aber ist es gerechtfertigt, diese Verse, die sich im Katalog eines der größten Namen der Literaturgeschichte befinden, in ihrer Zweideutigkeit zu belassen? Und die in mehr als eine der kritischen Ausgaben aufgenommen sind, die sich den ersten Rang in der Philologie streitig machen?

Das Problem mußte vom Grund auf angegangen werden, wozu vor allem ein Kriterium einzusetzen war, das, wie schon gesagt, im literarischen und musikalischen Bereich[51] weniger Anwendung findet, während es bei den bildenden Künste umfassend und fruchtbringend angewendet wird, wie Federico Zeri, einer der angesehensten Vertreter dieses Bereichs, gefordert hat:

„Den höchsten Beweis für die Authentizität eines Werks erbringt nur die Lektüre dieses Werks: Es gibt keine Enthüllungen der Wahrheit, Dokumente, Zeugnisse, nicht einmal für die Sixtinische Kapelle und Michelangelo. Ich unterziehe alles meinem kritischen Filter."[52]

Der Ausdruck ‚Filter' erscheint mir hier besonders geeignet, denn er enthält die Vorstellung einer Barriere, die, wenn sie einmal eingesetzt ist, von allein, beinahe automatisch wirkt. Trotzdem handelt es sich um ein ganz persönliches Instrument: Woraus gewinnt es also seine Gültigkeit und seinen apodiktischen Anspruch?

In divulgativer, doch angenehmer Form wurde das Thema der Beurteilung von Kunstwerken aus dem Stegreif von dem Amerikaner Malcolm Gadwell 2005 in einem Buch mit dem kurzem, aber wirksamen Titel *Blink*[53] behandelt. Der Autor geht von der Geschichte des *kouros* aus, den das J. Paul Getty Museum von Los Angeles 1985 erworben hatte. Vor dem Kauf hatten im Labor langwierige wissenschaftliche Überprüfungen über das Material, die künstlerische Qualität, den Ort der Herkunft, das Alter des Stücks sowie Nachforschungen in den Dokumenten über die Überlieferung der Statue stattgefunden. Erst nachdem sich daraus nur Postitives ergeben hatte, wurde das kostspielige Geschäft abgeschlossen. Aber ausgerechnet Federico Zeri, damals Mitglied des Garanten-Komitees des Getty-

Museums, hatte beim Anblick des Neuerwerbs sofort das Gefühl,
daß „etwas nicht stimmte". Es folgten andere erste Eindrücke von
Experten wie der Altertumsspezialistin Evelyn Harrison und Tho-
mas Hoving, ehemaliger Direktor des Metropolitan Museums, weswegen die Statue nach Griechenland gebracht wurde, wo man eine
Tagung *ad hoc* organisierte. Die negative Meinung aller Fachgelehrten war am Schluß praktisch einstimmig. Außer vielen anderen Spe-
zialisten kam Angelos Dalivorrias, Direktor des Benakì Museums, zu
dem durch Argumente und Dokumente gestützten Schluß, daß es
sich um eine Fälschung handelte, aber er erklärte dazu, er sei von einem „instinktiven Widerwillen" auf den ersten Blick mit Macht in
diese Richtung gelenkt worden.

Ich habe auf die Geschichte des *kouros* von Los Angeles Bezug
genommen, weil sie einen exemplarischen Wert enthält, der von der
Kunstgeschichte auf die literarische Philologie übertragen werden
kann, wie gesagt auf der Basis eines komplexen intuitiven Moments.
Doch könnte dieser Faktor allein keine überzeugenden Bewertungen
hervorbringen, wenn nicht als ein anderer wesentlicher Faktor die
Erfahrung hinzukäme. Diese muß in zwei verschiedenen Phasen auftreten: die Phase der Vorbereitung (beinahe hätte ich gesagt, der In-
trojektion) und die Phase der Bestätigung. Das individuelle Vermö-
gen, auf den ersten Blick zu erkennen, ob ein einzelnes Werk mit
einem angenommenen Autor kompatibel ist, bildet sich durch einen
intensiven und langen Umgang mit dem Gesamtwerk, das heißt – wie
Gadwell mit einer stimmigen Metapher sagt – durch die Aktivierung
eines geistigen Computers, der eine beinahe unendliche Anzahl von
subliminalen Wahrnehmungen speichert: eben diejenigen, die in toto
und augenblicklich mobilisiert werden, bevor die begrifflichen Ver-
mittlungen zu wirken beginnen, wenn man sich mit dem Werk befaßt; und um so besser ist es, wenn das Werk einem bis zu dem Punkt
unbekannt war oder man es nicht beachtet hatte, so daß der Über-
raschungseffekt eintritt.

Die zweite Phase erfordert eine andere Art von Aufmerksamkeit,
in gewissem Sinn das Gegenteil der eben beschriebenen, denn hier
wird die Erfahrung analytisch eingesetzt, um im einzelnen alle Aspekte des Werkes herauszustellen, die das intuitive Urteil bestätigen
– oder eventuell entkräften. Da bei dieser Operation vergleichende

Daten und technisches Wissen unerläßlich sind, muß die Erfahrung über angemessene Kenntnisse im allgemeinen Bereich der betreffenden Disziplin verfügen. Dem anfangs aufgestellten, kurz gefaßten Postulat muß also eine gründliche Überprüfung folgen, die alle zur Verfügung stehenden philologischen Instrumente zu nutzen weiß.

Genau das habe ich zu tun versucht, wobei ich mich auf die Intuition, die von einem langen Umgang mit Hölderlins Werk genährt ist, und meine literarische Erfahrung verließ. All das läßt sich in den folgenden Zeilen zusammenfassen: Daß die Ode *Wenn aus der Ferne* ein Apokryph von Wilhelm Waiblinger ist, steht nicht mit absoluter Sicherheit fest, aber daß Friedrich Hölderlin deren Autor ist, das ist *unmöglich*.

Anmerkungen

1 Nach der Publikation der italienischen Ausgabe (2007) habe ich auf Anregung von L. Reitani zur Frage der Hyperion-Fragmente kurz und provisorisch Stellung genommen (vgl. Hölderlin – Jahrbuch 2008/9, S. 369f.)

2 Wilhelm Waiblinger, *Werke und Briefe.* Textkritische und kommentierte Ausgabe in fünf Bänden, hg. von Hans Königer, Stuttgart 1980–82 (im folgenden WB).

3 Norbert Miller (*Die Verschollenen. Zum römischen Aufenthalt Maler Müllers und Wilhelm Waiblingers.* In „Studi Germanici", Nuova serie, Jahrgang XVII, 1, 2004, S. 7–64) durchforscht und erläutert die besten Seiten im dichterischen Werk des römischen Waiblinger auf ausführliche und subtile Weise. Zu Waiblingers Schaffen in der römischen Zeit vgl. auch die begründete Hochschätzung von Werner Kohlschmidt, *Geschichte der deutschen Literatur von der Romantik bis zum späten Goethe.* Stuttgart 1974, S. 566–571. Abgesehen von dem besonderen Blickwinkel, unter dem wir Waiblinger in der vorliegenden Studie betrachten, erweckt seine Gestalt noch heute eine respektvolle Aufmerksamkeit, wie die Artikel zeigen, die anläßlich seines 200. Geburtstags am 18. und 19. November 2004 erschienen: „Neue Zürcher Zeitung" (Manfred Koch), „Stuttgarter Zeitung" (Tilman Spreckelsen), „Die Zeit" (Gregor Wittkop). Schließlich sei hingewiesen auf die umfangreiche Anthologie von Versen und Prosa, die Paul Friedrich herausgegeben hat: *Wilhelm Waiblinger, der Sänger Italiens.* Berlin 1922, mit einem biographischen Nachwort des Herausgebers (S. 372–415).

4 Wilhelm Waiblinger, *Die Tagebücher. 1821–1826.* In Zusammenarbeit mit Erwin Breitmeyer hg. von Herbert Meyer, Stuttgart 1956 (im folgenden Tgb.).

5 Bonaventura Tecchi, *Svevi minori: Wilhelm Waiblinger.* In „Studi Germanici", n. s., 1967, S. 164, 170, 186.

6 Friedrich Sengle, *Biedermeierzeit.* Stuttgart 1971, Bd. 1, S. 8, 227, 234.

7 Franz Schultz, *Goethe und Waiblinger,* in „Goethe-Jahrbuch", 1908, S. 17ff.

8 Nicola Lalli, *Manuale di psichiatria e psicoterapia,* a. a. O., S. 414.

9 „Zeitschrift für die gesamte Neurologie und Psychiatrie", Bd. 154, 1936, S. 155.

10 Kurt Schneider, *Klinische Psychopathologie,* a. a. O., S. 53 und S. 47f.

11 Siehe zum Beispiel: Christian Scharfetter, *Allgemeine Psychopathologie.* Stuttgart-New York 2002, S. 99.

12 In der ersten Ausgabe *Phaëthon* geschrieben, später von den Kommentatoren auch *Phaëton.*

13 Dieses beinahe verzweifelte Verwerfen seines eigenen Romans – eine Frucht der zyklothymischen Komponente – hat auch Hermann Hesses Phantasie entzündet, der die problematische Gestalt Waiblingers in der Mittelpunkt einer ziemlich langatmigen Erzählung mit dem Titel *Im Presselschen Gartenhaus* stellt (1913), in der auch der Freund Mörike und der irre Hölderlin eine bedeutende Rolle spielen (Hermann Hesse, *Die Erzählungen.* Frankfurt am Main 1973, S. 143–169, insb. S. 155).

14 Siehe den Abschnitt mit demselben Titel in „American Psychiatric Association", *D.S.M.,* a. a. O., III–R.

15 Otto Kernberg, *Borderline-Störungen und pathologischer Narzißmus*. Frankfurt am Main 1983 (amerikanische Ausg. 1973).

16 Ebd., S. 264.

17 GW, X, 156.

18 Ebd., S. 51f.

19 Karl Goedeke, *Grundrisse zur Geschichte der deutschen Dichtung aus den Quellen*. Dresden 1905, Bd. 8, S. 639.

20 Vgl. Christian Scharfetter, *Schizophrene Menschen. Psychopathologie. Verlauf. Forschungszugänge. Therapiengrundsätze*. München (u. a.) 1983, S. 39 und 50–53.

21 Vgl. Sigmund Freud, GW 8, 254–262.

22 Christian Scharfetter, *Schizophrene Menschen*, a. a. O., S. 110.

23 Kernberg, a. a. O., S. 49.

24 Vgl. „Studi Germanici", a. V., (1967), S. 384–401. Über das ungewöhnliche Wohlwollen von Platens dem jungen Waiblinger gegenüber berichtet H. V. Canitz in der einleitenden Biographie zu *Wilhelm Waiblinger's gesammelte Werke*. Hamburg 1839, Bd. 1, S. 3–170 (insb. S. 138). Die Beziehung zu Hölderlin wird in dieser langatmigen und unkritischen Einleitung nur flüchtig angedeutet.

25 Vgl. Eduard Mörike, *Briefe*. Stuttgart (s. a.), Bd. 1, S. 55.

26 Vgl. Lampros Mygdales, *F. W. Waiblingers „Phaëthon". Entstehungsgeschichte und Erläuterungen*. Reutlingen 1971.

27 Ottmar Rutz, *Über einige Echtheitsfragen bei Hölderlin*, in „Euphorion", Bd. 20, 1913, S. 428–435.

28 Emmon Bach, *„In lieblicher Bläue": Hölderlin or Waiblinger?* In „The Germanic Review, Bd. XXXVI, 1961, S. 27–34.

29 Vgl. FHA, Bd. 9, S. 33.

30 Vgl. M. Heidegger, *„Dichterisch wohnet der Mensch…"*. In „ *Vorträge und Aufsätze"*, Teil II, Pfullingen, S. 61–78. Es sei aufmerksam gemacht auf: Renate Böschenstein Schäfer, *Hölderlins Ödipus Gedicht*. In HJb, 27, 1990/1991, S. 131–151 und auf die umfangreiche Monographie von Elena Polledri – Barbara Stein, *Friedrich Hölderlin, „In lieblicher Bläue"*. Mailand, I.S.U. Università Cattolica 1996. Die Autorinnen berichten aufs sorgfältigste über die Versuche, die ursprüngliche metrische Abfassung des Einschubs zu rekonstruieren, sie untersuchen ihn nach der häufig mißbrauchten Praktik der s. g. *Parallelstellen*. Bisweilen sehr weit voneinander entfernte schöpferische Augenblicke aufeinander zu beziehen, macht die Parallelen beinahe bedeutungslos. In diesem besonderen Fall, so scheint es mir, ist die einzige vernünftige intertextuelle Entsprechung die mit den deliranten Fragmenten der letzten Homburger Zeit. Am Rande muß bemerkt werden, daß die zahlreichen, aber vergeblichen Versuche, eine Versversion von *In lieblicher Bläue* herzustellen, nichts zustande bringen. Einer der am meisten zitierten Versuche ist der von Eduard Lachmann, erschienen in „Dichtung und Volkstum", 1937, S. 356ff. Man lese auch in derselben Nummer der Zeitschrift die wohl begründete Widerlegung durch Beißner.

31 Vgl. O. Scharfetter, *Schizophrene Menschen*. a. a. O., S. 39.

32 Kernberg, a. a. O., S. 366.

33 Christian Scharfetter, *Schizophrene Menschen*. a. a. O., S. 43f.

34 Ebd., S. 43 und 46.

35 W. Böhm, *Hölderlin*. a. a. O., Bd. 2, S. 671f.

36 „Corriere della Sera", 13.8.1997.

37 Bertaux vermutet, daß die anmutigen Orte, die in der siebten Strophe vorkommen, „dem Park von Bad Driburg entsprechen, wo Hölderlin und Suzette glücklich waren". (Vgl. Pierre Bertaux, *Hölderlins Gedicht „ Wenn aus der Ferne...* " in „Tintenfisch", Nr. 13, 1978, S. 32f.). Aber diese Verse scheinen eher an die erste Enthüllung der Liebe zu erinnern und nicht an deren Erfüllung.

38 Pierre Bertaux, *Friedrich Hölderlin*. Frankfurt am Main 1978, S. 537.

39 In „Text + Kritik", Sonderband, *Friedrich Hölderlin*, 1996, S. 195–212.

40 Ich zitiere die wunderbare Übersetzung ins Italienische von Giorgio Vigolo: „Ben venga allora il tacito regno delle ombre! / Contento sarò anche se la mia cetra / Non mi accompagna laggiù. Ho vissuto una volta / Come gli dei: e di più non occorre." (Friedrich Hölderlin, *Poesie*. Turin 1958, S. 119).

41 Vgl. Friedrich Sengle, *Biedermeierzeit*. a. a. O., Bd. 2, S. 508.

42 Siehe den Essay „Hölderlins Odenstrophe" in Wolfgang Binder, *Hölderlin-Aufsätze*, a. a. O., S. 47–71.

43 Heinrich Lausberg, *Handbuch der literarischen Rhetorik*. München 1960, S. 476.

44 Vgl. Wilhelm Scherer, *Über den Hiatus in der neueren deutschen Metrik*, in *Kleine Schriften*. Berlin 1893, S. 375–389, zu Goethe insbesondere S. 386–388.

45 Vgl. den Artikel Hiatus von Paul Habermann und Wolfgang Mohr in *Reallexikon der Deutschen Literaturgeschichte*. Bd. 1, S. 655.

46 Vgl. die sogenannte Kleine Stuttgarter Ausgabe. Stuttgart 1955, Bd. 2, S. 500.

47 Karl Vietor, *Geschichte der Deutschen Literatur nach Gattungen*. München 1923, S. 147–164.

48 Über das Thema vgl. die Studie von Anthony Grafton, *Falsi e falsari. Creatività e finzione nella tradizione letteraria occidentale*.Turin 1996, und den kürzlich erschienen Artikel von Nuccio Ordine, *Quel maledetto vizio di falsificare. Le ragioni? Ambizione. Odio. Amore o mitomania*. In „Corriere della Sera", 25.11.2006.

49 Mario Monti, *La sottile vendetta del falso*. In „Corriere della Sera" 27.5.1984.

50 Die hier angestellten summarischen Betrachtungen zur Methode haben nicht den Ehrgeiz, allgemein gültige epistemologische Prinzipien vorzulegen. Ich beschränke mich darauf, auf die bedeutende Studie von Carlo Ginzburg (*Spie. Radici di un paradigma indiziario*. In Aldo Gargani (Hg.), *Crisi della ragione*. Turin 1979, S. 58–106) und auf die dort enthaltenen zahlreichen bibliographischen Angaben zu verweisen.
Während die vorliegende Arbeit schon in Druck geht, kann ich Christian Östersandforts *Immanente Poetik und poetische Diätetik in Hölderlins Turmdichtung, Tübingen 2006*, gerade noch durchsehen. Es handelt sich um ein Werk – 400 Seiten und 2000 Anmerkungen – von großem Umfang und Einsatz. Der Autor scheint eher philosophisch als philologisch orientiert zu sein. Die eidetische *Epoché* (im Husserlschen Sinn), mit der Östersandfort die Turmgedichte betrachtet, bewirkt, daß seine Ausführungen sich nie mit dem Gesichtspunkt meiner Lektü-

re kreuzen, denn ich betrachte hauptsächlich konkret biographische und stilistische Aspekte, die von einer ästhetischen Diskriminante gestützt werden, auf empirische Weise und auf einen engen Kreis beschränkt. Die Texte, die den hauptsächlichen Gegenstand meiner Abhandlung bilden, (*Wenn aus der Ferne, Der Spaziergang, Das fröhliche Leben*) werden von Östersandfort knapp behandelt, vor allem im ersten Teil des Buches (S. 77 und 112f; S. 35ff. und S. 233), aber es ist darin kein Element enthalten, das mich umstimmen könnte. Insbesondere die Tatsache, daß Östersandfort WadF für ein *Hyperion*-Fragment hält, würde eine Konfrontation unserer beiden Positionen von vorneherein beeinträchtigen. Was den umfangreichen zweiten Teil betrifft (über eine diätetische Poetik), so ist meine Wertung unschwer aus den Teilen der vorliegenden Arbeit herauszulesen, in denen ich mich mit der Geisteskrankheit befasse.

51 Ein einziges Beispiel. In dem langen Brief an Julius Allgeyer vom 27.2.1869 schließt Johannes Brahms, nachdem er das Manuskript einer Bach zugeschriebenen Passion genau gelesen hat, die Autorenschaft dieses Komponisten entschieden aus, wobei er sich auf formale Gegebenheiten des Ausdrucks und des Stils beruft: „Jede beliebige Seite darin genügt ja vollständig – um an Bach nicht zu denken […]… Die sich ewig wiederholenden fehlerhaften Stimmführungen, schlechten Deklamationen, unlogischen Modulationen in den Rez[itativen], das alles sagt so deutlich, daß es Bach niemals hat schreiben können." (Johannes Brahms, *Briefe.* Hg. von Hans Gal, Frankfurt am Main 1979, S. 55f.).

52 „La Repubblica", 3.5.1988.

53 Malcolm Gladwell, *Blink.* New York 2005.

Germanistische Texte und Studien

In der Reihe sind zuletzt erschienen:

Band 76: **SIEGRID DÜLL (Hg.), Götterfunken**
Friedrich Schiller zwischen Antike und Moderne. 2 Bände.
2007. XXII/442 S. mit zahlreichen Abb. ISBN 978-3-487-13503-8
Band 1: Schiller und Antikes. Band 2: Begegnungen mit Schiller.

Band 77: **SEBASTIAN BÖHMER, Fingierte Authentizität**
Literarische Welt- und Selbstdarstellung im Werk des Fürsten
Pückler-Muskau am Beispiel seines „Südöstlichen Bildersaals". 2007.
VI/308 S. Gebunden. ISBN 978-3-487-13554-0

Band 78: **GABI KATHÖFER, Auszug in die Heimat:**
Zum Alteritäts(t)raum Märchen
2008. 174 S. ISBN 978-3-487-13572-4

Band 79: **BRANKA SCHALLER-FORNOFF, Novelle und**
Erregung: Zur Neuperspektivierung der Gattung am Beispiel
von Michael Kleebergs „Barfuß"
2008. 176 S. ISBN 978-3-487-13602-8

Band 80: **ELKE GILSON, BARBARA HAHN, HOLLY LIU (Hg.).**
Literatur im Jahrhundert des Totalitarismus
Festschrift für Dieter Sevin. 2008. 296 S. mit 1 farbigen Frontispiz.
Gebunden. ISBN 978-3-487-13875-6

Band 81: **BIRGIT HAAS, Dramenpoetik 2007**
Einblick in die Herstellung eines Theatertextes. 2008. 170 S.
mit 5 Abb. ISBN 978-3-487-13926-5

Band 82: **CONSTANZE BREUER, Werk neben dem Werk**
Tagebuch und Autobiographie bei Robert Musil. 2009. 358 S.
Gebunden. ISBN 978-3-487-13944-9